# 2025
# 社会福祉士国試対策
# 過去問題集
## 専門科目 編

M3 Education

# はじめに

　社会福祉士は，社会福祉の専門的知識および技術を用いて福祉に関する相談・助言・関係者との連絡調整を行うことを業務とする専門職であり，「社会福祉士及び介護福祉士法」を根拠とする国家資格です。1987（昭和62）年に法律が整備され，1989（平成元）年より国家試験が開始されて以来，2024（令和6）年には第36回目の試験を迎えました。

　創設当初の社会福祉士は，核家族化の進行・家庭内扶養の低下を背景に主に障害者や急速に増加している高齢者の相談援助を担う者として，その活躍が期待されていました。それから30年以上が経過し，高齢者や障害者などの地域生活に関する問題，貧困に関する問題，子ども・子育てに関する問題，家庭内や施設内での虐待，また司法分野との連携による社会福祉的な援助といった社会福祉士が介入すべき分野は質・量ともに高まっています。さらには，生活課題を複合的に抱えるクライエントや，既存の制度では対応が難しい課題を抱えるクライエントの増加も指摘されています。社会福祉士は関係各分野とも協働しながら地域共生社会を実現し，新たな福祉ニーズに対応する実践者としての役割を期待されているのです。

　いよいよ令和6年度に実施される第37回国試から新カリキュラムに対応した新出題基準からの出題となります。試験は6科目群19科目での出題となり，また，合格基準も変更され，6科目群のすべてで得点し，19科目で6割以上の得点が求められる予定です。19科目という広範にわたる科目を扱うと同時に，より実践的かつ深い理解も必要とされる問題も出題されることを考慮すれば，合格率の数値から受ける印象以上に難易度は高いということがいえます。

　専門科目は，これまでの8科目から一つ減り7科目となります。主な特徴の一つとして，ソーシャルワークにかかわる科目の再構築が行われました。これまでの相談援助2科目が「ソーシャルワーク」という言葉に改訂され，科目名の最後に（専門）が付いたことで，ソーシャルワーク専門職としての知識や技能を確認するような出題として，事例問題の増加が予想されています。本書では，こうした改訂事項にいち早く対応し，学習の便宜を図るため，最新の第36回試験問題を中心に，科目ごとに学習に必要な過去問の回数を設定，試験問題を新出題基準に基づき再配列しています。

　解説にあたられた先生方は，社会福祉や医療の実践・研究・教育に熱心に取り組まれている方々であり，限られた紙面のなかで，ポイントをおさえ学習に役立つ情報をできうる限り盛り込んでいただきました。

　本書は，国家試験のための過去問題集としてだけではなく，広く社会福祉士教育の参考書として意義をもつものです。

　社会福祉士を目指す方には，本書をご利用いただき，合格を果たされますことをお祈りいたします。また，指導にあたられる先生方には，本書を福祉教育にお役立ていただければ幸いです。

2024年4月

福祉教育カレッジ

# 社会福祉士国試対策過去問題集2025専門科目編
# ●CONTENTS●

社会福祉士国家試験のあらまし ……………………………… vi

国試に合格したら ……………………………………………… viii

マークシート方式とは ………………………………………… x

本書の利用法 …………………………………………………… xii

令和6年度（第37回試験）から適用する
社会福祉士試験科目別出題基準【専門科目】 …………… xiv

● **高齢者福祉** …………………………………………… 1

● **児童・家庭福祉** …………………………………… 31

● **貧困に対する支援** ………………………………… 51

● **保健医療と福祉** …………………………………… 73

● **ソーシャルワークの基盤と専門職（専門）** ……… 95

● **ソーシャルワークの理論と方法（専門）** ………… 105

● **福祉サービスの組織と経営** ……………………… 129

収載問題一覧 …………………………………………………… 149

第36回社会福祉士国家試験問題 ………………………… 150

索　引 …………………………………………………………… 177

# 社会福祉士国家試験 科目一覧

## ■ 専門科目編 ■

- 高齢者福祉
- 児童・家庭福祉
- 貧困に対する支援
- 保健医療と福祉
- ソーシャルワークの基盤と専門職（専門）
- ソーシャルワークの理論と方法（専門）
- 福祉サービスの組織と経営

## ■ 共通科目編 ■

- 医学概論
- 心理学と心理的支援
- 社会学と社会システム
- 社会福祉の原理と政策
- 社会保障
- 権利擁護を支える法制度
- 地域福祉と包括的支援体制
- 障害者福祉
- 刑事司法と福祉
- ソーシャルワークの基盤と専門職
- ソーシャルワークの理論と方法
- 社会福祉調査の基礎

# 社会福祉士
# 国家試験のあらまし

- 「社会福祉士及び介護福祉士法」に基づいて行われ，実施は厚生労働省に代わって公益財団法人社会福祉振興・試験センター（〒150-0002　東京都渋谷区渋谷1-5-6　SEMPOS（センポス）ビル　TEL：03-3486-7559　ホームページ：https://www.sssc.or.jp）が担当します。
- 1年に1度，筆記試験のみで実施されます。
- 受験するには，受験資格が必要です。

## ▶資格を取得するまで　※日付は第36回国試による

　試験の手続・実施概要などに関する「第36回社会福祉士国家試験の施行」は，令和5年8月4日に官報にて発表されました。まずは，官報の記事を読み，試験センターに「受験の手引」を請求することが，手続の第一歩です。

①申込書類提出
9/7〜10/6
☞
②受験票交付
☞
③試験本番
2/4
☞
④合格発表
3/5
☞
⑤登　録
⑥社会福祉士

## ▶試験の方法

- 筆記試験で，マークシートに解答します。
- 出題形式は五肢択一（5つの選択肢から正解を1つを選ぶ）を基本とした多選択形式です。
- 出題数は129問（予定）です。
- 試験地（参考／第36回国試）：24試験地（北海道，青森県，岩手県，宮城県，埼玉県，千葉県，東京都，神奈川県，新潟県，石川県，岐阜県，愛知県，京都府，大阪府，兵庫県，島根県，岡山県，広島県，香川県，愛媛県，福岡県，熊本県，鹿児島県，沖縄県）

## ▶出題数（予定）

【午前／共通科目】

| 試験科目 | 出題数 | 科目群 |
|---|---|---|
| 医学概論 | 6 | ① |
| 心理学と心理的支援 | 6 | |
| 社会学と社会システム | 6 | |
| 社会福祉の原理と政策 | 9 | |
| 社会保障 | 9 | ② |
| 権利擁護を支える法制度 | 6 | |
| 地域福祉と包括的支援体制 | 9 | |
| 障害者福祉 | 6 | ③ |
| 刑事司法と福祉 | 6 | |
| ソーシャルワークの基盤と専門職 | 6 | |
| ソーシャルワークの理論と方法 | 9 | ④ |
| 社会福祉調査の基礎 | 6 | |
| 合　計 | 84 | |

【午後／専門科目】

| 試験科目 | 出題数 | 科目群 |
|---|---|---|
| 高齢者福祉 | 6 | ⑤ |
| 児童・家庭福祉 | 6 | |
| 貧困に対する支援 | 6 | |
| 保健医療と福祉 | 6 | |
| ソーシャルワークの基盤と専門職（専門） | 6 | |
| ソーシャルワークの理論と方法（専門） | 9 | ⑥ |
| 福祉サービスの組織と経営 | 6 | |
| 合　計 | 45 | |

※第36回国試では，午前135分・83問，午後105分・67問の全19科目150問が出題されました。

## ▶試験の合格基準（予定）

・次の2つの条件を満たした者が合格者とされています。
　(1) 問題の総得点の60％程度を基準として，問題の難易度で補正した点数以上の得点の者。
　(2) (1) を満たした者のうち，上記の6科目群（試験科目の一部免除を受けた受験者は2科目群）すべてにおいて得点があった者。
　(注) 配点は，1問1点の129点満点です。

※第36回国試では，総得点150点に対して合格点90点以上（試験科目の一部免除を受けた受験者は総得点67点に対して合格点41点以上）でした。

## ▶これまでの試験結果

第1回～第36回の試験結果は下表のとおりです。

| | 受験者数（人） | 合格者数（人） | 合格率（％） | | 受験者数（人） | 合格者数（人） | 合格率（％） |
|---|---|---|---|---|---|---|---|
| 第1回 | 1,033 | 180 | 17.4 | 第19回 | 45,022 | 12,345 | 27.4 |
| 第2回 | 1,617 | 378 | 23.4 | 第20回 | 45,324 | 13,865 | 30.6 |
| 第3回 | 2,565 | 528 | 20.6 | 第21回 | 46,099 | 13,436 | 29.1 |
| 第4回 | 3,309 | 874 | 26.4 | 第22回 | 43,631 | 11,989 | 27.5 |
| 第5回 | 3,886 | 924 | 23.8 | 第23回 | 43,568 | 12,255 | 28.1 |
| 第6回 | 4,698 | 1,049 | 22.3 | 第24回 | 42,882 | 11,282 | 26.3 |
| 第7回 | 5,887 | 1,560 | 26.5 | 第25回 | 42,841 | 8,058 | 18.8 |
| 第8回 | 7,633 | 2,291 | 30.0 | 第26回 | 45,578 | 12,540 | 27.5 |
| 第9回 | 9,649 | 2,832 | 29.4 | 第27回 | 45,187 | 12,181 | 27.0 |
| 第10回 | 12,535 | 3,460 | 27.6 | 第28回 | 44,764 | 11,735 | 26.2 |
| 第11回 | 16,206 | 4,774 | 29.5 | 第29回 | 45,849 | 11,828 | 25.8 |
| 第12回 | 19,812 | 5,749 | 29.0 | 第30回 | 43,937 | 13,288 | 30.2 |
| 第13回 | 22,962 | 6,074 | 26.5 | 第31回 | 41,639 | 12,456 | 29.9 |
| 第14回 | 28,329 | 8,343 | 29.5 | 第32回 | 39,629 | 11,612 | 29.3 |
| 第15回 | 33,452 | 10,501 | 31.4 | 第33回 | 35,287 | 10,333 | 29.3 |
| 第16回 | 37,657 | 10,733 | 28.5 | 第34回 | 34,563 | 10,742 | 31.1 |
| 第17回 | 41,044 | 12,241 | 29.8 | 第35回 | 36,974 | 16,338 | 44.2 |
| 第18回 | 43,701 | 12,222 | 28.0 | 第36回 | 34,539 | 20,050 | 58.1 |

社会福祉士のネットワーク

# 公益社団法人 日本社会福祉士会

公益社団法人日本社会福祉士会は、「社会福祉士」の職能団体です。
「社会福祉士」とは 1987（昭和 62）年に定められた国家資格で、専門的知識および技術を用い、福祉に関する相談に応じ、助言、支援、関係者等との連携・調整などを行う専門職です。

## ○組　織

全都道府県に法人格を有する社会福祉士会があります。
都道府県社会福祉士会の会員は、2024 年 2 月末現在、45,488 人です。

## ○沿　革

| | |
|---|---|
| 1987 年 5 月 | 「社会福祉士及び介護福祉士法」公布 |
| 1989 年 3 月 | 第 1 回社会福祉士国家試験実施（登録開始） |
| 1993 年 1 月 | 日本社会福祉士会（任意団体）を設立 |
| 1994 年 12 月 | 全都道府県に社会福祉士会を設置 |
| 1995 年 1 月 | 「ソーシャルワーカーの倫理綱領」を採択 |
| 1996 年 4 月 | 社団法人日本社会福祉士会を設立（任意団体から組織変更） |
| 1998 年 7 月 | 国際ソーシャルワーカー連盟に正式加盟 |
| 2005 年 6 月 | 「社会福祉士の倫理綱領」採択 |
| 2007 年 12 月 | 「社会福祉士及び介護福祉士法」改正 |
| 2010 年 3 月 | 47 都道府県すべての社会福祉士会が法人格を取得 |
| 2011 年 10 月 | 認定社会福祉士認証・認定機構設立 |
| 2012 年 4 月 | 連合体組織に移行 |
| 2014 年 4 月 | 公益社団法人に移行 |
| 2015 年 6 月 | 公益社団法人日本社会福祉士会憲章制定 |
| 2020 年 6 月 | 「社会福祉士の倫理綱領」改定 |
| 2021 年 3 月 | 「社会福祉士の行動規範」改定 |

## ○目　的

本会は、社会福祉士の倫理を確立し、専門的技能を研鑽し、社会福祉士の資質と社会的地位の向上に努めるとともに、社会福祉の援助を必要とする人々の生活と権利の擁護および社会福祉の増進に寄与することを目的としています。

## ○経済規模

◆収支（**2022 年度実績**）
　収支規模：約 3 億 3 千 1 百万円

◆事務局職員
　15 人

◆助成事業（主要助成元）
　会費収入による事業展開の他、さまざまな公的団体及び民間団体からの助成を受け、事業を実施しています。

## ○活　動

**◆研修・調査・研究**

・専門性の維持・向上

　　社会福祉士は、より良い相談支援ができるよう、知識・技術の向上に努める義務があ
ります。日本社会福祉士会は「生涯研修制度」を通して、社会福祉士の自己研鑽をサポ
ートしています。

・さまざまな研修の開催

　　日本社会福祉士会では、社会福祉士が共通に必要とされる力量を身につけるための
研修や専門性を深める研修を開催しています。

　　・地域包括ケアに関する研修や全国実践研究集会
　　・後見に関する研修　　　　　　　　　　　　・虐待対応のための研修
　　・独立型社会福祉士に関する研修　　　　　・生活困窮者支援に関する研修
　　・保健医療分野のソーシャルワークに係る研修
　　　その他、全国47の都道府県社会福祉士会でさまざまな研修を開催

・豊富なe-ラーニング講座を無料もしくは会員価格で視聴できます。

・認定社会福祉士制度の運用の推進

　　認定社会福祉士制度は、社会福祉士のより高い実践力や専門性を認定する制度です。
この制度は、認定社会福祉士認証・認定機構が運営をしています。本会は機構の正会員
として、機構の運営に参画するとともに、その活用が進むよう、取得のためのフォロー
アップや環境整備を行っています。また、認定社会福祉士登録機関として、機構の審査
に合格した社会福祉士の登録を行っています。

・調査・研究事業

　　ソーシャルワーク実践に関する調査・研究やそれに基づく援助ツールの開発、マニュ
アルの作成、国の調査事業等の受託を行っています。

・研究成果の発表

　　毎年1回、実践を共有する研究発表の場として、全国大会に合わせて「社会福祉士学
会」を開催しています。また、研究誌『社会福祉士』を毎年発行しています。

・世界のソーシャルワーカーとの連携

　　日本社会福祉士会は、国際ソーシャルワーカー連盟（IFSW）に加盟しています。
IFSWを通じて、諸外国との交流や情報交換を行っています。

・独立型社会福祉士の研修・名簿登録等

　　行政や既存の福祉サービス提供者に所属せず、地域で独立し、社会福祉士としての専
門性に基づいて相談援助を提供する「独立型社会福祉士」に関する研修・名簿登録等を
行っています。

**◆事　業**

・権利擁護センターぱあとなあ事業

　　権利擁護センターぱあとなあは、後見活動（成年・未成年）や虐待防止に関する広報、
人材育成、調査研究、政策提言等の取組をはじめ、広く人びとの権利を擁護するための
地域の権利擁護体制の整備を推進していくための取組を行っています。

・出版事業

　　ソーシャルワークに関する書籍を幅広く出版しています。

**◆広　報**

・日本社会福祉士会ニュース（年4回発行）

　　社会福祉士に必要な最新情報や日本社会福祉士会の活動について掲載しています。

・ホームページ

　　社会福祉士のこと、日本社会福祉士会の情報や研修情報を見ることができます。

**公益社団法人　日本社会福祉士会**

〒160-0004 東京都新宿区四谷1-13 カタオカビル2階
TEL 03-3355-6541　FAX 03-3355-6543
URL: https://www.jacsw.or.jp/
E-Mail: info@jacsw.or.jp

# マークシート方式とは

　国家試験の出題形式は五肢択一を基本とする多肢選択形式です。各設問には 1〜5 の答えがありますので，設問文に対応した答えを選び，マークシートの解答欄のその番号を塗りつぶす（マークする）ことになります。第 25 回の国家試験から，答えを 2 つ選ぶ形式も登場しました。問題文をよく読んで，注意してください。

> 〔例〕問題 201　次のうち，県庁所在地として，正しいものを 1 つ選びなさい。
> 　　　1　函館市
> 　　　2　郡山市
> 　　　3　横浜市
> 　　　4　米子市
> 　　　5　北九州市

上の問題の答えは 3 です。解答欄に問題 151　① ② ● ④ ⑤　とマークします。
〈悪い解答の例〉　⊘ ⊛ ⊘ ◐ ⊙ ◑ ● ◯
このような場合は正答であっても解答したことになりません。

## ▶マークシートでは！

1.　受験番号は必ず「確認」
　　漢字氏名を「記入」する
　　…………………　午前・午後ともテストをはじめたら一番に漢字で氏名を記入し，提出前に再びカナ氏名，受験番号，漢字氏名を確認する習慣をつけましょう。

2.　余計な印はつけない
　　…………………　コンピュータの誤読を避けるためレ印や不要な線などを書かないようにします。

3.　わからなくても
　　必ず解答を選び記入しておく
　　…………………　無記入にしないこと。1 点もおろそかにできません。ヤマカンでも 1/5 の確率で正解になるかもしれません。

## ▶マークでは！

1.　鉛筆，プラスチック製
　　消しゴム（無色）を使用すること
　　…………………　シャープペンシルは構いませんが，ボールペンだとコンピュータが読み取れません。また，シートを傷つけず完全に消すことができる消しゴムを使いましょう。

2.　枠内をきちんと塗りつぶす
　　…………………　コンピュータが読み取れるよう過不足なくマークします。

3.　訂正部は消しゴムで完全に消す
　　…………………　消し残しが "二重マークのため無解答" という扱いになるのを避けるためです。●は消したことになりません。

# ▶マークシートの記入例

※下の解答用紙は実際の国家試験のものとは異なります。

## マークシート

（例）受験番号　S010-12345 の場合

社 会 福 祉 士 国家試験

（午後）解 答 用 紙

| 会　場 | 福祉大学 |
|---|---|
| 1 | 第1教室 |

| カ　ナ | シャカイ　フクコ |
|---|---|
| 氏　名 | 社会 福子 |

受験番号　S010-12345

| 問題 1 | ① ● ③ ④ ⑤ |
|---|---|
| 問題 2 | ① ② ③ ● ⑤ |
| 問題 3 | ① ② ● ④ ⑤ |
| 問題 4 | ① ● ③ ④ ⑤ |
| 問題 5 | ① ② ③ ● |
| 問題 6 | ① ② ③ ● |
| 問題 7 | ● ② ③ ④ ⑤ |
| 問題 8 | ① ● ③ ④ ⑤ |
| 問題 9 | ① ② ③ ● ⑤ |
| 問題10 | ① ② ③ ● ⑤ |
| 問題11 | ① ② ● ④ ⑤ |
| 問題12 | ① ● ③ ④ ⑤ |
| 問題13 | ① ② ● ④ ⑤ |
| 問題14 | ● ② ③ ● ⑤ |
| 問題15 | ● ② ③ ④ ⑤ |
| 問題16 | ① ② ③ ● |
| 問題17 | ① ② ③ ● ⑤ |
| 問題18 | ① ② ③ ● ⑤ |
| 問題19 | ① ② ③ ● ⑤ |
| 問題20 | ① ● ③ ④ ⑤ |
| 問題21 | ● ② ③ ④ ⑤ |
| 問題22 | ① ② ● ④ ⑤ |
| 問題23 | ① ② ③ ④ ● |
| 問題24 | ① ● ③ ④ ⑤ |
| 問題25 | ① ② ③ ● ⑤ |

| 問題26 | ● ② ③ ④ ⑤ |
|---|---|
| 問題27 | ① ● ③ ④ ⑤ |
| 問題28 | ① ② ● ④ ⑤ |
| 問題29 | ● ② ③ ④ ⑤ |
| 問題30 | ① ② ③ ● ⑤ |
| 問題31 | ① ② ③ ④ ● |
| 問題32 | ① ② ③ ● ● |
| 問題33 | ① ② ● ④ ⑤ |
| 問題34 | ① ② ③ ● ⑤ |
| 問題35 | ① ② ③ ● ⑤ |
| 問題36 | ● ② ③ ④ ⑤ |
| 問題37 | ① ② ③ ● ⑤ |
| 問題38 | ① ② ③ ● ⑤ |
| 問題39 | ① ② ③ ● ⑤ |
| 問題40 | ① ② ③ ● ⑤ |
| 問題41 | ● ② ③ ④ ⑤ |
| 問題42 | ① ② ③ ● ⑤ |
| 問題43 | ① ② ③ ④ ● |
| 問題44 | ① ② ③ ● ⑤ |
| 問題45 | ① ● ③ ④ ● |
| 問題46 | ① ② ③ ④ ⑥ |
| 問題47 | ● ② ③ ④ ⑤ |
| 問題48 | ① ② ③ ● ⑤ |
| 問題49 | ① ② ● ④ ⑤ |
| 問題50 | ● ② ③ ④ ⑤ |

| 問題51 | ① ② ③ ● ⑤ |
|---|---|
| 問題52 | ① ● ③ ④ ⑤ |
| 問題53 | ① ② ③ ④ ● |
| 問題54 | ● ② ③ ④ ⑤ |
| 問題55 | ● ② ③ ④ ⑤ |
| 問題56 | ① ② ③ ④ ● |
| 問題57 | ① ② ③ ● ⑤ |
| 問題58 | ① ● ③ ④ ⑤ |
| 問題59 | ① ② ● ④ ⑤ |
| 問題60 | ① ② ③ ④ ● |
| 問題61 | ① ● ③ ④ ⑤ |
| 問題62 | ● ② ③ ④ ⑤ |
| 問題63 | ① ② ③ ● ⑤ |
| 問題64 | ① ② ③ ④ ● |
| 問題65 | ① ② ③ ● ⑤ |
| 問題66 | ● ② ③ ④ ⑤ |
| 問題67 | ① ② ● ④ ⑤ |
| 問題68 | ① ② ③ ● ⑤ |
| 問題69 | ● ② ③ ④ ⑤ |
| 問題70 | ① ● ③ ④ ⑤ |

# 本書の利用法
過去問の活用こそがベストの国試対策

2023（令和5）年7月，公益財団法人社会福祉振興・試験センターより新カリキュラムに対応した「社会福祉士国家試験の出題基準・合格基準」が公表されたことで，学習の指針が明確になりました。より的をしぼった学習が可能となったのです。

そこで，国試対策として最新第36回を含む過去の国試問題を新出題基準で再編成し，科目ごとに並べ替えて整理したのが本書です。

本書は，単なる過去問のサンプル集ではなく，出題傾向を体系的に学び，その傾向を踏まえた発展的な学習ができる国試対策のための参考書・問題集です。十分に活用していただき，国試合格に向けた学習を深めていってください。

## ▶なぜ科目によって過去問の数が違うのか？

本書を手にされた方々は，「限られた時間のなかで最大限の効果が得られる」ことを目標にされているはずです。膨大な問題数をがむしゃらに解いていくだけでは，むしろ時間の浪費に陥ってしまいます。

今回の2025年版の編集にあたっては，最短の時間で最大の効果が得られるよう，以下の点に考慮しています。

①出題傾向を把握するために，教科ごとに振り返る過去問の年数は違います。例えば『医学概論』などは3年前からの出題内容で十分です。それ以前の問題は，法改正などによって現状にそぐわないものが多く，今後の出題が期待できない内容となっています。科目によって4年〜3年の違いがあります。

②問題そのものの問われ方が変わっても，内容的には過去の国試と似通ったものが少なくありません。そのような問題は，2025年版用に最新のデータや情報に対応するように問題を改変しました。なお，改変した箇所には 改変 マークや 注 マークを付し，解説にてその内容を明記しました。

以上の2点をポイントとして，第36回の国試問題を中心に厳選しました。

## ▶出題傾向やポイントをつかむ

過去の国試問題をまず科目ごとに集め，各科目のなかで出題基準の項目ごとに並べ替えをしました（科目の冒頭に掲載）。出題基準の項目ごとに「何問，どのような形式で，どのような内容の問題が出題されているのか」を知ることは，効率的に国試対策を進めるうえでの大きな力となるはずです。

## ▶問題を何度も繰り返し解く

各試験問題には，解説担当者が示した難易度がついています。例えば「難易度3」の問題を集めて解いてみるといった形で活用することもできます。また，自分の苦手としている科目だけを解いてみる，「索引」から逆引きしてテーマをしぼって解いてみるなど，何度も繰り返し解き復習を行ってみてください。理解がどんどん深まります。

## ▶問題集で力だめし！

本書の巻末には，2024（令和6）年2月4日に実施された第36回社会福祉士国家試験の問題を綴じ込みました。マークシートの解答用紙もつけましたので，時間をはかって，実際の試験のように解くことができます。試験のシミュレーションに最適なのはもちろん，本書の解説を読む前に挑戦すれば自分の弱点を把握でき，あるいは過去問をみっちり学習してから問題集を解けば，どれだけ力がついたか確認できます。

出題項目
出題項目については，「社会福祉士国家試験出題基準・合格基準」の「試験科目別出題基準」を参考にしています

難易度　難易度の目安を5段階の目盛で示します
・難易度1：専門分野の知識がなくても常識レベルでできる問題
・難易度2：専門分野の視点があればできる問題
・難易度3：参考書等を通読していればできる問題
・難易度4：参考書等を熟読していなければできない問題
・難易度5：最新の動向や文書等を知らなければできない問題

国家試験の番号

NEW
各
36回-1

最新36回問題

それ以外の過去問題

科目名

相談援助の理論と方法

退所後の効果測定，アフターケア（事例問題）　　　　　難●●●○○易

31回-109　事例を読んで，児童養護施設のE家庭支援専門相談員（社会福祉士）の退所に向けた援助に関する次の記述のうち，**適切なもの**を**2つ**選びなさい。

〔事 例〕
　児童養護施設に入所しているFちゃん（11歳，女児）は，母親の引取り希望をはじめのうちは喜んでいた。しかし，週末の一時帰宅を繰り返すうち，母親と二人で暮らすことの不安をE家庭支援専門相談員に訴えるようになった。
1　E家庭支援専門相談員が方針を考えて決定するので，Fちゃんは心配しなくてよいと伝える。
2　Fちゃんが不安を訴えていることを児童相談所に報告し，今後の援助について連携を図る。
3　母親の意向を大切にするよう，Fちゃんを励ます。
4　家に帰る計画についてどうするかを一緒によく考えていこうとFちゃんに伝える。
5　今の不安は退所する時には誰でも感じることだから考えなくてよいと伝える。

選択肢考察
×1　家庭支援専門相談員は，児童相談〔　　　　　　　　　　　〕のもと，入所児童の　　　を目的として相談・指導を行〔　　　　　　　　　　　〕針を考えて決　　　ちゃんの不　　についての懸　〔　　　　　　　　　　　〕いと伝える

○2　Fちゃんが不安を訴え〔　　　　○×を　　　　　〕とは適切。　，F家庭支援専門相談員〔　　　ズバリ　　　　　〕

×3　Fちゃんは，母親と〔　　　表示！　　　　〕家庭支援専門相談員の価値観を押しつけてはいけない。

○4　　度の計画について一緒〔　　　　　　　　　〕り，児童の**権利条約**においても，子どもの最善の利益，生命の大切さ，　　　　　　　　　　確保など認められており，一　　の個人として尊重することは適切である。

×5　Fちゃんの不安についての解決を図らないまま，家庭支援専門相談員の価値　　　　　　　い。

参照ページ　『合格教科書2025』p.310

解けなかったらチェック!!
繰り返しチャレンジ!!

各選択肢について正誤の根拠を説明しています

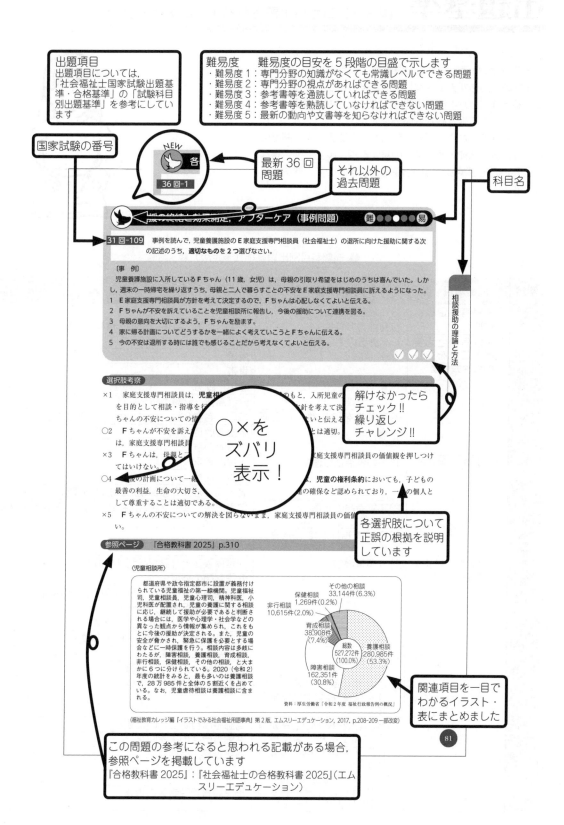

〈児童相談所〉

　都道府県や政令指定都市に設置が義務付けられている児童福祉の第一線機関。児童福祉司，児童相談員，児童心理司，精神科医，小児科医が配置され，児童の養護に関する相談に応じ，継続して援助が必要であると判断される場合には，医学や心理学・社会学などの異なった観点から情報が集められ，これをもとに今後の援助が決定される。また，児童の安全が脅かされ，緊急に保護を必要とする場合などに一時保護を行う。相談内容は多岐にわたるが，障害相談，養護相談，育成相談，非行相談，保健相談，その他の相談，と大まかに6つに分けられている。2020（令和2）年度の統計をみると，最も多いのは養護相談で，28万985件と全体の5割近くを占めている。なお，児童虐待相談は養護相談に含まれる。

保健相談
1,269件（0.2%）
非行相談
10,615件（2.0%）
育成相談
38,908件（7.4%）
その他の相談
33,144件（6.3%）
養護相談
280,985件（53.3%）
障害相談
162,351件（30.8%）
総数
527,272件（100.0%）

資料：厚生労働省「令和2年度 福祉行政報告例の概況」

（福祉教育カレッジ編『イラストでみる社会福祉用語事典』第2版，エムスリーエデュケーション，2017，p.208-209 一部改変）

関連項目を一目でわかるイラスト・表にまとめました

81

この問題の参考になると思われる記載がある場合，参照ページを掲載しています
『合格教科書2025』：『社会福祉士の合格教科書2025』（エムスリーエデュケーション）

# 出題基準 国試はココから出題される！ 要チェック！！

第37回から使用される出題基準（予定版）を下表に示しますので，必ずチェックしておきましょう！

※令和6年（2024年）初夏，（公社）社会福祉振興・試験センターにて確定版が公開予定です。

出題基準で示された項目以外にも，法改正による制度の重大な変更，法律・政省令等の規定事項，厚生労働白書など公刊物の記載事項からの出題もありますので，要チェックです。

● 試験科目別出題基準（予定版）●

| 科目 | 大項目 | 中項目 | 小項目 |
|---|---|---|---|
| 高齢者福祉 | 1 高齢者の定義と特性 | 1)高齢者の定義 | |
| | | 2)高齢者の特性 | 社会的理解，身体的理解，精神的理解 |
| | 2 高齢者の生活実態とこれを取り巻く社会環境 | 1)高齢者の生活実態 | 住居 |
| | | | 所得 |
| | | | 世帯 |
| | | | 雇用，就労 |
| | | | 介護需要，介護予防 |
| | | 2)高齢者を取り巻く社会環境 | 独居，老老介護，ダブルケア，8050問題 |
| | | | 高齢者虐待 |
| | | | 介護者の離職 |
| | 3 高齢者福祉の歴史 | 1)高齢者福祉の理念 | 人権の尊重 |
| | | | 尊厳の保持 |
| | | | 老人福祉法，介護保険法における理念 |
| | | 2)高齢者観の変遷 | 敬老思想，エイジズム，社会的弱者，アクティブエイジング |
| | | 3)高齢者福祉制度の発展過程 | |
| | 4 高齢者に対する法制度 | 1)介護保険法 | 介護保険法と介護保険制度の概要 |
| | | | 介護報酬の概要 |
| | | | 介護保険制度における組織及び団体の役割 |
| | | | 保険者と被保険者，保険料 |
| | | | 要介護認定の仕組みとプロセス |
| | | | 居宅サービス，施設サービスの種類 |
| | | 2)老人福祉法 | 老人福祉法の概要 |
| | | | 老人福祉法に基づく措置 |
| | | 3)高齢者の医療の確保に関する法律(高齢者医療確保法) | 高齢者医療確保法の概要 |
| | | 4)高齢者虐待の防止，高齢者の養護者に対する支援等に関する法律(高齢者虐待防止法) | 高齢者虐待防止法の概要 |
| | | | 高齢者虐待の未然防止 |
| | | | 通報義務，早期発見 |
| | | 5)高齢者，障害者等の移動等の円滑化の促進に関する法律(バリアフリー法) | バリアフリー法の概要 |
| | | | 施設設置管理者等の責務 |

| 科目 | 大項目 | 中項目 | 小項目 |
|---|---|---|---|
| 高齢者福祉 | 4 高齢者に対する法制度 | 6)高齢者の居住の安定確保に関する法律(高齢者住まい法) | 高齢者住まい法の概要 |
| | | 7)高年齢者等の雇用の安定等に関する法律(高年齢者雇用安定法) | 高齢者雇用安定法の概要 |
| | | 8)育児休業，介護休業等育児又は家族介護を行う労働者の福祉に関する法律(育児・介護休業法) | 育児・介護休業法の概要 |
| | 5 高齢者と家族等の支援における関係機関と専門職の役割 | 1)高齢者と家族等の支援における関係機関の役割 | 国，都道府県，市町村 |
| | | | 指定サービス事業者 |
| | | | 国民健康保険団体連合会 |
| | | | 地域包括支援センター |
| | | | ハローワーク，シルバー人材センター |
| | | 2)関連する専門職等の役割 | 介護福祉士，医師，看護師，理学療法士，作業療法士 等 |
| | | | 介護支援専門員，訪問介護員，介護職員，福祉用具専門相談員 等 |
| | | | 認知症サポーター，介護サービス相談員 |
| | | | 家族，住民，ボランティア 等 |
| | 6 高齢者と家族等に対する支援の実際 | 1)社会福祉士の役割 | |
| | | 2)高齢者と家族等に対する支援の実際(多職種連携を含む) | 地域生活支援 |
| | | | 認知症高齢者支援 |
| | | | 虐待防止に向けた支援 |
| | | | 就労支援 |
| 児童・家庭福祉 | 1 児童・家庭の定義と権利 | 1)児童・家庭の定義 | 児童の定義，家庭の定義 |
| | | | 児童と家庭の関係 |
| | | 2)児童の権利 | 児童憲章 |
| | | | 児童権利宣言 |
| | | | 児童の権利に関する条約 |
| | | | 児童福祉法 |
| | | | こども基本法 |
| | 2 児童・家庭の生活実態とこれを取り巻く社会環境 | 1)児童・家庭の生活実態 | ライフサイクル・家族形態 |
| | | | 子育て(出産，育児，保育，家事) |
| | | | 住居，就労，経済，教育 |
| | | | 課外活動，遊び |
| | | 2)児童・家庭を取り巻く社会環境 | 子どもの貧困 |
| | | | いじめ |
| | | | 児童虐待 |
| | | | ひとり親家庭 |
| | | | 家庭内暴力(DV) |
| | | | 社会的養護 |
| | 3 児童・家庭福祉の歴史 | 1)児童福祉の理念 | 健全育成 |
| | | | 児童の権利 |
| | | | 児童の意見の尊重 |
| | | | 最善の利益 |
| | | 2)児童観の変遷 | 保護の対象としての児童 |
| | | | 権利の主体としての児童 |
| | | 3)児童・家庭福祉制度の発展過程 | 児童福祉法制定 |
| | | | 措置と契約 |
| | 4 児童・家庭に対する法制度 | 1)児童福祉法 | 児童福祉法の概要 |
| | | | 児童相談所 |
| | | | 児童福祉施設の種類，里親制度，障害児支援，児童福祉制度に係る財源，児童福祉サービスの最近の動向 |

| 科目 | 大項目 | 中項目 | 小項目 |
|---|---|---|---|
| 児童・家庭福祉 | 4 児童・家庭に対する法制度 | 2)児童虐待の防止等に関する法律(児童虐待防止法) | 児童虐待防止法の概要 |
| | | | 児童虐待の定義，虐待予防の取組，虐待発見時の対応 |
| | | 3)配偶者からの暴力の防止及び被害者の保護等に関する法律(DV防止法) | DV防止法の概要 |
| | | | DV防止法の目的，DVの定義，家庭内暴力発見時の対応 |
| | | 4)母子及び父子並びに寡婦福祉法(母子寡婦福祉法) | 母子寡婦福祉法の概要 |
| | | | 母子寡婦福祉法の目的，母子父子寡婦福祉資金，母子・父子福祉施設，母子寡婦福祉制度に係る財源，母子寡婦福祉サービスの最近の動向 |
| | | 5)母子保健法 | 母子保健法の概要 |
| | | | 母子保健法の目的，母子健康手帳，養育医療の種類，母子保健制度に係る財源，母子保健サービスの最近の動向 |
| | | 6)子ども・子育て支援法 | 子ども・子育て支援法の概要 |
| | | | 子どものための教育・保育給付 |
| | | | 保育所 |
| | | | 地域子ども・子育て支援事業 |
| | | 7)児童手当法 | 児童手当法の概要 |
| | | | 児童手当の制度 |
| | | | 児童手当制度の最近の動向 |
| | | 8)児童扶養手当法 | 児童扶養手当法の概要 |
| | | | 児童扶養手当の制度 |
| | | | 児童扶養手当制度の最近の動向 |
| | | 9)特別児童扶養手当等の支給に関する法律(特別児童扶養手当法) | 特別児童扶養手当法の概要 |
| | | | 特別児童扶養手当の制度 |
| | | | 特別児童扶養手当制度の最近の動向 |
| | | 10)次世代育成支援対策推進法 | 次世代育成支援対策推進法の概要 |
| | | 11)少子化社会対策基本法 | 少子化社会対策基本法の概要 |
| | | 12)困難な問題を抱える女性への支援に関する法律 | 困難な問題を抱える女性への支援に関する法律の概要 |
| | | | 女性相談支援センター，女性自立支援施設，女性相談支援員の概要 |
| | | 13)就学前の子どもに関する教育，保育等の総合的な提供の推進に関する法律 | 就学前の子どもに関する教育，保育等の総合的な提供の推進に関する法律の概要 |
| | | | 認定こども園 |
| | | 14)子どもの貧困対策の推進に関する法律 | 子どもの貧困対策の推進に関する法律の概要 |
| | | 15)子ども・若者育成支援推進法 | 子ども・若者育成支援推進法の概要 |
| | | 16)いじめ防止対策推進法 | いじめ防止対策推進法の概要 |
| | 5 児童・家庭に対する支援における関係機関と専門職の役割 | 1)児童や家庭に対する支援における公私の役割関係 | 行政の責務 |
| | | | 公私の役割関係 |
| | | 2)国，都道府県，市町村の役割 | 国の役割 |
| | | | 都道府県の役割 |
| | | | 市町村の役割 |
| | | 3)児童相談所の役割 | 児童相談所の組織 |
| | | | 児童相談所の業務 |
| | | | 市町村及び他の機関との連携 |

| 科目 | 大項目 | 中項目 | 小項目 |
|---|---|---|---|
| 児童・家庭福祉 | 5 児童・家庭に対する支援における関係機関と専門職の役割 | 4)その他の児童や家庭(女性,若者を含む)に対する支援における組織・団体の役割 | 児童福祉施設 |
| | | | 家庭裁判所 |
| | | | 警察 |
| | | | 女性相談支援センター,配偶者暴力相談支援センター,女性自立支援施設 |
| | | | 子ども家庭センター |
| | | | 子ども・若者総合相談センター |
| | | | 子育て世代包括支援センター |
| | | | 地域若者サポートステーション |
| | | 5)関連する専門職等の役割 | 保育士,医師,歯科医師,保健師,看護師,助産師,理学療法士,作業療法士,栄養士,弁護士 等 |
| | | | 児童福祉司,児童心理司,家庭相談員,母子・父子自立支援員,児童指導員,母子支援員 等 |
| | | | スクールソーシャルワーカー,スクールカウンセラー 等 |
| | | | 民生委員・児童委員,主任児童委員 |
| | | | 家族,住民,ボランティア 等 |
| | 6 児童・家庭に対する支援の実際 | 1)社会福祉士の役割 | |
| | | 2)支援の実際(多職種連携を含む) | 妊産婦から乳幼児期の子育て家庭への支援 |
| | | | 社会的養護を必要とする児童に対する支援 |
| | | | 障害児に対する支援 |
| | | | ひとり親家庭に対する支援 |
| | | | 女性,若者への支援 |
| | | | 子どもの貧困に対する支援 |
| | | | 児童虐待防止に向けた支援 |
| | | | 児童相談所における支援 |
| | | | 要保護児童対策地域協議会における支援 |
| | | | 就労支援 |
| 貧困に対する支援 | 1 貧困の概念 | 1)貧困の概念 | 絶対的貧困,相対的貧困,社会的排除,社会的孤立 等 |
| | | 2)公的扶助の意義と範囲 | 公的扶助の意義(生存権,セーフティネット,ナショナルミニマム) |
| | | | 公的扶助の範囲(狭義,広義) |
| | 2 貧困状態にある人の生活実態とこれを取り巻く社会環境 | 1)貧困状態にある人の生活実態 | 健康 |
| | | | 居住 |
| | | | 就労 |
| | | | 教育 |
| | | | 社会関係資本 |
| | | 2)貧困状態にある人を取り巻く社会環境 | 経済構造の変化 |
| | | | 家族,地域の変化 |
| | | | 格差の拡大 |
| | | | 社会的孤立 |
| | 3 貧困の歴史 | 1)貧困状態にある人に対する福祉の理念 | 人権の尊重 |
| | | | 尊厳の保持 |
| | | | 貧困,格差,差別の解消 |
| | | 2)貧困観の変遷 | スティグマ |
| | | | 貧困の測定 |
| | | | 貧困の発見 |
| | | 3)貧困に対する制度の発展過程 | 救貧制度(日本,諸外国) |
| | | | 生活保護法 |
| | | | ホームレスの自立の支援等に関する特別措置法(ホームレス自立支援法) |
| | | | 子どもの貧困対策の推進に関する法律 |
| | | | 生活困窮者自立支援法 |

| 科目 | 大項目 | 中項目 | 小項目 |
|---|---|---|---|
| 貧困に対する支援 | 4 貧困に対する法制度 | 1)生活保護法 | 生活保護法の原理原則と概要 |
| | | | 生活保護制度の動向 |
| | | | 最低生活費と生活保護基準 |
| | | | 福祉事務所の機能と役割 |
| | | | 相談支援の流れ |
| | | | 自立支援，就労支援の考え方と自立支援プログラム |
| | | | 生活保護施設の役割 |
| | | 2)生活困窮者自立支援法 | 生活困窮者自立支援法の理念と概念 |
| | | | 生活困窮者自立支援制度の動向 |
| | | | 自立相談支援事業と任意事業 |
| | | | 生活困窮者自立支援制度における組織と実施体制 |
| | | | 相談支援の流れ |
| | | 3)低所得者対策 | 生活福祉資金貸付制度 |
| | | | 無料低額診療事業 |
| | | | 無料低額宿泊所 |
| | | | 求職者支援制度 |
| | | | 法律扶助 |
| | | | 低所得者への住宅政策と住居支援 |
| | | 4)ホームレス対策 | ホームレス自立支援法の概要 |
| | | | ホームレスの考え方と動向 |
| | | | ホームレス支援施策 |
| | 5 貧困に対する支援における関係機関と専門職の役割 | 1)貧困に対する支援における公私の役割関係 | 行政の責務 |
| | | | 公私の役割関係 |
| | | 2)国，都道府県，市町村の役割 | 国の役割 |
| | | | 都道府県の役割 |
| | | | 市町村の役割 |
| | | 3)福祉事務所の役割 | 福祉事務所の組織 |
| | | | 福祉事務所の業務 |
| | | 4)自立相談支援機関の役割 | 自立相談支援機関の組織 |
| | | | 自立相談支援機関の業務 |
| | | 5)その他の貧困に対する支援における関係機関の役割 | 社会福祉協議会 |
| | | | ハローワーク，地域若者サポートステーション |
| | | | 民間支援団体 等 |
| | | 6)関連する専門職等の役割 | 精神保健福祉士，医師，保健師，看護師，理学療法士，作業療法士 等 |
| | | | 介護支援専門員，サービス管理責任者 等 |
| | | | ハローワーク就職支援ナビゲーター 等 |
| | | | 教諭，スクールソーシャルワーカー 等 |
| | | | 弁護士，保護観察官，保護司 等 |
| | | | 民生委員・児童委員，主任児童委員 |
| | | | 家族，住民，ボランティア 等 |
| | 6 貧困に対する支援の実際 | 1)社会福祉士の役割 | |
| | | 2)貧困に対する支援の実際（多職種連携を含む） | 生活保護制度及び生活保護施設における自立支援，就労支援，居住支援 |
| | | | 生活困窮者自立支援制度における自立支援，就労支援，居住支援 |
| | | | 生活福祉資金貸付を通じた自立支援 |
| | | | 多機関及び多職種，住民，企業等との連携による地域づくりや参加の場づくり |

| 科目 | 大項目 | 中項目 | 小項目 |
|---|---|---|---|
| 保健医療と福祉 | 1 保健医療の動向 | 1）疾病構造の変化 | 感染症の動向 |
| | | | 生活習慣病の増加 |
| | | 2）医療施設から在宅医療へ | 社会的入院 |
| | | | 在宅医療の役割と課題 |
| | | 3）保健医療における福祉的課題 | 依存症，認知症，自殺企図，虐待防止 |
| | 2 保健医療に係る政策・制度・サービスの概要 | 1）医療保険制度の概要 | 医療費の動向（国民医療費の推移と構造，医療費の適正化） |
| | | | 健康保険，国民健康保険，後期高齢者医療制度 |
| | | | 給付（療養の給付，家族療養費，高額療養費，保険外併用療養費，現金給付費）と自己負担 |
| | | | 費用負担（保険料負担，公費負担等） |
| | | | その他（労災の療養（補償）給付，公費負担医療（特定疾患医療費助成制度等），無料低額診療事業等） |
| | | 2）診療報酬制度の概要 | 診療報酬制度の体系 |
| | | | 診療報酬の支払い方式（DPC/PDPS 等） |
| | | 3）医療施設の概要 | 病院（特定機能病院，地域医療支援病院等），診療所など |
| | | | 病床（精神病床，療養病床，一般病床等）とその推移 |
| | | 4）保健医療対策の概要 | 医療提供体制の整備（地域医療の指針，医療計画） |
| | | | 医療圏 |
| | | | 5 疾病，5 事業の連携体制 |
| | | | 地域医療構想（病床の機能分化と連携） |
| | | | 感染症対策 |
| | | | 保健所の役割 |
| | 3 保健医療に係る倫理 | 1）自己決定権の尊重 | 患者の権利 |
| | | | インフォームド・コンセント，インフォームド・アセント |
| | | | 意思決定支援，アドバンスケアプランニング |
| | | 2）保健医療に係る倫理 | 医療倫理の 4 原則 |
| | | 3）倫理的課題 | 高度生殖医療，出生前診断，脳死と臓器移植，尊厳死，身体抑制 |
| | 4 保健医療領域における専門職の役割と連携 | 1）保健医療領域における専門職 | 医師，歯科医師，保健師，看護師，理学療法士，作業療法士，言語聴覚士，管理栄養士 等 |
| | | | 介護福祉士，精神保健福祉士 |
| | | | 介護支援専門員，居宅介護従事者 等 |
| | | 2）保健医療領域における連携・協働 | 院内連携 |
| | | | 地域医療における連携 |
| | | | 地域包括ケアシステムにおける連携 |
| | 5 保健医療領域における支援の実際 | 1）社会福祉士の役割 | 医療ソーシャルワーカーの業務指針 |
| | | 2）保健医療領域における支援の実際（多職種連携を含む） | 疾病及びそのリスクがある人の理解 |
| | | | 入院中・退院時の支援 |
| | | | 在宅医療における支援 |
| | | | 終末期ケア及び認知症ケアにおける支援 |
| | | | 救急・災害現場における支援 |
| | | | 家族に対する支援 |
| ソーシャルワークの基盤と専門職（専門） | 1 ソーシャルワークに係る専門職の概念と範囲 | 1）ソーシャルワーク専門職の概念と範囲 | |
| | | 2）社会福祉士の職域 | 行政関係 |
| | | | 福祉関係（高齢者領域，障害者領域，児童・母子領域，生活困窮者自立支援・生活保護領域等） |
| | | | 医療関係 |
| | | | 教育関係 |
| | | | 司法関係 |
| | | | 独立型事務所 等 |
| | | | 社会福祉士の職域拡大 |

| 科目 | 大項目 | 中項目 | 小項目 |
|---|---|---|---|
| ソーシャルワークの基盤と専門職（専門） | 1 ソーシャルワークに係る専門職の概念と範囲 | 3)福祉行政等における専門職 | 福祉事務所の現業員，査察指導員，社会福祉主事 |
| | | | 児童福祉司，身体障害者福祉司，知的障害者福祉司等 |
| | | 4)民間の施設・組織における専門職 | 施設長，生活相談員，社会福祉協議会の職員，地域包括支援センターの職員，スクールソーシャルワーカー，医療ソーシャルワーカー 等 |
| | | 5)諸外国の動向 | 欧米諸国の動向 |
| | | | その他諸外国における動向 |
| | 2 ミクロ・メゾ・マクロレベルにおけるソーシャルワーク | 1)ミクロ・メゾ・マクロレベルの対象 | ミクロ・メゾ・マクロレベルの意味 |
| | | | ミクロ・メゾ・マクロレベルの対象 |
| | | 2)ミクロ・メゾ・マクロレベルにおけるソーシャルワーク | ミクロ・メゾ・マクロレベルへの介入 |
| | | | ミクロ・メゾ・マクロレベルの連関性 |
| | | | ミクロ・メゾ・マクロレベルの支援の実際 |
| | 3 総合的かつ包括的な支援と多職種連携の意義と内容 | 1)ジェネラリストの視点に基づく総合的かつ包括的な支援の意義と内容 | 多機関による包括的支援体制 |
| | | | フォーマル・インフォーマルな社会資源との協働体制 |
| | | | ソーシャルサポート |
| | | 2)ジェネラリストの視点に基づく多職種連携及びチームアプローチの意義と内容 | 多職種連携及びチームアプローチの意義 |
| | | | 機関・団体間の合意形成と相互関係 |
| | | | 利用者・家族の参画 |
| ソーシャルワークの理論と方法（専門） | 1 ソーシャルワークにおける援助関係の形成 | 1)援助関係の意義と概念 | ソーシャルワーカーとクライエントシステムの関係 |
| | | 2)援助関係の形成方法 | 自己覚知と他者理解 |
| | | | コミュニケーションとラポール |
| | | 3)面接技術 | 面接の意義，目的，方法，留意点 |
| | | | 面接の場面と構造 |
| | | | 面接の技法 |
| | | 4)アウトリーチ | アウトリーチの意義，目的，方法，留意点 |
| | | | アウトリーチを必要とする対象 |
| | | | ニーズの掘り起こし |
| | 2 ソーシャルワークにおける社会資源の活用・調整・開発 | 1)社会資源の活用・調整・開発 | 社会資源の活用・調整・開発の意義，目的，方法，留意点 |
| | | | ニーズの集約，提言，計画策定，実施，評価 |
| | | 2)ソーシャルアクション | ソーシャルアクションの意義，目的，方法，留意点 |
| | 3 ネットワークの形成 | 1)ネットワーキング | ネットワーキングの意義，目的，方法，留意点 |
| | | | セーフティネットの構築とネットワーキング |
| | | | 家族や住民，サービス提供者間のネットワーキング |
| | | | 重層的な範囲（ミクロ・メゾ・マクロ）におけるネットワーキング |
| | | | 多様な分野の支援機関とのネットワーキング |
| | 4 ソーシャルワークに関連する方法 | 1)コーディネーション | コーディネーションの意義，目的，方法，留意点 |
| | | 2)ネゴシエーション | ネゴシエーションの意義，目的，方法，留意点 |
| | | 3)ファシリテーション | ファシリテーションの意義，目的，方法，留意点 |
| | | | プレゼンテーションの意義，目的，方法，留意点 |
| | 5 カンファレンス | 1)カンファレンス | カンファレンスの意義，目的，留意点 |
| | | | カンファレンスの運営と展開 |
| | 6 事例分析 | 1)事例分析 | |
| | | 2)事例検討，事例研究 | 事例検討，事例研究の意義，目的，方法，留意点 |
| | 7 ソーシャルワークにおける総合的かつ包括的な支援の実際 | 1)総合的かつ包括的な支援の考え方 | 多様化，複雑化した生活課題への対応 |
| | | | 今日的な地域福祉課題への対応 |
| | | | 分野，領域を横断する支援 |
| | | 2)家族支援の実際 | 家族が抱える複合的な生活課題 |
| | | | 家族支援の目的，方法，留意点 |

| 科目 | 大項目 | 中項目 | 小項目 |
|---|---|---|---|
| ソーシャルワークの理論と方法（専門） | 7 ソーシャルワークにおける総合的かつ包括的な支援の実際 | 3）地域支援の実際 | 地域が抱える複合的な課題 |
| | | | 多機関協働 |
| | | | 地域住民との協働 |
| | | | 地域アセスメント |
| | | 4）非常時や災害時支援の実際 | 非常時や災害時の生活課題 |
| | | | 非常時や災害時における支援の目的，方法，留意点 |
| 福祉サービスの組織と経営 | 1 福祉サービスに係る組織や団体の概要と役割 | 1）福祉サービスを提供する組織 | 社会福祉施設の現状や推移 |
| | | | 各種法人の特性 |
| | | | 非営利法人，営利法人 |
| | | | 社会福祉法人，NPO 法人，一般社団法人，株式会社 |
| | | | 福祉サービスと連携するその他の法人 |
| | | | 法人格を有しない団体（ボランティア団体）等 |
| | | | 会社法 |
| | | | 協同組合（生協，農協，労働者協同組合連合） |
| | | 2）福祉サービスの沿革と概況 | 福祉サービスの歴史 |
| | | | 社会福祉基礎構造改革 |
| | | | 社会福祉法人制度改革 |
| | | | 公益法人制度改革 |
| | | 3）組織間連携と促進 | 公益的活動の推進 |
| | | | 多機関協働 |
| | | | 地域連携，地域マネジメント |
| | 2 福祉サービスの組織と運営に係る基礎理論 | 1）組織運営に関する基礎理論 | 組織運営の基礎 |
| | | | 組織における意思決定 |
| | | | 問題解決の思考と手順 |
| | | | モチベーションと組織の活性化 |
| | | 2）チームに関する基礎理論 | チームアプローチと集団力学（グループダイナミクス） |
| | | | チームの機能と構成 |
| | | 3）リーダーシップに関する基礎理論 | リーダーシップ，フォロワーシップ |
| | | | リーダーの機能と役割 |
| | 3 福祉サービス提供組織の経営と実際 | 1）経営体制 | 理事会，評議会等の役割 |
| | | | 経営戦略，事業計画 |
| | | | マーケティング |
| | | 2）福祉サービス提供組織のコンプライアンスとガバナンス | 社会的ルールの遵守 |
| | | | 説明責任の遂行 |
| | | | 業務管理体制，内部管理体制の整備 |
| | | | 権限委譲と責任のルール化 |
| | | 3）適切な福祉サービスの管理 | 品質マネジメントシステム |
| | | | PDCA と SDCA 管理サイクル |
| | | | リスクマネジメント体制 |
| | | | 権利擁護制度と苦情解決体制 |
| | | | 福祉サービスの質と評価 |
| | | 4）情報管理 | 個人情報保護法 |
| | | | 公益通報者保護法 |
| | | | 情報公開，パブリックリレーションズ |
| | | 5）会計管理と財務管理 | 財務諸表の理解，財務規律の強化 |
| | | | 自主財源，寄付金，各種制度に基づく報酬 |
| | | | 資金調達，ファンドレイジング |
| | | | 資金運用，利益管理 |
| | 4 福祉人材のマネジメント | 1）福祉人材の育成 | OJT，OFF-JT，SDS |
| | | | 職能別研修と階層別研修 |
| | | | スーパービジョン体制 |
| | | | キャリアパス |

| 科目 | 大項目 | 中項目 | 小項目 |
|---|---|---|---|
| 福祉サービスの組織と経営 | 4 福祉人材のマネジメント | 2)福祉人材マネジメント | 目標管理制度 |
| | | | 人事評価システム |
| | | | 報酬システム |
| | | 3)働きやすい労働環境の整備 | 労働三法及び労働関係法令 |
| | | | 育児休業・介護休業 等 |
| | | | メンタルヘルス対策 |
| | | | ハラスメント対策 |

# 高齢者福祉

● 内容一覧 ●

| 出題項目 | 国試回数 | 内容一覧 | 事例 | 頁 |
|---|---|---|---|---|
| 高齢者の生活実態 | 35回-126 | （高齢社会白書）65歳以上の人の生活実態 | | 3 |
| | 34回-126 | （高齢社会白書）日本の高齢者の生活実態 | | 3 |
| 高齢者を取り巻く社会環境 | 36回-126 | （高齢社会白書）高齢者をとりまく社会情勢 | | 4 |
| 高齢者福祉制度の発展過程 | 36回-127 | 高齢者福祉制度の展開過程 | | 5 |
| | 35回-127 | 高齢者保健福祉施策の変遷 | | 5 |
| | 34回-127 | 保健福祉政策の変遷 | | 6 |
| 介護保険法 | 33回-131 | 介護保険制度と介護報酬 | | 7 |
| | 34回-131 | 介護保険制度における都道府県の義務 | | 8 |
| | 35回-131 | 第一号被保険者の介護保険料 | | 9 |
| | 36回-131 | 国の役割 | | 10 |
| | 35回-133 | 要介護認定・要支援認定 | | 10 |
| | 36回-130 | 福祉用具貸与の種目 | | 11 |
| | 34回-134 | 最も適した入所施設の提案 | ★ | 12 |
| 老人福祉法 | 35回-134 | 老人福祉法 | | 13 |
| | 33回-134 | 老人福祉法 | | 14 |
| 「高齢者虐待防止法」 | 36回-135 | 「高齢者虐待防止法」 | | 15 |
| 「バリアフリー法」 | 34回-135 | 移動等円滑化基準等について | | 16 |
| 「高齢者住まい法」 | 33回-135 | 高齢者の住まいに関する法制度 | | 17 |
| 高齢者と家族等の支援における関係機関の役割 | 35回-132 | 指定居宅介護支援事業者と介護支援専門員の役割 | | 18 |
| | 33回-132 | 国民健康保険団体連合会の役割 | | 19 |
| 関連する専門職等の役割 | 36回-133 | 介護福祉士 | | 19 |
| | 34回-132 | 指定訪問介護事業所の職員の役割 | | 20 |
| | 35回-135 | 多職種連携による入院患者の支援 | ★ | 21 |
| 高齢者と家族等に対する支援の実際（多職種連携を含む） | 36回-134 | 高齢者を介護する家族からの相談 | ★ | 22 |
| | 35回-129 | 高齢者に対する日常介護 | ★ | 23 |
| | 34回-128 | 高齢者への介護 | ★ | 24 |
| | 36回-128 | 利用できるサービスの提案 | ★ | 25 |
| | 34回-130 | 終末期ケア関連用語の理解 | | 25 |
| | 35回-130 | 浴室の整備環境 | | 26 |
| | 34回-133 | サービス付き高齢者向け住宅の入居者支援 | ★ | 27 |
| | 36回-132 | 介護保険制度外のサービス | ★ | 28 |
| | 34回-129 | レビー小体型認知症の理解と対応 | ★ | 29 |
| | 36回-129 | 移動の介護 | | 29 |
| | 35回-128 | ボディメカニクスの基本原理 | | 30 |

※ 「高齢者虐待防止法」とは，「高齢者虐待の防止，高齢者の養護者に対する支援等に関する法律」のことである。

「バリアフリー法」とは，「高齢者，障害者等の移動等の円滑化の促進に関する法律」のことである。

「高齢者住まい法」とは，「高齢者の居住の安定確保に関する法律」のことである。

# 傾向と対策

過去問の傾向を知り，適切な対策を！

● 傾向分析表【高齢者福祉】 ●

| 項　目　名 | 第36回 | 第35回 | 第34回 | 第33回 | 問題数 |
|---|---|---|---|---|---|
| 高齢者の生活実態 | | ● | ● | | 2 |
| 高齢者を取り巻く社会環境 | ● | | | | 1 |
| 高齢者福祉制度の発展過程 | ● | ● | ● | | 3 |
| 介護保険法 | ●● | ●● | ●● | ● | 7 |
| 老人福祉法 | | ● | | ● | 2 |
| 「高齢者虐待防止法」 | ● | | | | 1 |
| 「バリアフリー法」 | | | ● | | 1 |
| 「高齢者住まい法」 | | | | ● | 1 |
| 高齢者と家族等の支援における関係機関の役割 | | ● | | ● | 2 |
| 関連する専門職等の役割 | ● | ● | ● | | 3 |
| 高齢者と家族等に対する支援の実際（多職種連携を含む） | ●●●● | ●●● | ●●●● | | 11 |
| 問　題　数 | 10問 | 10問 | 10問 | 4問 | 34問 |

## ●傾向と対策

　新カリキュラムでは，介護の技法に関する項目がなくなり，高齢者の定義と特性，3つの関連法（「高齢者医療確保法」「高齢者雇用安定法」「育児・介護休業法」）が追加された。それ以外の内容（全体の8割以上）は変わらないので，過去問の選択肢ごとに「これは○○が違うから不正解」と，頭の中で説明できるまで理解を落とし込んでおくこと。

## ●新出単元の学習法
### ①高齢者の定義
　各法における「高齢者」が誰を指すのか学習する。
### ②高齢者の特性
　認知症関連の問題と医学概論の「心身の加齢・老化」を併せて学習する。
### ③3つの関連法（上記参照）
　目的や理念（誰のために何をする法律なのか），定義，国及び地方公共団体等の責務，制度・事業・計画の内容，不利益取扱いの禁止（対象者の権利を守る内容）は最低限おさえておく。

高齢者の生活実態

**35回-126** 「令和4年版高齢社会白書」及び「令和5年版高齢社会白書」（内閣府）に示された日本の65歳以上の人の生活実態に関する次の記述のうち，**最も適切なもの**を1つ選びなさい。 改変

1 経済的な暮らし向きについて，「家計にゆとりがあり，まったく心配なく暮らしている」と感じている人は約5割となっている。
2 介護保険制度における要介護又は要支援の認定を受けた人は，第一号被保険者全体の3割を超えている。
3 現在，収入の伴う仕事の有無については，収入の伴う仕事をしていると回答した人は約3割となっている。
4 現在の健康状態について，「良い」「まあ良い」と回答した人の合計は，全体の6割を超えている。
5 二人以上の世帯について，「世帯主の年齢が65歳以上の世帯」と「全世帯」の貯蓄現在高の中央値を比較すると，前者は後者のおよそ3分の2の金額となっている。

改変 「令和4年版高齢社会白書」 → 「令和4年版高齢社会白書」及び「令和5年版高齢社会白書」

**選択肢考察**

×1 「家計にゆとりがあり，まったく心配なく暮らしている」と答えた人の割合は**12.0%**である。

×2 要介護又は要支援の認定を受けた人は，第一号被保険者全体の**18.7%**である。

○3 **30.2%**であり，約3割の人が収入を伴う仕事をしていると回答した（令和5年版にはこの質問と回答が掲載されていないため，令和4年版の結果である）。

×4 「良い」，「まあ良い」と答えた人は，合わせて**30.9%**である。

×5 二人以上の世帯の貯蓄現在高の中央値を比較すると，「世帯主の年齢が65歳以上の世帯」は**1,588万円**，「全世帯」は**1,104万円**であり，前者は後者のおよそ**1.4倍**となっている。

**参照ページ** 『合格教科書2025』p.56, 328, 329  **正解 3**

 高齢者の生活実態

**34回-126** 「令和3年版高齢社会白書」（内閣府）で示された日本の高齢者の生活実態などに関する次の記述のうち，**正しいもの**を1つ選びなさい。

1 高齢者の就業率を年齢階級別にみると，65～69歳については，2010年（平成22年）から2020年（令和2年）までの間，継続して下落している。
2 2016年（平成28年）時点での健康寿命は，2010年（平成22年）と比べて男女共に延びている。
3 2020年（令和2年）における75歳以上の運転免許保有者10万人当たりの死亡事故件数を2010年（平成22年）と比較すると，およそ2倍に増加している。
4 60歳以上の人に家族以外の親しい友人がいるか尋ねたところ，「いる」と回答した割合は，日本・アメリカ・ドイツ・スウェーデンの中で，日本が最も高い。
5 60歳以上の人に新型コロナウイルス感染症の拡大により生活にどのような影響があったか尋ねたところ，「友人・知人や近所付き合いが減った」と回答した割合は，およそ1割であった。

**選択肢考察**

×1 65～69歳の就業率は，2010（平成22）年は**36.4%**，2022（令和2）年は**49.6%**である。**継続して上昇している。**

○2　2010（平成 22）年と 2016（平成 28）年の健康寿命を比較すると，**男性 70.42 歳→72.14 歳，女性 73.62 歳→74.79 歳**となり，男女ともに延びている。

×3　75 歳以上の運転免許保有者 10 万人当たりの死亡事故件数は，2010（平成 22）年は **12.7 件**であったが，2020（令和 2）年は **5.6 件**であり，**減少している**。

×4　「いる」と回答した割合が多い順に並べると，ドイツ **85.7%**，アメリカ **84.2%**，スウェーデン **79.8%**，日本 **57.4%** となっており，日本は**最も低い割合であった**（令和 2 年の調査結果より）。

×5　「友人・知人や近所付き合いが減った」と回答した割合は **55.3%** であった（令和 3 年の調査結果より）。

※第 37 回社会福祉士国家試験受験者は，最新の『高齢社会白書』に目を通しておくこと。

**参照ページ**　『合格教科書 2025』p.56, 328, 329　　　　　　　　　　　　　　　**正解 2**

---

## 高齢者を取り巻く社会環境

**36 回-126**　「令和 5 年版高齢社会白書」（内閣府）に示された日本の高齢者を取り巻く社会情勢に関する次の記述のうち，**正しいものを 1 つ**選びなさい。

1　人口の高齢化率は，2022 年（令和 4 年）10 月 1 日現在で，約 16% となっている。
2　高齢化率の「倍加年数」をアジア諸国で比較すると，韓国は日本よりも短い年数となっている。
3　総人口に占める 75 歳以上の人口の割合は，2070 年（令和 52 年）に約 40% に達すると推計されている。
4　2022 年（令和 4 年）の労働力人口総数に占める 65 歳以上の者の割合は，2013 年（平成 25 年）以降の 10 年間でみると，漸減傾向にある。
5　2021 年（令和 3 年）の 65 歳以上の者の死因別の死亡率をみると，悪性新生物よりも肺炎の方が高くなっている。
（注）「倍加年数」とは，人口の高齢化率が 7% から 14% に達するまでに要した年数のことである。

### 選択肢考察

×1　約 16% ではなく，**29.0%** である。

○2　倍加年数とは，**高齢化率が 7% から 14%** になるまでにかかった年数のことである。日本は 1970（昭和 45）年から 1994（平成 6）年の **24 年**，韓国は 2000（平成 12）年から 2018（平成 30）年の **18 年**である。

×3　約 40% ではなく **25.1%** である。

×4　2013（平成 25）年は **9.9%**，2022（令和 4）年は **13.4%** であり，労働力人口総数に占める 65 歳以上の者の割合は**増加している**。

×5　65 歳以上の者の死因別の死亡率は高い順に，「**悪性新生物（がん）**」，「**心疾患（高血圧性を除く）**」，「**老衰**」となっている。

**参照ページ**　『合格教科書 2025』p.56, 328, 329　　　　　　　　　　　　　　　**正解 2**

## 高齢者福祉制度の発展過程

難 ●●●●● 易

**36回-127** 第二次世界大戦後の日本における高齢者保健福祉制度の展開過程に関する次の記述のうち，**最も適切なものを1つ**選びなさい。

1 1950年（昭和25年）の生活保護法では，常時介護を必要とする老人の家庭を訪問する老人家庭奉仕員が規定された。
2 1963年（昭和38年）の老人福祉法では，養護老人ホーム，特別養護老人ホーム，軽費老人ホームを含む，老人福祉施設が規定された。
3 1982年（昭和57年）の老人保健法では，70歳以上の高齢者にかかる医療費のうち，その自己負担分を無料化する老人医療費支給制度が規定された。
4 1997年（平成9年）の介護保険法では，要介護認定を受け，要介護と判定された高齢者等は，原則3割の利用者負担で，介護サービスを利用できることが規定された。
5 2000年（平成12年）の社会福祉法の改正では，高齢者保健福祉推進十か年戦略（ゴールドプラン）が策定されたことを受け，地域包括ケアシステムが規定された。

---

**選択肢考察**

×1 老人家庭奉仕員は，1963（昭和38）年の**老人福祉法**に位置付けられた。

○2 これまで養老施設と呼ばれていたものが**養護老人ホーム**として位置づけられ，介護に対応する**特別養護老人ホーム**と，契約制度に基づく**軽費老人ホーム**が新たに位置づけられた。

×3 老人保健法では，**医療費の一部負担制度**が導入された。

×4 介護保険法制定時の利用者負担は**1割**である。2015（平成27）年以降，一定以上の所得のある高齢者の負担率は段階的に上がっており，**現在は収入に応じて1割～3割負担**である。

×5 地域包括ケアシステムの構築について盛り込まれたのはゴールドプランではなく，**2011（平成23）年6月**の「**介護サービスの基盤強化のための介護保険法等の一部を改正する法律**」である。

**参照ページ** 『合格教科書2025』p.357  正解 2

---

## 高齢者福祉制度の発展過程

難 ●●●●● 易

**35回-127** 日本の高齢者保健福祉施策の変遷に関する次の記述のうち，**正しいものを1つ**選びなさい。

1 老人医療費支給制度による老人医療費の急増等に対応するため，1980年代に老人保健法が制定された。
2 人口の高齢化率が7%を超える状況を迎えた1990年代に高齢社会対策基本法が制定され，政府内に厚生労働大臣を会長とする高齢社会対策会議が設置された。
3 認知症高齢者の急増に対応してオレンジプラン（認知症施策推進5か年計画）が1990年代に策定され，その計画推進を目的の一つとして介護保険法が制定された。
4 住まいと介護の双方のニーズを有する高齢者の増加に対応するため，2000年代の老人福祉法の改正によって軽費老人ホームが創設された。
5 高齢者の医療の確保に関する法律による第3期医療費適正化計画では，2010年代から2020年代の取組の一つとして，寝たきり老人ゼロ作戦が初めて示された。

○1　1973（昭和 48）年から高齢者医療が無料となったことで，医療費は急増した。そこで 1982（昭和 57）年の老人保健法制定を機に，**70 歳以上の医療に自己負担制度が導入**された。

×2　日本の高齢化率が 7％を超えて高齢化社会に突入したのは，**1970（昭和 45）年**である。1985（昭和 60）年には内閣に長寿社会対策関係閣僚会議が置かれ，**1995（平成 7）年には高齢社会対策推進法が施行**された。

×3　オレンジプランは 2013（平成 25）年度から 2017（平成 29）年度までの 5 年間の計画として，**2012（平成 24）年**に厚生労働省が公表した。介護保険法が施行されたのは **2000（平成 12）年**であり，オレンジプラン推進のために制定されたわけではない。

×4　軽費老人ホームが創設されたのは，**1963（昭和 38）年の老人福祉法制定時**である。

×5　第 3 期医療費適正化計画（2018〜2023 年度）は，医療費や行動計画の見直しを掲げている。寝たきり老人ゼロ作戦は，**高齢者保健福祉推進 10 か年戦略（ゴールドプラン）**の中で示されたものである。

**参照ページ**　『合格教科書 2025』p.100, 397　　　　　　　　　　　　　　**正解 1**

---

 **高齢者福祉制度の発展過程**

**34 回-127**　高齢者保健福祉施策の変遷に関する次の記述のうち，**正しいものを 1 つ選びなさい。**

1　高齢者介護・自立支援システム研究会「新たな高齢者介護システムの構築を目指して」（1994 年（平成 6 年））において，措置制度による新たな介護システムの創設が提言された。

2　介護保険法（1997 年（平成 9 年））が制定され，高齢者のニーズに応じた総合的なサービス利用を支援するため，居宅介護支援（ケアマネジメント）が定められた。

3　高齢者介護研究会「2015 年の高齢者介護〜高齢者の尊厳を支えるケアの確立に向けて〜」（2003 年（平成 15 年））において，「第 2 次ベビーブーム世代」が高齢者になる時期を念頭に，既存の介護保険施設の拡充が提言された。

4　「医療介護総合確保法」（2014 年（平成 26 年））において，地域包括ケアシステムが「全国一律に医療，保健予防，社会福祉及び自立支援施策が包括的に確保される体制」と定義づけられた。

5　「認知症施策推進大綱」（2019 年（令和元年））において，認知症の人の事故を補償する給付を現行の介護保険制度の中で創設することの必要性が明示された。

（注）「医療介護総合確保法」とは，「地域における医療及び介護の総合的な確保の促進に関する法律」のことである。

---

×1　同報告書では，「高齢者が自らの意思に基づいて，利用するサービスや生活する環境を選択し，決定することを基本に据えたシステムを構築すべきである」と述べられている（p.79）。**従来の措置制度から契約制度へ移行していくことが提言**されている。

○2　居宅介護支援（ケアマネジメント）は，「利用者の心身の状況に応じた介護サービスの一体的提供」と「高齢者自身によるサービスの選択」を担保する仕組みとして，**介護保険制度の創設とともに導入された**。

×3　実現目標として据えられたのは 2015（平成 27）年で，これは第 2 次ベビーブーム世代（1971〜1974 生まれ）ではなく**団塊の世代（1947〜1949 生まれ）**が高齢期に達する時期を念頭に置いたものである。

×4　「医療介護総合確保法」第 2 条では，「地域包括ケアシステム」を以下のように定義している。「地域の実情に応じて，高齢者が，可能な限り，住み慣れた地域でその有する能力に応じ自立した日常生活を営

むことができるよう，**医療，介護，介護予防**（要介護状態若しくは要支援状態となることの予防又は要介護状態若しくは要支援状態の軽減若しくは悪化の防止をいう。），**住まい及び自立した日常生活の支援が包括的に確保される体制**をいう」。**全国一律**にというのは誤りである。

×5　「認知症施策推進大綱」によると，いくつかの自治体では，**認知症の人の事故を保障する民間保険への加入推進**が行われている。そういった取組について**事例収集や政策効果への分析を行う**とされているが，**介護保険制度のなかに給付制度を創設することは明記されていない**。

※参考：「新たな高齢者介護システムの構築を目指して」／「2015年の高齢者介護～高齢者の尊厳を支えるケアの確立に向けて～」／「医療介護総合確保法」／「認知症施策推進大綱」

 **参照ページ**　『合格教科書2025』p.100, 348　　　　　　　　　　　**正解 2**

---

 **介護保険法**　　　　　　　　　　　　　　　　　**難**●●●○●●**易**

**33回-131**　介護保険制度における保険給付と介護報酬に関する次の記述のうち，**正しいもの**を1つ選びなさい。

1　介護報酬の算定基準を定める場合，厚生労働大臣はあらかじめ財務大臣及び総務大臣の意見を聴かなければならないこととなっている。
2　特定入所者介護サービス費は，介護保険施設入所者のうちの「低所得者」に対し，保険給付にかかる定率負担の軽減を図るものとなっている。
3　介護報酬の1単位当たりの単価は10円を基本とした上で，事業所・施設の所在地及びサービスの種類に応じて減額が行われている。
4　要介護度に応じて定められる居宅介護サービス費等区分支給限度基準額が適用されるサービスの種類の一つとして，短期入所療養介護がある。
5　福祉用具貸与の介護報酬については，貸与価格の下限の設定が行われることとなっている。
(注)　「低所得者」とは，要介護被保険者のうち所得及び資産の状況などの事情をしん酌して厚生労働省令で定める者のことである。

---

**選択肢考察**

×1　財務大臣及び総務大臣ではなく，**社会保障審議会**の意見を聴くことになっている。
×2　定率負担の軽減を図るのではなく，**負担限度額を超えた食費と居住費の負担額**が介護保険から支給されることになっている。特定入所者介護サービス費の利用にあたっては，**市町村に申請し，負担限度額認定を受ける**必要がある。
×3　サービスの種類に応じて**増額**が行われている。
○4　選択肢のとおりである。
×5　貸与価格の下限ではなく**上限**が設定されている。

 **参照ページ**　『合格教科書2025』p.350, 355　　　　　　　　　　**正解 4**

〈区分支給限度基準額が適用されるサービスとされないサービス〉

| 適用されるサービス | 適用されないサービス |
|---|---|
| 訪問介護 | 居宅療養管理指導 |
| 訪問入浴介護 | 特定施設入居者生活介護（外部サービス利用型を除く）（短期利用を除く） |
| 訪問看護 | 認知症対応型共同生活介護（短期利用を除く） |
| 訪問リハビリテーション | 地域密着型特定施設入居者生活介護（短期利用を除く） |
| 通所介護 | 地域密着型介護老人福祉施設入所者生活介護 |
| 通所リハビリテーション | |
| 福祉用具貸与 | |
| 短期入所生活介護 | |
| 短期入所療養介護 | |
| 特定施設入居者生活介護（短期利用に限る） | |
| 定期巡回・随時対応サービス | |
| 夜間対応型訪問介護 | |
| 認知症対応型通所介護 | |
| 小規模多機能型居宅介護 | |
| 認知症対応型共同生活介護（短期利用に限る） | |
| 地域密着型特定施設入居者生活介護（短期利用に限る） | |
| 複合型サービス | |

（厚生労働省「第145回社会保障審議会介護給付費分科会資料」を元に作成）

 介護保険法　　　　　　　　　　　　　　　　　　

**34回-131**　介護保険制度における都道府県の義務に関する次の記述のうち，**正しいものを1つ選びなさい。**

1　都道府県は，6年を1期とする介護保険事業計画を策定するに当たって，各年度の地域支援事業の見込み量の算出を行う。

2　都道府県知事は，介護サービス事業者から介護サービス情報の報告を受けた後，その報告の内容を公表する。

3　都道府県は，老人福祉圏域ごとに地域包括支援センターを設置する。

4　都道府県は，介護サービス事業者を代表する委員，介護の専門職を代表する委員，医療の専門職を代表する委員で組織される介護保険審査会を設置する。

5　都道府県は，要介護者及び要支援者に対し，介護保険法の定めるところにより，保健福祉事業を行う。

【選択肢考察】

×1　都道府県は**3年を1期**として**都道府県介護保険事業支援計画**を策定する。各年度における地域支援事業の量の見込みを定めるのは，**市町村介護保険事業計画**である（介護保険法第117条第2項第2号，第118条）。

○2　**介護サービス事業者**は，その提供する介護サービスに関する情報を，事業所または施設の所在地を管轄する**都道府県知事に報告**しなければならない。そして報告を受けた**都道府県知事は，報告の内容を公

表しなければならないとされている（介護保険法第 115 条の 35 第 1 項・第 2 項）。

×3 　地域包括支援センターを設置することができるとされているのは，**市町村**である（介護保険法第 115 条の 46）。老人福祉圏域ではなく**日常生活圏域**ごとの設置を推進している。

×4 　介護保険審査会の委員は，**被保険者を代表する委員（3 人），市町村を代表する委員（3 人），公益を代表する委員（3 人以上であって条例で定める員数）**によって構成されている。審査会は**都道府県**に置かれ，委員を任命するのは**都道府県知事**である（介護保険法第 185 条第 1 項・第 2 項）。

×5 　**市町村**は保健福祉事業として，要介護被保険者を現に介護する者の支援のために必要な事業，被保険者が要介護状態等となることを予防するために必要な事業等を任意で行うことができる（介護保険法第 115 条の 45）。

**参照ページ** 　『合格教科書 2025』p.365 　　　　　　　　　　　　　　　　　　　**正解 2**

---

 **介護保険法**

**35回-131** 　介護保険制度における第一号被保険者の介護保険料（以下「第一号保険料」という。）に関する次の記述のうち，**正しいもの**を **1 つ**選びなさい。

1 　第一号保険料の額は，政令で定める基準に従い，各市町村が条例で定める保険料率に基づいて算定され，第一号被保険者に賦課される。
2 　第一号保険料は，被保険者の前年の所得に応じて，原則として 3 段階を標準とした保険料率が定められている。
3 　第一号保険料が特別徴収となるのは，公的年金の受給額が年額 120 万円以上の第一号被保険者である。
4 　第一号被保険者が医療保険の被用者保険（健康保険など）の被保険者の場合，第一号保険料は医療保険者が医療保険料と一体的に徴収する。
5 　第一号被保険者が被保護者（生活保護受給者）であって第一号保険料が普通徴収となる場合，その保険料は介護扶助として支給される。

**選択肢考察**

○1 　第一号保険料の額は，**市区町村によって異なる**。
×2 　3 段階ではなく，**9 段階**を標準とした保険料率が定められている。
×3 　特別徴収は，公的年金の受給額が**年額 18 万円以上**の第一号被保険者が対象であり，年金支給時に保険料が天引きされる。
×4 　第一号被保険者の保険料徴収方法は，**特別徴収と普通徴収**の 2 種類である。特別徴収に該当しない場合は，市町村が発行する納付書を用いて金融機関等で納付を行う普通徴収となる。医療保険者が医療保険料と一緒に徴収することはない。
×5 　第一号被保険者が被保護者である場合の保険料は，**生活扶助**から支給される。

**参照ページ** 　『合格教科書 2025』p.330, 333〜335 　　　　　　　　　　　　　　　　**正解 1**

## 介護保険法

難 ●●○●● 易

**36回-131** 介護保険制度における厚生労働大臣の役割に関する次の記述のうち，**正しいものを1つ**選びなさい。

1 要介護認定の審査及び判定に関する基準を定める。
2 要介護者等に対する介護給付費の支給決定を行う。
3 介護支援専門員実務研修を実施する。
4 介護給付等費用適正化事業を実施する。
5 財政安定化基金を設置する。

### 選択肢考察

○1 要介護認定の審査及び判定に関する基準は，**厚生労働省令**によって定められている。本問では「厚生労働大臣の役割」となっているが，厚生労働省令を出すのは**厚生労働省**である。

×2 介護給付費の支給決定を行うのは，**市町村**である。

×3 介護支援専門員実務研修を行うのは，**都道府県**である。

×4 介護給付等費用適正化事業を行うのは，**都道府県**である。

×5 財政安定化基金を設置するのは，**都道府県**である。

**参照ページ** 『合格教科書 2025』p.330, 336 ｜ **正解 1**

## 介護保険法

難 ●●○●● 易

**35回-133** 介護保険制度における要介護認定・要支援認定に関する次の記述のうち，**正しいものを1つ**選びなさい。

1 介護認定審査会の委員は，要介護者等の保健，医療，福祉に関する学識経験者及び第一号被保険者から都道府県知事が任命する。
2 介護認定審査会は，市町村長が定める認定基準に従って審査・判定を行い，その結果を申請者（被保険者）に通知する。
3 介護認定審査会は，被保険者の要介護状態の軽減又は悪化の防止のために必要な療養に関する事項などの意見を市町村に述べることができる。
4 認定調査員は，新規申請の場合も，更新・区分変更申請の場合も，市町村職員以外の者が担うことはできない。
5 認定調査員は，申請者である被保険者若しくは同居家族が自記式で記入した調査票の回答に基づいて調査結果を取りまとめる。

### 選択肢考察

×1 介護認定審査会の委員は，要介護者等の保健，医療又は福祉に関する学識経験を有する者のうちから，**市町村長（特別区にあっては区長）が任命**する（介護保険法第15条第2項）。そして，第一号被保険者が委員に選任されることはない。

×2 認定基準は市町村長が定めるのではなく，「**要介護認定等に係る介護認定審査会による審査及び判定の基準等に関する省令**」に定められている。

○3　介護認定審査会は，必要があると認めるときは，被保険者の要介護状態の軽減又は悪化の防止のために必要な療養に関する事項について，市町村に意見を述べることができる（介護保険法第27条第5項の1）。

×4　認定調査員は必ず市町村職員でなければいけないわけではない。指定市町村事務受託法人や地域包括支援センターに所属する介護支援専門員などのうち，**認定調査員研修を受けた者**も認定調査員になることができる。

×5　調査票の記入は，**認定調査員**が行う。

参照ページ　『合格教科書2025』p.336, 337　　　　　　　　　　　　　　　　　　正解 3

## 介護保険法

難 ●●●○ 易

**36 回-130**　介護保険法に定める福祉用具貸与の種目として，**最も適切なもの**を1つ選びなさい。

1　腰掛便座
2　移動用リフトの吊り具の部分
3　認知症老人徘徊感知機器
4　簡易浴槽
5　入浴補助用具

### 選択肢考察

×1
×2　**特定福祉用具販売**の品目に該当する。選択肢以外には，**自動排泄処理装置の交換可能部品**が該当する。
×4
×5

○3　正しい。認知症老人徘徊感知機器以外には，**車いす，車いす付属品，特殊寝台，特殊寝台付属品，床ずれ防止用具，体位変換器，手すり，スロープ，歩行器，歩行補助杖，移動用リフト**（つり具の部分を除く），**自動排泄処理装置**が該当する。

参照ページ　『合格教科書2025』p.339, 342〜345　　正解 3

〈福祉用具レンタルの対象種目（厚生労働省告示より抜粋）〉

| 種　目 | 機能または構造等 |
|---|---|
| 車いす | 自走用標準型車いす，普通型電動車いす，介助用標準型車いす |
| 車いす付属品 | クッション，電動補助装置等であって，車いすと一体的に使用されるもの |
| 特殊寝台 | サイドレールが取り付けてあるもの，または取り付け可能なもので，次のいずれかの機能を有するもの（◎背部または脚部の傾斜角度が調節できる機能　◎床板の高さが無段階に調整できる機能） |
| 特殊寝台付属品 | マットレス，サイドレール等であって，特殊寝台と一体的に使用されるもの |
| 床ずれ防止用具 | 次のいずれかに該当するもの（◎送風装置または空気圧調整装具を備えた空気マット　◎水等によって減圧による体圧分散効果をもつ全身用のマット） |
| 体位変換器 | 空気パッド等を身体の下に挿入することにより，居宅要介護者等の体位を容易に変換できる機能を有するもので，体位の保持のみを目的とするものを除く |
| 手すり | 取り付けに際し工事を伴わないもの |
| スロープ | 段差解消のためのものであって，取り付けに際し工事を伴わないもの |
| 歩行器 | 歩行が困難な者の歩行機能を補う機能を有し，移動時に体重を支える構造を有するものであって，次のいずれかに該当するもの（◎車輪を有する場合は，体の前および左右を囲む把持等を有するもの　◎四脚を有する場合は，上肢で保持して移動させることが可能なもの） |
| 歩行補助つえ | 松葉づえ，カナディアン・クラッチ，ロフストランド・クラッチ，プラットホーム・クラッチ，多点づえ |
| 認知症老人徘徊感知器 | 認知症老人が屋外へ出ようとしたとき等，センサーにより感知し，家族，隣人等に通報するもの |
| 移動用リフト（つり具の部分を除く） | 床走行式，固定式または据置式であり，かつ，身体を吊り上げまたは体重を支える構造を有するものであって，その構造により，自力での移動が困難な者の移動を補助する機能を有するもの（取り付けに住宅の改修を伴うものを除く） |
| 自動排泄処理装置 | 尿または便が自動的に吸引され，かつ，尿や便の経路となる部分を分割することが可能な構造を有するものであって，居宅要介護者またはその介護を行うものが容易に使用できるもの（交換可能部品を除く） |

 **介護保険法（事例問題）**

**34回-134**　事例を読んで，M相談員（社会福祉士）がAさんの娘に説明をした入所施設について，**最も適切な**ものを1つ選びなさい。

〔事例〕
　S市に住むAさん（75歳）は，大手企業の管理職として仕事をしていたが，過労が原因で60歳の時に脳梗塞を起こし，緊急入院した。幸い一命は取り留め，退院後はリハビリテーションに努めたものの，右半身に麻痺が残り，要介護4の状態となった。Aさんの介護は長年，主に妻が担い，必要に応じて介護支援専門員と相談し，短期入所生活介護や訪問介護などのサービスを利用していた。しかし，1か月前に長年連れ添った妻が亡くなり，その後は娘が遠距離介護をしていたが，Aさんが，「施設に入所し，そこで残りの人生を全うしたい」と希望したので，娘はS市介護保険課のM相談員に相談した。そこで，M相談員は，S市の「入所に関する指針」等を参考にしながら，Aさんに最も適した入所施設について，娘に説明をした。
1　介護老人福祉施設（特別養護老人ホーム）
2　介護老人保健施設
3　介護医療院
4　養護老人ホーム
5　軽費老人ホーム

選択肢考察

○1　**特別養護老人ホーム**（老人福祉法第20条の5／介護保険法第8条第27項）は，「入所する要介護者に対し，施設サービス計画に基づいて，入浴，排せつ，食事等の介護その他の日常生活上の世話，機能訓練，健

康管理及び療養上の世話を行うことを目的とする施設」である。入所要件として原則，要介護度3以上の者を対象としており，**A**さんは要件に合致している。

×2　**介護老人保健施設**（介護保険法第8条第28項）は，「**要介護者であって，主としてその心身の機能の維持回復を図り，居宅における生活を営むことができるようにするための支援が必要である者に対し，施設サービス計画に基づいて，看護，医学的管理の下における介護及び機能訓練その他必要な医療並びに日常生活上の世話を行うことを目的とする施設**」である。居宅における生活を前提に支援を行うため，適切ではない。

×3　**介護医療院**（介護保険法第8条第29項）は，「**要介護者であって，主として長期にわたり療養が必要である者に対し，施設サービス計画に基づいて，療養上の管理，看護，医学的管理の下における介護及び機能訓練その他必要な医療並びに日常生活上の世話を行うことを目的とする施設**」である。**A**さんは右半身に麻痺があるが，長期的に医療と介護両方を必要としている状態ではないので，適切ではない。

×4　**養護老人ホーム**（老人福祉法第20条の4）は，入所者を「**養護するとともに，その者が自立した日常生活を営み，社会的活動に参加するために必要な指導及び訓練その他の援助を行うことを目的とする施設**」である。環境上及び経済的理由から居宅で養護を受けることが難しい者が対象であり，**A**さんの状態は該当しない。

×5　**軽費老人ホーム**（老人福祉法第20条の6）は，「**無料又は低額な料金で，老人を入所させ，食事の提供その他日常生活上必要な便宜を供与することを目的とする施設**」である。心身機能の低下などにより自立した日常生活を営むことについて不安があると認められた者で，家族による援助が難しい者が対象であり，**A**さんの状態は該当しない。

**参照ページ**　『合格教科書 2025』p.357, 358　　　　　　　　　　　　　**正解 1**

---

 ## 老人福祉法　　　　　　　　　　　　　　難●●●○●●易

**35回-134**　老人福祉法に関する次の記述のうち，**正しいもの**を1つ選びなさい。

1　法律の基本的理念として，要援護老人の自立支援の重要性が規定されている。
2　老人福祉施設の一つとして，介護老人保健施設が規定されている。
3　やむを得ない事由で介護保険法の保険給付などが利用できない場合，市町村が採ることのできる福祉の措置の一つとして，居宅における介護等が規定されている。
4　市町村社会福祉協議会には，老人福祉センターを設置する義務があることが規定されている。
5　市町村老人福祉計画は，社会福祉法に基づく市町村地域福祉計画と一体のものとして作成されなければならないことが規定されている。

**選択肢考察**

×1　第2条の基本的理念には，「**老人は，多年にわたり社会の進展に寄与してきた者として，かつ，豊富な知識と経験を有する者として敬愛されるとともに，生きがいを持てる健全で安らかな生活を保障されるものとする。**」と規定されている。要援護老人の自立支援の重要性については記されていない。

×2　「老人福祉施設」とは，**老人デイサービスセンター，老人短期入所施設，養護老人ホーム，特別養護老人ホーム，軽費老人ホーム，老人福祉センター及び老人介護支援センター**をいう（第5条の3）。介護老人保健施設とは，要介護者であって，主としてその心身の機能の維持回復を図り，居宅における生活を営むことができるようにするための支援が必要である者に対し，施設サービス計画に基づいて，看護，医

学的管理の下における介護及び機能訓練その他必要な医療並びに日常生活上の世話を行うことを目的とする施設（介護保険法第8条第28項）のうち，都道府県知事の許可を受けたものである。

○3　第10条の4に規定されている。

×4　第15条第5項において，国及び都道府県以外の者は，社会福祉法の定めるところにより，軽費老人ホーム又は老人福祉センターを設置することができると規定されている。**市町村社会福祉協議会に設置義務が課せられているわけではない。**

×5　市町村老人福祉計画は，**市町村介護保険事業計画と一体のものとして作成されなければならないこと**が規定されている（第20条の8第7項）。

参照ページ　『合格教科書2025』p.357〜359　　正解 3

 老人福祉法　　難●●○●●易

**33回-134**　老人福祉法に関する次の記述のうち，**正しいもの**を1つ選びなさい。

1　市町村は，市町村老人福祉計画において，当該市町村の区域において確保すべき老人福祉事業の量の目標を定めるものとしている。

2　養護老人ホームの入所要件は，60歳以上の者であって，経済的理由により居宅において介護を受けることが困難な者としている。

3　老人福祉法に基づく福祉の措置の対象となる施設の一つとして，救護施設が含まれている。

4　特別養護老人ホームについて，高齢者がやむを得ない事由により自ら申請できない場合に限って，市町村の意見を聴いた上で都道府県が入所措置を行う。

5　老人介護支援センターは，介護保険法の改正（2005年（平成17年））に伴って，老人福祉法から削除され，介護保険法上に規定された。

### 選択肢考察

○1　市町村老人福祉計画については老人福祉法の改正（令和3年4月1日施行）により，選択肢に書かれた内容に加えて，**老人福祉事業の確保のための方策に関する事項**，そして**老人福祉事業に従事する者の確保及び質の向上並びにその業務の効率化及び質の向上のために講ずる都道府県と連携した措置に関する事項**について，定めるように努めることとなっている。（第20条の8第3項第1号・第2号）

×2　養護老人ホームの措置に係る入所要件は，**65歳以上の者であって，環境上の理由及び経済的な理由において養護を受けることが困難なもの**である。（第11条第1項第1号）

×3　救護施設は生活保護法に基づく施設なので，該当しない。老人福祉法の措置の対象となる施設は，**養護老人ホーム**と**特別養護老人ホーム**である。

×4　特別養護老人ホームの入所措置を行うのは**市町村**である。措置を行うのは，**65歳以上であって身体上または精神上著しい障害があるために常時の介護を必要とし，かつ，居宅においてこれを受け入れることが困難なもの**が，やむを得ない事由により介護保険法に規定する地域密着型介護老人福祉施設または介護老人福祉施設に入所することが著しく困難であると認めるときであり，高齢者が自ら申請できない場合ではない。

×5　老人介護支援センター（在宅介護支援センター）は，**老人福祉法第20条の7の2**に規定されている。地域の老人の福祉に関する相談に応じ，必要な助言を行うとともに，老人及びその養護者と，行政や施設等の連絡調整などを総合的に行う。

## 「高齢者虐待防止法」

難●●●○●易

**36回-135**　「高齢者虐待防止法」に関する次の記述のうち，**最も適切なもの**を1つ選びなさい。

1　この法律における高齢者とは，65歳以上で介護保険制度における要介護認定・要支援認定を受けた者と定義されている。

2　この法律では，セルフネグレクト（自己放任）の状態も高齢者虐待に該当することが定義されている。

3　この法律における高齢者虐待の定義には，保険医療機関における医療専門職による虐待が含まれている。

4　この法律では，市町村が養護者による虐待を受けた高齢者の居所等への立入調査を行う場合，所轄の警察署長に援助を求めることができると規定されている。

5　この法律は，市町村に対し，高齢者虐待の防止・高齢者とその養護者に対する支援のため，司法書士若しくは弁護士の確保に関する義務を課している。

(注)　「高齢者虐待防止法」とは，「高齢者虐待の防止，高齢者の養護者に対する支援等に関する法律」のことである。

### 選択肢考察

×1　同法における「高齢者」とは，**65歳以上の者**である（第2条第1項）。

×2　高齢者虐待とは，**養護者もしくは養介護施設従事者等**が高齢者に対し，**身体的虐待，心理的虐待，ネグレクト，性的虐待，経済的虐待のいずれか又は複数の行為を行うこと**をいう。セルフネグレクトは含まれない。

×3　選択肢2にもあるように，保険医療機関の医療専門職による虐待は**含まれない**。

○4　**市町村長は，立入り及び調査又は質問をさせようとする場合**において，これらの職務の執行に際し必要があると認めるときは，当該高齢者の住所又は居所の所在地を管轄する**警察署長に対し援助を求めることができる**（第12条第1項）。

×5　**国及び地方公共団体の責務**（第3条）には，関係省庁，関係機関，民間団体との連携の強化，民間団体の支援等に**努めなければならない**といった内容が規定されているが，**選択肢の内容に該当する条文はない**。

参照ページ　『合格教科書 2025』p.149, 150, 152, 360　　　　　　　　正解 4

## 「バリアフリー法」

**34回-135** 「バリアフリー法」に関する次の記述のうち，**正しいもの**を1つ選びなさい。

1 公共交通や建築物等の施設設置管理者等は，2020年（令和2年）の改正により，法の施行から3年以内に移動等円滑化基準に適合するよう，既存施設の改修等を行わなければならなくなった。
2 公共用通路の出入口は，移動等円滑化基準において，その幅を60cm以上としなければならない。
3 公共交通事業者等は，その職員に対して移動等円滑化を図るために必要な教育訓練を行うよう努めなければならない。
4 厚生労働大臣は，旅客施設を中心とする地区や高齢者等が利用する施設が集まった地区について，移動等円滑化基本構想を作成しなければならない。
5 移動等円滑化基本構想に位置づけられた事業の実施状況等の調査・分析や評価は，おおむね10年ごとに行わなければならない。
(注) 「バリアフリー法」とは，「高齢者，障害者等の移動等の円滑化の促進に関する法律」のことである。

### 選択肢考察

×1 2020（令和2）年改正により，**移動等円滑化基準の適合**について，**新設した施設等については義務，既存施設には努力義務**が課された（第8条第2項・第3項）。施行から3年以内に改修等を行わなければならないというのは誤りである。

×2 移動等円滑化基準では，「公共用通路の出入口の幅は**90cm以上**（構造上の理由によりやむを得ない場合は**80cm以上**）であること」と定められている（国土交通省「公共交通機関の旅客施設に関する移動等円滑化整備ガイドライン」より）。

○3 **職員に対する教育訓練の努力義務**について，**第8条第6項**に明記されている。

×4 **市町村**は，移動等円滑化基本構想を**作成するように努める**ものとされている（第25条第1項）。

×5 事業の実施状況等の調査・分析や評価は**おおむね5年ごとに行うよう努め**（**努力義務**），必要があれば変更するものとされている（第25条の2）。

### 参照ページ 『合格教科書2025』p.360～362

 **正解 3**

〈高齢者，障害者等の移動等の円滑化の促進に関する法律（バリアフリー法）の概要〉

> **1. 国が定める基本方針**
> ○移動等円滑化の意義及び目標 ○施設設置管理者が講ずべき措置
> ○移動等円滑化促進方針（マスタープラン）の指針 ○基本構想の指針
> ○国民の理解の増進及び協力の確保に関する事項 ○情報提供に関する事項
> ○その他移動等円滑化の促進に関する事項

（国土交通省「令和2年バリアフリー法改正」より）

 **「高齢者住まい法」** 難 ●●○●●● 易

**33回-135** 高齢者の住まいに関する法制度についての次の記述のうち，**正しいものを1つ**選びなさい。

1 住宅確保要配慮者に対して居住支援に取り組む法人（居住支援法人）は，その申請により，都道府県知事から指定されることとなっている。
2 サービス付き高齢者向け住宅は，入居者に対し，介護保険制度における居宅介護サービス若しくは地域密着型サービスの提供が義務づけられている。
3 シルバーハウジングにおいては生活支援コーディネーターが配置され，必要に応じて入居者の相談や一時的な身体介護を行うこととなっている。
4 終身建物賃貸借制度は，賃借人が死亡することによって賃貸借契約が終了する借家契約であり，75歳以上の高齢者が対象とされている。
5 市町村は，住宅確保要配慮者に対する賃貸住宅の供給の促進に関する計画（市町村賃貸住宅供給促進計画）の作成を義務づけられている。

**選択肢考察**

○1 **居住支援法人制度**は，「住宅確保要配慮者に対する賃貸住宅の供給の促進に関する法律」（略称：住宅セーフティネット法）の改正（2017（平成29）年施行）によってスタートした。**住宅確保要配慮者（高齢者，障害者，被災者，子育て世代など）に対し，家賃債務保証，賃貸住宅への入居に関する相談，情報提供，見守りなどの生活支援を行う法人を，都道府県が指定する**ことになっている。

×2 **サービス付き高齢者向け住宅**（略称：サ高住）では，「生活相談サービス」と「状況把握（安否確認）サービス」の提供が必須であり，そのほか，地域にある介護サービスや医療サービスの活用ができることになっている。

×3 生活支援コーディネーターではなく，**生活援助員（ライフサポートアドバイザー）**が，入所者の生活指導や相談，一時的な家事援助や安否確認などの「日常生活支援サービス」を提供する。

×4 対象となるのは**60歳以上**である（60歳未満の場合でも，配偶者が60歳以上であれば一緒に入居することは可能）。

×5 住宅確保要配慮者に対する賃貸住宅の供給の促進に関する法律の第6条によると，「**市町村は，**基本方針（都道府県賃貸住宅供給促進計画が作成されている場合にあっては，都道府県賃貸住宅供給促進計画）に基づき，当該市町村の区域内における住宅確保要配慮者に対する賃貸住宅の供給の促進に関する計画（**市町村賃貸住宅供給促進計画**）を作成することができる」となっているので，**作成義務ではない。**

※参考：国土交通省「居住支援法人制度の概要」（https://www.mlit.go.jp/common/001258249.pdf）／（一財）高齢者住宅財団HP（https://www.koujuuzai.or.jp/useful_info/lsa/）／国土交通省「就寝建物賃貸借制度の概要と実績」（https://www.mlit.go.jp/common/001253060.pdf）

**参照ページ** 『合格教科書2025』p.360～362 **正解 1**

**35回-132** 指定居宅介護支援事業者とその介護支援専門員の役割などに関する次の記述のうち，**最も適切なもの**を1つ選びなさい。

1 指定居宅介護支援事業者は，利用者が介護保険施設への入所を要する場合，施設への紹介など便宜の提供は行わず，利用者の選択と判断に委ねることとなっている。

2 居宅サービス計画は，指定居宅介護支援事業者の介護支援専門員に作成を依頼することなく，利用者自らが作成することができる。

3 指定居宅介護支援事業者の介護支援専門員による居宅サービス計画作成業務の保険給付（居宅介護支援）では，利用者の自己負担割合が1割と定められている。

4 地域住民による自発的な訪問や民間事業者が市場サービスとして行う配食サービスなどについては，居宅サービス計画に位置づけることはできないとされている。

5 介護支援専門員は，居宅サービス計画の実施状況の把握のため，少なくとも2週間に1度は利用者宅を訪問することが義務づけられている。

---

**選択肢考察**

×1 指定居宅介護支援事業者は居宅介護支援として，①**居宅サービス計画（ケアプラン）の作成**，②**居宅サービス提供にあたっての指定居宅サービス事業者との連絡調整等**，③**介護保険施設または地域密着型介護老人福祉施設等への入所を要する場合，利用者に対して施設の紹介等を行う**（介護保険法第8条第24項）。

○2 居宅サービス計画は，**利用者本人やその家族が立てることも可能**である。

×3 居宅サービス計画策定業務について，**利用者の自己負担は発生しない**。

×4 居宅サービス計画は，利用者の自立した日常生活を支援する目的で，**インフォーマルな支援や民間事業者が担う支援についても記載される**。

×5 居宅サービス計画は**おおむね6か月程度で見直しが行われる**ことになっているが，実際は利用者によって異なる。少なくとも2週間に1度は利用者宅を訪問することを義務づける規定はない。

---

**参照ページ** 『合格教科書2025』p.336, 337, 344  正解 2

##  高齢者と家族等の支援における関係機関の役割　難 ●●●●● 易

**33回-132**　次の記述のうち，国民健康保険団体連合会の介護保険制度における役割として，**正しいもの**を 1 つ選びなさい。

1　介護保険の財政の安定化に資する事業に必要な費用を充てるため，財政安定化基金を設ける。
2　介護サービス事業者が利用者に提供したサービスに伴う介護給付費の請求に関し，市町村から委託を受けて，審査及び保険給付の支払を行う。
3　介護サービスの苦情処理等の業務や事業者・施設への指導・助言のための機関として，運営適正化委員会を設置する。
4　市町村が介護認定審査会を共同設置する場合に，市町村間の調整や助言等の必要な援助を行う。
5　保険給付に関する処分や保険料などの徴収金に関する処分について，不服申立ての審理・裁決を行うための機関として，介護保険審査会を設置する。

### 選択肢考察

×1　財政安定化基金は，**都道府県**に設置する。
○2　国民健康保険団体連合会のその他の役割としては，**指定居宅サービスや介護保険制度に基づく施設の利用者・家族等からの苦情に基づいて事実関係を調査し，指定居宅サービス事業者等に対する必要な指導や助言を行うこと**（苦情処理），**介護予防・日常生活支援総合事業の実施に関する費用の支払い等**がある。
×3　運営適正化委員会は，**都道府県社会福祉協議会**に設置する。
×4　介護認定審査会を共同設置する場合に，調整や援助等を行うのは**都道府県**である。
×5　介護保険審査会は**都道府県**に設置することになっている。

**参照ページ**　『合格教科書 2025』p.354, 355, 366　　　　**正解 2**

##  関連する専門職等の役割　難 ●●○●● 易

**36回-133**　介護福祉士に関する次の記述のうち，**正しいもの**を 1 つ選びなさい。

1　介護福祉士の法律上の定義には，介護者に対して介護に関する指導を行うことを業とすることが含まれている。
2　介護福祉士が介護保険制度における訪問介護員として従事する際には，その資格とは別に，政令で定める研修を修了していることがその要件となる。
3　介護福祉士は，医師の指示のもと，所定の条件下であれば，医療的ケアの一つとして脱水症状に対する点滴を実施することができる。
4　介護福祉士は業務独占資格の一つであり，法令で定める専門的な介護業務については，他の者が行うことは禁じられている。
5　認定介護福祉士を認定する仕組みは，2005 年（平成 17 年）に制定された介護保険法等の一部を改正する法律において法定化され，その翌年から施行された。

### 選択肢考察

○1　介護福祉士とは，登録を受け，介護福祉士の名称を用いて，**専門的知識及び技術をもって，身体上又**

は精神上の障害があることにより日常生活を営むのに支障がある者につき心身の状況に応じた介護（喀痰吸引等を含む）を行い，並びにその者及びその介護者に対して介護に関する指導を行うことを業とする者をいう（社会福祉士及び介護福祉士法第2条第2項）。

×2　介護福祉士は，新たに研修を修了しなくとも**訪問介護員として働くことができる**。

×3　介護福祉士が行うことができる医療的ケアは，**喀痰吸引と経管栄養**である。

×4　介護福祉士は**名称独占資格**である（同法第48条第2項）。

×5　認定介護福祉士は，認定介護福祉士認証・認定機構が養成研修を担う**民間資格**であり，法定化はされていない。

参照ページ　『合格教科書 2025』p.429　　　　　　　　　　　　　　　　　正解 1

 **関連する専門職等の役割**　　　　　　　　　　　　　　難●●○●●易

**34回-132**　介護保険制度の指定訪問介護事業所（共生型居宅サービスを除く）の従事者に関する次の記述のうち，**適切なもの**を**2つ**選びなさい。

1　訪問介護員として従事する者に対しては資格取得や研修修了等の要件は課されておらず，業務を遂行する上での最低限の技術の習得が条件とされている。

2　訪問介護員は，常に利用者の心身の状況やその置かれている環境等の的確な把握に努め，利用者又はその家族に対し，適切な相談及び助言を行う。

3　訪問介護員が入浴や清拭の支援を行う場合，利用者の主治医の指示に基づいて介護を行うことが義務づけられている。

4　サービス提供責任者は，訪問介護員に対して利用者の状況についての情報を伝達し，具体的な援助目標や援助内容を指示する。

5　サービス提供責任者は，多様な事業者等から総合的に提供される介護サービスの内容などを記載した居宅サービス計画を作成する。

**選択肢考察**

×1　訪問介護員として従事することができるのは，**介護福祉士のほかに介護職員実務者研修，介護職員初任者研修を修了した者等**である。

○2　「指定居宅サービス等の事業の人員，設備及び運営に関する基準」（以下「同基準」という。）第13条には**心身の状況等の把握**について定められており，「指定訪問介護の提供に当たっては，利用者の心身の状況，その置かれている環境，他の保健医療サービス又は福祉サービスの利用状況等の把握に努めなければならない」といった内容が明記されている。

×3　訪問介護員等に対して技術指導等を実施するのは，**サービス提供責任者**である（同基準第28条第3項第7号）。

○4　サービス提供責任者の業務には，「**訪問介護員等に対し，具体的な援助目標及び援助内容を指示するとともに，利用者の状況についての情報を伝達すること**」が含まれている（同基準第28条第3項第4号）。

×5　サービス提供責任者が作成するのは，指定訪問介護の目標，当該目標を達成するための具体的なサービスの内容等を記載した**訪問介護計画**である。

※参考：『指定居宅サービス等の事業の人員，設備及び運営に関する基準』

参照ページ　　　　　　　　　　　　　　　　　　　　　　　　　正解 2, 4

# 関連する専門職等の役割（事例問題）

難 ●●●●● 易

**35回-135** 事例を読んで，B社会福祉士が，Cさんの希望を踏まえて特に意見を聴くべき職種として，**最も適切なもの**を1つ選びなさい。

〔事例〕

急性期病床を有する病院に医療ソーシャルワーカーとして勤務するB社会福祉士は，10日前から入院中のCさん（79歳，一人暮らし）の退院時カンファレンスに臨んだ。その会議には，Cさんを担当する看護師・理学療法士・作業療法士・管理栄養士・言語聴覚士・医療ソーシャルワーカー，Cさん本人が同席した。Cさんは軽度の脳梗塞を初めて発症して入院し，その後の治療等によって，基本的な日常生活動作や，言語・コミュニケーションに関する症状はほぼ消失したため，医学的には定期的な外来通院に移行できる状態である。しかし，利き腕の右手を動かしづらく，既存の調理器具ではうまく調理ができなくなっており，在宅生活には支援が必要な状況である。Cさんは，「調理はずっと行ってきたことなので，上手にできるようになりたい」と希望している。

1 看護師
2 理学療法士
3 作業療法士
4 管理栄養士
5 言語聴覚士

✓ ✓ ✓

## 選択肢考察

×1 看護師は，傷病者若しくはじょく婦に対する**療養上の世話又は診療の補助**を行う専門職である（保健師助産師看護師法第5条）。本事例において意見を聴く職種には該当しない。

×2 理学療法士は，**医師の指示の下**に，**理学療法**（体に障害のある者に対し，主としてその基本的動作能力の回復を図るため，治療体操その他の運動を行なわせ，及び電気刺激，マッサージ，温熱その他の物理的手段を加えること）を行う専門職である（理学療法士及び作業療法士法第2条第1項，第3項）。本事例において意見を聴く職種には該当しない。

○3 作業療法士は，**医師の指示の下**に，作業療法（身体又は精神に障害のある者に対し，主としてその応用的動作能力又は社会的適応能力の回復を図るため，手芸，工作その他の作業を行なわせること）を行う専門職である（理学療法士及び作業療法士法第2条第2項，第4項）。Cさんは右手が動かしづらく調理がうまくいかないという課題を抱えているため，**意見を聴く職種として適切**である。

×4 管理栄養士は，傷病者に対する**療養のため必要な栄養の指導**，個人の身体の状況，栄養状態等に応じた高度の専門的知識及び技術を要する**健康の保持増進のための栄養の指導**並びに特定多数人に対して継続的に食事を供給する施設における利用者の身体の状況，栄養状態，利用の状況等に応じた特別の配慮を必要とする**給食管理**及びこれらの施設に対する**栄養改善上必要な指導**等を行うことを業とする専門職である（栄養士法第1条第2項）。本事例において意見を聴く職種には該当しない。

×5 言語聴覚士は，音声機能，言語機能又は聴覚に障害のある者についてその機能の維持向上を図るため，**言語訓練その他の訓練**，これに必要な検査及び助言，指導その他の援助を行う専門職である（言語聴覚士法第2条）。本事例において意見を聴く職種には該当しない。

## 参照ページ 『合格教科書2025』p.342, 346

正解 3

高齢者福祉

## 高齢者と家族等に対する支援の実際（多職種連携を含む）（事例問題）

**36回-134** 事例を読んで，地域包括支援センターのM職員（社会福祉士）が訪問・相談を行った時点での対応として，**適切なもの**を**2つ**選びなさい。

〔事 例〕

Q市に住むAさん（85歳，女性，要介護3）は長男（56歳）と二人暮らしである。Aさんは5年前から物忘れが進み，排せつには介助を要し，日常的に長男が介護をしている。また，短期入所生活介護を2か月に1回利用している。今朝，長男から「気分が落ち込んでしまいここ3日ほどは眠れない」「当分は母の介護ができそうにない」と沈んだ声で地域包括支援センターに電話相談があった。これまでにもこのような相談が度々あり，それを受け，M職員がすぐに訪問・相談を行った。

1 Aさんの要介護状態の改善を図る必要があるため，介護予防ケアマネジメントの実施を検討する。
2 総合相談支援業務として，長男の状態について同センターの保健師と相談し，気分の落ち込みや睡眠の問題に対応できる専門機関を探す。
3 権利擁護業務として，Aさんへの虐待リスクがあることについて，市に通報する。
4 包括的・継続的ケアマネジメント支援業務として，Aさんを担当する居宅介護支援事業所の介護支援専門員とともに，早急に今後の対応を検討する。
5 Aさんと長男が住む地域の課題を検討するため，地域ケア会議で報告する。

### 選択肢考察

×1 　Aさんは要介護3の認定を受けており，**介護予防サービスの利用要件**には**該当しない**。

○2 　総合相談支援業務は，介護保険法第115条の45第2項第6号によると，**保健医療及び福祉に関する専門的知識を有する者による認知症の早期における症状の悪化の防止のための支援その他の認知症である又はその疑いのある被保険者に対する総合的な支援を行う事業**とされている。家族の支援を行うという**内容は規定されていない**が，実践報告では家族の介護疲れに合わせたアドバイスを行っている事例がごく少数見られる。誤肢を消去すると選択肢2と4が残るため，正解であると判断する。

×3 　長男は介護疲れを自覚して相談に訪れており，事例の内容からも虐待の疑いが感じられ通報の必要があるような情報は読み取れないため，対応として**不適切である**。

○4 　現在のサービス提供体制では間に合っていないことが事例から読み取れるため，**早急に今後の対応を検討することは適切**である。

×5 　本事例から，Aさん親子以外にも地域で同様の課題を抱える世帯が複数あるといった内容は読み取れないため，地域ケア会議で検討することは**適切ではない**。

参照ページ 　『合格教科書2025』p.353 　　　　　　　　　　　　　　　正解 2, 4

**高齢者と家族等に対する支援の実際（多職種連携を含む）（事例問題）** 難 ●●●●● 易

**35回-129** 事例を読んで，U介護老人福祉施設に入所しているMさんに対する日常介護に関する次の記述のうち，**最も適切なもの**を1つ選びなさい。

〔事 例〕

Mさん（79歳，女性，要介護4）は，先月U介護老人福祉施設に入所した。3年前に発症した脳梗塞の後遺症により右片麻痺，運動性失語症がある。問い掛けに対して，首を振って返答することは可能である。口腔内に感覚障害がある。時々，せき込むことがある。食事の時，自分で矢継ぎ早に摂取し，口いっぱいにほおばっていることが多い。最近になって腹圧性尿失禁があることが分かった。A生活相談員（社会福祉士）は，Mさんに対するケアカンファレンスに同席し，介護上の留意点を確認した。

1 Mさんに対する質問は，できるだけ開かれた質問で行うように心掛ける。

2 着替えの介助の際，袖を通すときは左側から介助する。

3 浴槽に入る際は，右足の方から湯船に入るように介助する。

4 せきの時に尿が漏れるかもしれないので，尿パッドの使用をMさんと検討する。

5 食事の時，食べ物を口に運ぶペースはMさんのペースのままとする。

**選択肢考察**

×1 Mさんは問いかけに対し，首を振ったりして返答している。自由回答を求める「開かれた質問」よりも，はい・いいえ等の一言で返すことのできる**「閉じられた質問」**のほうが答えやすい。

×2 着替えの介助の際は患側から袖を通す。右片麻痺があるMさんの場合は，**右側**から介助を行う。

×3 浴槽に入る際は，健側の足を先に湯船に入れる。Mさんの場合は，**左足**から入るように介助を行う。

○4 腹圧性尿失禁は**せきやくしゃみにより尿が漏れることがある**ため，尿パッドの使用を検討するのは適切である。

×5 Mさんは食事を矢継ぎ早に摂取して咳き込んでしまうことが多いため，**介助者が適切なペースで食事介助を行う**ほうがよい。

**参照ページ** 『合格教科書2025』p.17 **正解 4**

## 高齢者と家族等に対する支援の実際（多職種連携を含む）（事例問題）

**34回-128**　事例を読んで，Ｙ特別養護老人ホームに入所している高齢者への介護に関する次の記述のうち，**適切なものを２つ選びなさい。**

〔事　例〕

　Ｈさん（83歳）は，要介護５で，ユニット型個室のＹ特別養護老人ホームに入所しており，ほぼ日常生活全般にわたり介助を必要とする。自発的な発話が聞かれることは少なく，簡単な質問や指示に対してもほとんど反応がない。最近，かゆみのためかベッド上で自分の胸や脇の下あたりをかきむしることが続いている。感染性のものであるかも含めて，翌日に嘱託医が診察を行う予定である。介護・看護職員と生活相談員（社会福祉士）は，今後の対応を話し合った。

1　Ｈさんの気分転換を図るために，他ユニットの利用者との交流を増やす。
2　入浴や清拭で皮膚の清潔を保ち，適切な爪の長さに整える。
3　他の利用者が以前に使用していたかゆみ止め薬を塗布する。
4　皮膚を保護するために，ベッド柵にＨさんの両腕を固定する。
5　これまでの皮膚の状態，かきむしりの様子などを，嘱託医に情報提供できるよう書面にまとめておく。

### 選択肢考察

×1　Ｈさんにはかゆみの症状が出ており，事例の段階では**感染性のものである可能性も否定できない**ため，他の利用者との交流は避けるべきである。

○2　かゆみの症状に対して皮膚の清潔を保ち，かきむしりへの対応として爪の長さを整えることは対応として適切である。

×3　Ｈさんを診察した医師がＨさんに対して処方した薬を塗布するのが適切である。

×4　「身体拘束ゼロへの手引き～高齢者ケアに関わるすべての人に」（厚生労働省）によると，**身体拘束は人権擁護の観点から問題があるだけでなく，高齢者のQOL（生活の質）を根本から損なう危険性を有している**とされる。事例の状況で，Ｈさんの両腕をベッド柵に固定するのは適切ではない。

○5　Ｈさんの様子について**嘱託医へ情報提供を行うことは，診察がスムーズに進む一助となるため適切で**ある。

※参考：厚生労働省『身体拘束ゼロへの手引き～高齢者ケアに関わるすべての人に』

### 参照ページ
　　　　　　　　　　　　　　　　　　　　　　　　　　　　　　　　　　　　　　　　　　**正解 2, 5**

## 高齢者と家族等に対する支援の実際（多職種連携を含む）（事例問題） 難 ●●●○●● 易

**36回-128** 事例を読んで，地域包括支援センターの社会福祉士による J さんの長女への助言として，**適切なもの**を**2つ**選びなさい。

〔事例〕

　自宅で一人暮らしの J さん（82歳，男性）は，脳梗塞の後遺症により軽い左片麻痺（ひだりかたまひ）があり，要支援 1 の認定を受けているが介護保険サービスは利用していない。2 か月前に買物に行こうとして玄関先で転倒し，軽傷ですんだものの，それ以来自宅から出ようとしなくなった。近隣に住んでいる長女は，週に 2，3 度自宅を訪れ，買物や掃除・洗濯を手伝ってきた。しかし，「父は一人で大丈夫というが，むせることもあり食事量が減ってきて心配です。父はどのようなサービスが利用できますか」と地域包括支援センターに相談に来た。

1　看護小規模多機能型居宅介護の利用
2　介護老人福祉施設への入所
3　介護予防通所リハビリテーションの利用
4　短期入所生活介護の利用
5　管理栄養士による介護予防居宅療養管理指導の利用

### 選択肢考察

×1　看護小規模多機能型居宅介護の利用要件は**要介護 1 以上**であり，J さんには該当しない。

×2　介護老人保健施設の入所要件は**要介護 1 以上**であり，J さんには該当しない。

○3　介護予防通所リハビリテーションの利用要件は**要支援 1 もしくは要支援 2** となっている。J さんには左肩麻痺があり，玄関先で転倒したこともあるため，リハビリテーションの利用について長女へ情報提供するのは**適切**といえる。

×4　短期入所生活介護の利用要件は**要介護 1～5** であり，J さんには該当しない。

○5　介護予防居宅療養管理指導の利用要件は，**要支援 1 もしくは要支援 2** である。管理栄養士が訪問し，食事の相談に応じたり，J さんの状態に合った食事メニューや調理法の提案等を行うことができるため，長女への情報提供の内容としては**適切**といえる。

**参照ページ**　『合格教科書 2025』p.339, 342, 346　　　　　　　　　　　　**正解 3, 5**

## 高齢者と家族等に対する支援の実際（多職種連携を含む） 難 ●●●○●● 易

**34回-130** 終末期ケアに関する次の記述のうち，**最も適切なもの**を**1つ**選びなさい。

1　ホスピスでは，看取り後の家族らが抱える悲嘆を緩和することを終末期ケアにおける支援の中心とする。
2　デーケン（Deeken, A.）が提唱した死への準備教育（デス・エデュケーション）とは，症状の緩和，特に痛みの緩和，安楽をもたらすチームケアを行うための介護スタッフ教育のことである。
3　アドバンス・ケア・プランニング（ACP）では，本人が医療・ケアチームと十分な話合いを行い，本人による意思決定を尊重する。
4　グリーフケアは，終末期を迎えた人に対して，積極的な延命治療を行わず，できる限り自然な死を迎えられるようにすることである。
5　緩和ケアとは，可能な限りの延命治療を行った上で人生の最期を迎えられるようにするケアである。

×1　全米ホスピス協会はホスピスを「**死にゆく人と家族に対して，身体的，精神的，社会的，スピリチュ
アルなケアを在宅と入院の両方で提供する，緩和サービスと支援サービスのバランスが取れたプログラ
ムであり，専門家，ボランティア，多職種の医療チームを構成してサービスにあたる**」と定義している。
看取り後の家族らが抱える悲観を緩和する支援というのは，グリーフケアのことである。

×2　デーケンは著書『死への準備教育の意義　生涯教育として考える』のなかでデス・エデュケーション
について，「死を身近な問題として考え，生と死の意義を探求し，自覚を持って自己と他者の死に備えて
の心構えを習得することはできるし，また必要でもある。」と述べている。**いつか訪れる死に対して心の
準備を行うことにとどまらず，よりよく生きることを志向するための教育を提唱した。**

○3　『人生の最終段階における医療・ケアの決定プロセスに関するガイドライン』（厚生労働省）によると，
ACP では①医師等の医療従事者から適切な情報提供と説明がなされ，②それに基づいて医療・ケアを受
ける本人が多専門職種の医療・介護従事者から構成される医療・ケアチームと十分な話し合いを行い，
③本人による意思決定を基本としたうえで人生の最終段階における医療・ケアを進めるというプロセス
が重要であることが記載されている。

×4　グリーフケアとは，看取り後の家族の深い悲しみを受け止め，喪失体験から回復していく過程で，医
療や心理の専門家などがサポートを行うことである。家族に限らず，亡くなった本人にかかわったス
タッフなどを対象に行われる場合もある。

×5　WHO（世界保健機関）による緩和ケアの定義（2002）によると，**緩和ケアとは，生命を脅かす疾患に関
連する問題に直面している患者とその家族に対し，痛みやその他の身体的・心理社会的・スピリチュア
ルな問題を早期に見出し，的確なアセスメントと対応を行うことで，苦痛を予防し和らげて QOL（生活
の質）を改善するアプローチである。**

※参考：アルフォンス・デーケン『死への準備教育の意義　生涯教育として考える』／厚生労働省『人生の最
終段階における医療・ケアの決定プロセスに関するガイドライン』

参照ページ　　　　　　　　　　　　　　　　　　　　　　　　　　　　　　 正解 3

 **高齢者と家族等に対する支援の実際（多職種連携を含む）** 難●●●●●易

35 回-130　高齢者に配慮した浴室の環境整備に関する次の記述のうち，**適切なもの**を **2 つ**選びなさい。

1　開閉時に身体移動が少ないことから，脱衣所は開き戸にした方がよい。
2　立位でまたぐ場合，浴槽の縁（エプロン）の高さは 65 cm 程度がよい。
3　浴室は温度が高くなるので，脱衣所は温度を低くしておくとよい。
4　洗面台の水栓はレバー式が握り動作がいらず操作しやすい。
5　浴室内に立ち上がりや姿勢保持のために水平及び垂直の手すりを複数設置する。

×1　高齢者に配慮した浴室であれば，**引き戸**がよいとされている。体の移動が少なくて済み，力をかけな
くても開けやすいためである。

×2　立位であっても座位であっても，浴槽の縁の高さは **40 cm 程度**が適しているといわれている。高す

ぎると足が引っかかって転倒する危険があり，低すぎると逆に入りにくくなってしまう。

×3　脱衣所の温度が低いと，浴室との温度差によって**ヒートショックが引き起こされる危険**がある。

○4　レバー式は**高齢者にも操作がしやすいため，適切**である。

○5　浴槽には**L字型手すり**，洗い場には縦型手すりなど，**場所によって動作が異なるため，複数設置する**のがよい。

参照ページ　『合格教科書 2025』p.345　　　　正解 4, 5

---

 **高齢者と家族等に対する支援の実際 (多職種連携を含む) (事例問題)**　難 ●●○●●● 易

**34回-133**　事例を読んで，L社会福祉士が活用を検討する施策や事業として，**最も適切なものを1つ**選びなさい。

〔事　例〕
　L社会福祉士は，営利法人が経営するサービス付き高齢者向け住宅の職員として勤務し，安否確認や生活相談サービスを担当している。最近は介護サービスを利用する認知症高齢者の入居も増え，その家族等から高齢者の支援方法やサービス内容について様々な要望や質問が寄せられることが多くなってきた。
　ある日，L社会福祉士は法人の取締役から，「ボランティアなど外部の人が入居者の相談に応じて疑問や不満・不安の解消を図る仕組みが必要だ」と指示を受けた。そこで，L社会福祉士は，まず既存の公的施策・事業の活用を検討することにした。
1　包括的支援事業における認知症地域支援・ケア向上事業
2　福祉サービス第三者評価事業
3　介護サービス相談員派遣等事業 (旧介護相談員派遣等事業)
4　包括的支援事業における権利擁護業務
5　福祉サービス利用援助事業

**選択肢考察**

×1　包括的支援事業（介護保険法第115条の45第2項）の**認知症地域支援・ケア向上事業**は，市町村において医療機関や介護サービス及び地域の支援機関の間の連携を図るための支援，認知症の人やその家族を支援する相談業務等を行う**認知症地域支援推進員を配置し，推進員を中心として，医療・介護等の連携強化等による，地域における支援体制の構築と認知症ケアの向上を図る**ものである。

×2　**福祉サービス第三者評価事業**（社会福祉法第78条）とは，**福祉サービスの質の向上を目的に，公正・中立な外部機関がサービスの評価を行う**ものである。

○3　**介護サービス相談員派遣等事業**は，地域支援事業（介護保険法第115条の45）の任意事業として実施されている。市町村に登録している**介護サービス相談員が，介護保険サービスを提供する施設・事業所や食事提供サービス等を提供する住宅型有料老人ホームや安否確認・生活相談サービスを提供するサービス付き高齢者向け住宅を訪ね，サービス利用者等の話を聞き，相談に応じる**ものである。事例の内容に合致している。

×4　包括的支援事業（同上）における**権利擁護事業**とは，地域包括支援センターが虐待の防止及びその早期発見のための事業その他の被保険者の権利擁護のために必要な援助を行うものである。

×5　**福祉サービス利用援助事業**（社会福祉法第2条第3項第12号）は，**精神上の理由により日常生活を営むのに支障がある者に対して，無料または低額な料金で，福祉サービスの利用に関する相談・助言，サービス利用のために必要な手続き，費用の支払い等，一連の援助を一体的に行う**ものである。

## 高齢者と家族等に対する支援の実際 (多職種連携を含む) (事例問題)　難●●○●●●易

**36回-132**　事例を読んで，病院のK医療ソーシャルワーカー（社会福祉士）が，この時点でLさんへの支援のために検討すべきこととして，**最も適切なもの**を1つ選びなさい。

〔事 例〕

Kは，変形性膝関節症で外来通院中のLさん（82歳，女性，独居，要支援2）から相談を受けた。Lさんは屋外の歩行が不自由で杖を使っているが，介護サービス等は利用していない。Lさんは，数年ぶりに趣味の歌舞伎鑑賞に出かけようと思い，介護保険制度のサービス利用について市役所に問い合わせたところ「本市では趣味のための移動支援は実施していない」と説明されたと言う。Lさんは転倒の心配もあり，歌舞伎鑑賞には見守り支援を利用したいと言っている。

1　Lさんの支援を在宅医療・介護連携推進事業の担当者に依頼する。

2　市役所の対応に関して，都道府県国民健康保険団体連合会へ苦情の申し立てを行うよう，Lさんに提案・助言を行う。

3　Lさんの歩行機能の改善を図るため，地域介護予防活動支援事業の利用を勧める。

4　Lさんの疑問や不安に対応してもらえるよう，介護サービス相談員と連携を図る。

5　Lさんの居住地を担当する「生活支援コーディネーター（第2層）」に連絡を取り，Lさんが利用できる，制度外の外出時の見守り支援策について相談・調整を図る。

(注)　「生活支援コーディネーター（第2層）」は，中学校区域を基本とする日常生活圏域で業務に当たる職員である。

#### 選択肢考察

×1　在宅医療・介護推進事業は，**医療と介護をどちらも必要とする在宅高齢者が安心して生活していけるように，連携して医療と介護を提供できる体制の構築を目指す事業**である。Lさんの相談内容には**該当しない**。

×2　国民健康保険連合会は**介護保険サービスに対する苦情受付**は行っているが，Lさんの相談内容には**該当しない**。

×3　地域介護予防活動支援事業は一般介護予防事業の中に位置付けられており，**要支援及び要介護認定を受けていない高齢者が集まり，気軽に介護予防に取り組めるような場づくりを推進**している。Lさんの相談内容には**該当しない**。

×4　介護サービス相談員は，**介護保険サービスを提供する施設・事業所等を訪ね，サービス利用者等の話を聞き，相談に応じる職員**である。Lさんの相談内容には**該当しない**。

○5　生活支援コーディネーター（地域支えあい推進員）は包括的支援事業の中の生活支援体制整備事業に位置づけられており，**地域の支援ニーズとサービス提供主体のコーディネート**等も行っているため，Lさんの外出支援ができる人材が必ず見つかる保障はないが，**相談先としては適切**である。

参照ページ 『合格教科書 2025』p.410　　　　　　　　　正解 5

## 高齢者と家族等に対する支援の実際（多職種連携を含む）（事例問題）　難 ●●●●● 易

**34回-129**　事例を読んで，Z 地域包括支援センターの J 社会福祉士による妻への助言として，**適切なもの**を**2つ**選びなさい。

〔事 例〕

K さん（74 歳）は，レビー小体型認知症であるが，日常生活は自立している。妻（68 歳）と二人暮らしである。1 か月くらい前から，部屋の隅を見て，「虫が群れをなしている」とおびえるものの，妻は，自分には見えないし，急に動こうとするので対応に困り，Z 地域包括支援センターを訪れた。担当した J 社会福祉士は，レビー小体型認知症の症状を説明した上で，以下の助言を行った。

1 「パーキンソン症状により転びやすいので，気を付けてください」
2 「間接照明を使った部屋を利用するようにしてください」
3 「細かい模様のあるカーテンを目に付くところに配置してください」
4 「虫はいないとはっきり説明して，K さんを安心させてください」
5 「虫が見えることを否定せず，K さんの不安を受け止めてください」

### 選択肢考察

○1　レビー小体型認知症の症状の一つにパーキンソン症状がある。**筋肉のこわばりやすり足・小股歩きな**どにより転びやすいため，注意を促すのは適切である。

×2　実際には存在しないものが見えること（幻視）や見間違いは**暗い環境で起こりやすいため**，間接照明を**勧めるのは不適切**である。

×3　細かい模様のあるカーテン，壁や床のシミ，壁にかかった服（人と見間違える）などは**幻視を誘発する**要因となるため，避けることが望ましい。

×4
○5　｝幻視を否定すると，K さんの混乱や興奮が高じたり，幻視がますます進んだりする場合がある。K さんには虫が見えていることを否定せず，話を聞いて不安を受け止めるのがよい。

**参照ページ**　『合格教科書 2025』p.15　　　　　　　　　　　　　　　　　　　**正解 1，5**

NEW

## 高齢者と家族等に対する支援の実際（多職種連携を含む）　難 ●●○●● 易

**36回-129**　移動の介護に関する次の記述のうち，**最も適切なもの**を**1つ**選びなさい。

1 片麻痺がある人が杖歩行を行う場合，杖は麻痺側に持つ。
2 左片麻痺者が階段を上る時は，杖の次に左足を上げる。
3 視覚障害者の歩行介助を行う場合，介助者は視覚障害者の後方を歩く。
4 片麻痺がある人のベッドから車いすへの移乗では，車いすを要介護者の健側に置く。
5 車いすで大きな段差を下るときは，前向きで降りる。

### 選択肢考察

×1　杖は麻痺側（患側）ではなく**健側**に持つ。

×2　杖の次に上げるのは，右足ではなく**左足**である。

高齢者福祉

×3　介助者は視覚障害者の後方ではなく，**半歩前**を歩く。

○4　**正しい。** ちなみに車いすからベッドへ移乗する場合も，ベッドが要介護者の健側にあるように車いすを寄せる。

×5　前向きではなく**後ろ向き**に降りる。

参照ページ　『合格教科書 2025』p.340　　　　　　　　　　　　　　　　　正解 4

 ## 高齢者と家族等に対する支援の実際（多職種連携を含む）　難 ●●○●● 易

35回-128　次の記述のうち，ボディメカニクスの基本原理に関する介護場面への応用として，**最も適切なもの**を**1つ**選びなさい。

1　ベッド上で利用者の臀部（でんぶ）を上げる際に，自分の肘を支点にして，てこの原理を使った。
2　ベッドから車いすへの移乗介助の際に，利用者の身体を小さくまとめてしまわないように意識した。
3　車いすからベッドへの移乗介助の際に，できるだけ自分の重心を利用者から離した。
4　ベッド上で利用者の体位変換や枕方向への移動を行う際に，利用者の身体をできるだけ垂直方向に持ち上げて移動させた。
5　ポータブルトイレからベッドへの移乗介助の際に，自分の両足をそろえ，直立姿勢をとった。

**選択肢考察**

○1　肘を支点にして「てこの原理」を活用すると，介護者にかかる負担が小さくなる。
×2　利用者の**体を小さくまとめた**ほうが摩擦の抵抗が少なくなり，介護者の負担は軽減される。
×3　重心を**利用者に近づける**ほうが，介護者の負担は小さくなる。
×4　利用者の身体を持ち上げる際は，**水平に体を動かす**ほうが介護者の負担が少ない。
×5　介護者は足をしっかり広げて支持基底面を広く取り，利用者を支える面積を広げるほうが負担は軽減される。

参照ページ　『合格教科書 2025』p.340　　　　　　　　　　　　　　　　　正解 1

# 児童・家庭福祉

● 内容一覧 ●

| 出題項目 | 国試回数 | 内容一覧 | 事例 | 頁 |
|---|---|---|---|---|
| 児童・家庭の生活実態 | 36 回-136 | ヤングケアラー | | 33 |
| 児童・家庭を取り巻く社会環境 | 36 回-141 | 特別養子縁組 | | 34 |
| | 34 回-138 | 福祉行政報告例 | | 34 |
| 児童福祉法 | 36 回-137 | 児童福祉の原理 | | 35 |
| | 35 回-136 | 里親養育包括支援機関（フォスタリング機関） | ★ | 36 |
| | 34 回-137 | 児童福祉関連事業，障害児支援 | | 37 |
| | 34 回-141 | 里親ガイドライン | ★ | 38 |
| 「児童虐待防止法」 | 35 回-138 | 「児童虐待防止法」 | | 39 |
| 母子保健法 | 36 回-138 | 母子保健施設，児童福祉施設，児童福祉関連事業 | ★ | 40 |
| 児童手当法 | 35 回-140 | 児童手当 | | 41 |
| 児童扶養手当法 | 36 回-139 | 児童扶養手当 | | 41 |
| 次世代育成支援対策推進法 | 36 回-140 | 次世代育成支援対策推進法，行動計画 | | 42 |
| 児童相談所の役割 | 35 回-142 | 児童福祉法，児童虐待防止法 | | 43 |
| | 34 回-142 | 児童福祉法，児童虐待防止法，一時保護ガイドライン | | 43 |
| その他の児童や家庭（女性，若者を含む）に対する支援における組織・団体の役割 | 35 回-137 | 母子家庭への支援 | ★ | 44 |
| 関連する専門職等の役割 | 35 回-141 | 保育士，児童福祉法 | | 45 |
| | 36 回-142 | 家庭支援専門相談員，児童虐待防止法 | ★ | 46 |
| | 34 回-136 | スクールソーシャルワーカー，乳児家庭全戸訪問事業 | ★ | 47 |
| 支援の実際（多職種連携を含む） | 35 回-139 | 母子健康包括支援センター，産後ケア事業 | ★ | 48 |
| | 34 回-139 | 母子健康包括支援センター | ★ | 49 |
| | 34 回-140 | 児童福祉法，児童虐待防止法，児童養護施設運営指針，児童福祉施設の設備及び運営に関する基準 | | 49 |

※「児童虐待防止法」とは，「児童虐待の防止等に関する法律」のことである。

# 傾向と対策

過去問の傾向を知り，適切な対策を！

● 傾向分析表【児童・家庭福祉】 ●

| 項　目　名 | 第36回 | 第35回 | 第34回 | 問題数 |
|---|---|---|---|---|
| 児童・家庭の生活実態 | ● | | | 1 |
| 児童・家庭を取り巻く社会環境 | ● | | ● | 2 |
| 児童福祉法 | ● | ● | ●● | 4 |
| 「児童虐待防止法」 | | ● | | 1 |
| 母子保健法 | ● | | | 1 |
| 児童手当法 | | ● | | 1 |
| 児童扶養手当法 | ● | | | 1 |
| 次世代育成支援対策推進法 | ● | | | 1 |
| 児童相談所の役割 | | ● | ● | 2 |
| その他の児童や家庭(女性，若者を含む)に対する支援における組織・団体の役割 | | ● | | 1 |
| 関連する専門職等の役割 | ● | ● | ● | 3 |
| 支援の実際(多職種連携を含む) | | ● | ●● | 3 |
| 問　題　数 | 7問 | 7問 | 7問 | 21問 |

## ●傾向と対策

　相対的に児童福祉にかかわる仕事についている人が他の分野と比べ少ないため，受験生は聞きなれない言葉が多く出る科目である。少子高齢化の現状，児童福祉の発達過程，児童の権利，児童福祉法に基づく支援や施設，児童虐待，子ども・子育て支援法が出題される傾向にあり，①児童の権利，②児童福祉の制度，③子育て支援，というおおまかに３つのグループに分けられる。児童福祉の詳細な内容まで聞かれるため，深く掘り下げて学習しないと解けない問題も多い。DVやひとり親世帯への支援，保育所設立なども学習しておく必要がある。

　また，2023（令和５）年４月より施行された「こども基本法」も把握しておくとよいであろう。

## ●頻出項目
### ①児童福祉の発達過程
### ②児童の権利
　児童の権利に関する条約と日本国内の法に与えた影響について出題される傾向がある
### ③児童福祉法に基づく支援と施設
　児童福祉施設の最低基準，市町村による子育て支援，里親制度，要保護児童対策地域協議会などについて出題されている
### ④児童虐待
　早期発見・通告・関係機関の連携について整理しながら，現状における課題について出題されている
### ⑤少子化の状況

# 児童・家庭の生活実態

難 ●●○●● 易

**36回-136** 子ども・家庭の生活実態に関する次の記述のうち，**正しいもの**を1つ選びなさい。

1 「令和4年版男女共同参画白書」（内閣府）によると，子供がいる世帯の妻の就業状態は，パートタイム労働よりフルタイム労働の割合が高くなっている。
2 「令和4年版犯罪白書」（法務省）によると，少年の刑法犯等検挙人員は令和3年には戦後最大となった。
3 「令和3年度児童生徒の問題行動・不登校等生徒指導上の諸課題に関する調査結果について」（文部科学省）によると，いじめの認知（発生）件数は，令和2年度に比べ減少した。
4 「令和3年度全国ひとり親世帯等調査結果の概要」（厚生労働省）によると，母子家庭の世帯の平均年間収入は，同年の国民生活基礎調査による児童のいる世帯の平均所得の約8割である。
5 「令和3年度ヤングケアラーの実態に関する調査研究」の小学校調査によると，「ヤングケアラーと思われる子どもの状況」（複数回答）では，「家族の通訳をしている（日本語や手話など）」に比べて，「家族の代わりに，幼いきょうだいの世話をしている」が多い。

（注）「令和3年度ヤングケアラーの実態に関する調査研究」とは，株式会社日本総合研究所が，令和3年度子ども・子育て支援推進調査研究事業（厚生労働省）として実施したものである。

**選択肢考察**

×1　「令和4年版男女共同参画白書」によると，令和3年の子供がいる世帯の妻の就業状態は，パートタイム労働者（週35時間未満で就業している雇用者）の割合は40.9％，フルタイム労働者（週35時間以上で就業している雇用者）の割合は23.6％となっており，**パートタイム労働者の割合が高くなっている。**

×2　「令和4年版犯罪白書」によると，令和3年の少年の刑法犯等検挙人員は，**過去最少となる2万9,802人**であった。

×3　「令和3年度児童生徒の問題行動・不登校等生徒指導上の諸課題に関する調査結果について」によると，いじめの認知（発生）件数は，令和2年度が51万7,163件，令和3年度が61万5,351件となっており，**令和2年度よりも増加**している。

×4　「令和3年度全国ひとり親世帯等調査結果の概要」によると，母子世帯の平均年間収入は372万円となっている。一方，「令和3年国民生活基礎調査」によると，児童のいる世帯の平均所得金額は813万5,000円となっている。したがって，**5割弱**である。

○5　「令和3年度ヤングケアラーの実態に関する調査研究」の小学校調査によると，ヤングケアラーと思われる子どもが世話している内容は，「**きょうだいのお世話や送り迎え**」が28.5％，通訳（日本語や手話など）が3.2％となっている。

**参照ページ**　『合格教科書2025』p.193

**正解 5**

児童・家庭福祉

**36回-141** 特別養子縁組の制度に関する次の記述のうち，**最も適切なもの**を**1つ**選びなさい。

1 配偶者のない者でも養親となることができる。
2 養子となることができる子の年齢上限は，6歳である。
3 養親には離縁請求権はない。
4 特別養子縁組の成立には，実親の同意が原則として必要ではない。
5 特別養子縁組は，都道府県が養親となる者の請求により成立させることができる。

**選択肢考察**

×1 特別養子縁組は，**養親は配偶者のある者でなければならない**（民法第817条の3）。

×2 養子となる者の年齢は，原則として **15歳未満**であり，例外として17歳まで認められる場合もある（同法第817条の5第1項）。

○3 特別養子縁組の離縁が行われるのは，**養親による虐待，悪意の遺棄その他養子の利益を著しく害する事由があること，または実父母が相当の監護をすることができる時**である（同法第817条の10第1項）。養親には離縁請求権はない。

×4 特別養子縁組の成立には，**原則として養子となる者の父母の同意が必要である。**ただし，父母がその意思を表示することができない場合または，父母による虐待，悪意の遺棄その他養子となる者の利益を著しく害する事由がある場合は，この限りでない（同法第817条の6）。

×5 特別養子縁組を成立させることができるのは，**家庭裁判所**である（同法第817条の2第1項）。

**参照ページ** 『合格教科書2025』p.138  正解 3

---

**34回-138** 次の記述のうち，2021年度（令和3年度）の児童相談所における児童虐待相談対応件数（「福祉行政報告例」（厚生労働省））について，**最も適切なもの**を**1つ**選びなさい。 改変

1 虐待相談対応件数は，5年前と比べて減少している。
2 心理的虐待は，5年前と比べて減少している。
3 警察等からの虐待通告は，5年前と比べて増加している。
4 相談種別で件数をみると，ネグレクトの割合が最も高い。
5 相談の経路（通告者）は，家族・親戚からの割合が最も高い。

改変 2019年度（令和元年度）→2021年度（令和3年度）

**選択肢考察**

×1 令和3年度の児童相談所の虐待相談対応件数は，**20万7,660件**となっており，5年前の平成29年度の13万3,778件に比べて**増加**している。

×2 令和3年度の児童虐待相談の内訳のうち，心理的虐待は，**12万4,724件**となっており，5年前の平成29年度の7万2,197件よりも**増加**している。

○3 警察等からの虐待通告は，令和元年度は10万3,104件となっており，5年前の平成29年度の6万6,055

件に比べて**増加している。**

×4　児童虐待の相談種類別対応件数で最も多いのは，**心理的虐待**（12万4,724件）であり，次いで，身体的虐待（4万9,241件），ネグレクト（3万1,498件），性的虐待（2,247件）の順となっている。

×5　令和3年度の児童虐待相談の経路（通告者）は，**警察等（10万3,104件）が最も多く**なっている。次いで，近隣・知人（2万8,075件），学校（1万3,856件）の順となっている。

※福祉行政報告例の結果（児童福祉関係の一部）について

令和5年11月に報告実態について不備があったことが判明し，令和4年度福祉行政報告例では，調査結果の正確性を確保する観点から一部の調査結果（児童福祉関係の一部）が公表されていない。また，この誤りについては令和3年度以前の結果にも影響している可能性があることから，公開済みの情報についても今後修正される可能性がある。

令和4年度結果の公表時期及び令和3年度以前結果の誤りの有無や公表時期等については，厚生労働省やこども家庭庁のホームページで公開されるので，確認しておく。

**参照ページ**　『合格教科書 2025』p.353, 368　　　　　　　　　　　　　**正解 3**

## 児童福祉法　　　　　　　　　　　　　難●●●○●易

**36回-137**　児童福祉法の総則規定に関する次の記述のうち，**最も適切なもの**を1つ選びなさい。

1　全て国民は，児童の年齢及び発達の程度に応じて，その意見が尊重されるよう努めなければならない。
2　全て保護者は，その養育する児童の福祉を等しく保障される権利を有する。
3　国は，児童を育成する第一義的責任がある。
4　全て国民は，児童の最善の利益を実現しなければならない。
5　全て児童は，家庭で育てられなければならない。

### 選択肢考察

○1　全て国民は，児童が良好な環境において生まれ，かつ，社会のあらゆる分野において，**児童の年齢及び発達の程度に応じて，その意見が尊重され，**その最善の利益が優先して考慮され，心身ともに健やかに育成されるよう努めなければならない（児童福祉法第2条第1項）。

×2　**全て児童**は，児童の権利に関する条約の精神にのっとり，適切に養育されること，その生活を保障されること，愛され，保護されること，その心身の健やかな成長及び発達並びにその自立が図られること等の福祉を等しく保障される権利を有する（同法第1条）。

×3　児童を育成する第一義的責任があるのは**児童の保護者**である（同法第2条第2項）。なお，国及び地方公共団体は，児童の保護者とともに，児童を心身ともに健やかに育成する責任を負う（同法第2条第3項）。

×4　選択肢考察1の通り，**児童の最善の利益を優先して考慮する努力義務**が規定されている。

×5　選択肢考察2の通り，児童福祉法では適切に養育されることとしており，**家庭で育てられなければならないとする規定はない。**

**参照ページ**　『合格教科書 2025』p.374〜378　　　　　　　　　　　　　**正解 1**

## 児童福祉法（事例問題）

難 ●●●○● 易

**35回-136** 事例を読んで，Ｖ里親養育包括支援（フォスタリング）機関のＤ相談員（社会福祉士）の対応に関する次の記述のうち，**最も適切なもの**を１つ選びなさい。

〔事 例〕

　Ｖフォスタリング機関のソーシャルワーカーであるＤ相談員は，養育里親であるＥさん夫婦からＦさん（9歳）の相談を受けた。Ｅさん夫婦はＦさんの養育里親委託を受け，5年になる。このところ，Ｆさんが実親のことを詳しく知りたいと言い出し，どうしたらよいか悩んでいると話す。Ｅさん夫婦は，実親のことを知ることで，自分たちとの関係が不安定になるのではないかと危惧しているとＤ相談員に話した。

1　Ｆさんは思春期に入る前なので，今は伝えない方がよいと助言する。
2　Ｆさんの最善の利益を考え，Ｆさんに実親のことをどのように伝えるかについて相談する。
3　Ｅさん夫婦が自分たちを追い詰めないことを優先する必要があり，実親の話題が出たら話を変えてみることを提案する。
4　Ｄ相談員からＦさんに，実親のことを知らない方がＦさんのためだと伝えることを提案する。
5　実親についての全ての情報を，Ｆさんに直ちに伝えなければならないと助言する。

✓　✓　✓

**選択肢考察**

×1　「フォスタリング機関（里親養育包括支援機関）及びその業務に関するガイドライン」によると，実親のことなど生い立ちについて十分に知らされていない子どもが，**思春期になってから事実に触れることによって，子どもが動揺して不安定になることもある**としている。したがって，今は伝えない方がよいとする助言は不適切である。

○2　ガイドラインによると，子どもの年齢や発達の状況に応じて，**その伝え方や時期について，十分に相談しておくことが求められている。**

×3　**実親の話題に触れないようにする対応は不適切**である。なお，ガイドラインでは，実親のことを子どもに伝えることについて，里親がひとりで悩みや葛藤を抱え込むことのないよう，日頃から相談しやすい環境づくりに努めることが規定されている。

×4　ガイドラインでは里親養育への支援として，「実親との協働の大切さを見失うことのないよう」支援することとされており，子どもの最善の利益の追求と実現を図るべきであるため，**実親を否定する対応は適切ではない。**

×5　実親のことについて**伝え方や時期については，十分に相談して決めていくことが必要**である。

**参照ページ**　『合格教科書 2025』p.347, 351, 352

正解 2

**児童福祉法**

**34回-137** 次の記述のうち，児童福祉法に定められた事業の説明として，**最も適切なものを1つ**選びなさい。

1 児童発達支援は，未就学の児童とその保護者を対象に，「子育てひろば」を実施する取組である。
2 放課後等デイサービスは，小学校に通う児童を対象に，放課後，小学校の空き教室や児童館等の公共施設において「学童保育」を実施する取組である。
3 保育所等訪問支援は，保育所等に入所している健診未受診の乳幼児を対象に，保健師が保育所等を訪問する取組である。
4 児童自立生活援助事業は，「自立援助ホーム」における相談その他の日常生活上の援助及び生活指導並びに就業の支援を行う取組である。
5 子育て短期支援事業は，出産直後の子育て家庭を対象に，居宅を訪問して家事支援等を行う取組である。
(注)「自立援助ホーム」とは，義務教育を終了した児童又は児童以外の満20歳に満たない者であって，措置解除された者等が共同生活を営むべき住居のことである。

**選択肢考察**

×1　児童発達支援は，**障害児を対象**に，児童発達支援センター等に通わせ，日常生活における基本的な動作の指導，**知識技能の付与，集団生活への適応訓練**等をするサービスである（第6条の2の2第2項）。

×2　放課後等デイサービスは，学校（幼稚園及び大学を除く。）に就学している**障害児を対象**に，授業の終了後または休業日に**児童発達支援センター等に通わせ，生活能力の向上のために必要な訓練，社会との交流の促進**等をするサービスである（第6条の2の2第4項）。

×3　保育所等訪問支援は，**保育所等に通う障害児または乳児院等に入所する障害児を対象**に，当該施設を訪問し，当該施設における障害児以外の児童との集団生活への適応のための専門的な支援等を提供するサービスである（第6条の2の2第6項）。

○4　児童自立生活援助事業は，**義務教育を終了した児童等を対象**として，自立援助ホームに入所させ，日常生活上の援助，生活指導，就業の支援，相談援助等を行う事業である（第6条の3第1項）。

×5　子育て短期支援事業は，**保護者の疾病等の理由により家庭において養育を受けることが一時的に困難となった児童を対象**に，児童養護施設等に入所させ，または里親等に委託し，当該児童につき必要な保護を行う事業である（第6条の3第3項）。

**参照ページ**　『合格教科書2025』p.348　　　　　　　　　　　　　　　　　　　**正解 4**

**34回-141** 事例を読んで，N県児童相談所のG児童福祉司（社会福祉士）が考えるHちゃんの支援方針として，**最も適切なもの**を1つ選びなさい。

〔事 例〕

Hちゃん（1歳半）は，ネグレクトによりU乳児院に入所している。Hちゃんの母Jさん（25歳）は現在新しいパートナーと二人で暮らしているが，U乳児院によると，HちゃんはJさんと面会しても全く反応がなかったという。G児童福祉司は何度かJさんと面談し，今後の養育や家庭引取りに向け話合いをしてきた。しかし，JさんはHちゃんを養育する意思はないとはっきり伝えてきた。その後，Jさんは全く面会せず，現在は連絡もなかなかつかない状況である。

1 集団生活の一貫性を保障するため，児童養護施設に措置変更をする。
2 家庭と同様の養育環境を保障するため，里親に委託する。
3 JさんとHちゃんの愛着関係を見極めるため，措置を継続する。
4 Jさんに母親として自覚してもらうため，家庭復帰する。
5 愛着関係不全からの回復を図るため，福祉型障害児入所施設に措置変更をする。

**選択肢考察**

×1 　乳児院は，原則として満1歳未満の乳児を対象としているため，現在1歳半のHちゃんは対象外となってしまうが，**保健上，安定した生活環境の確保その他の理由により特に必要がある場合は，幼児も利用することができる**（児童福祉法第37条）。したがって，Hちゃんは引き続き乳児院に入所することができるため，現段階で児童養護施設に措置変更する必要はない。

○2 　新生児・乳幼児が特定の大人との愛着関係の下で養育されることが，子どもの心身の成長や発達には不可欠であり，今後の人格形成に多大な影響を与える時期でもあることから，長期的に実親の養育が望めない場合は，**子どもにとって安定し継続した家庭における養育環境と同様の養育環境を提供すること**が重要である（里親委託ガイドライン（雇児発0330第9号平成23年3月30日））。したがって，JさんはHちゃんを養育する意思はないとはっきり伝えていることから長期的に実親の養育が望めない場合に該当すると考えられるので，**特定の大人との愛着形成を行うためには里親による支援が望ましいと考えられる**。

×3 　JさんとHちゃんがすぐに**愛着関係を形成することは難しいと考えられるため**，措置を継続するよりも里親による支援が望ましい。

×4 　現時点で家庭復帰を行うと，JさんとHちゃんに愛着関係が形成されておらず，**虐待につながってしまう可能性がある**ため不適切である。

×5 　福祉型障害児入所施設は，**障害児を入所**させて，**保護，日常生活の指導及び独立自活に必要な知識技能の付与などの支援を行う**施設である（児童福祉法第42条）。愛着関係不全からの回復を目的として入所する施設ではない。

**参照ページ** 　『合格教科書2025』p.351〜353　　　　　　　　　　　　　　　　　　**正解 2**

**「児童虐待防止法」**  難 ●●●●● 易

**35回-138** 「児童虐待防止法」に関する次の記述のうち，**最も適切なもの**を1つ選びなさい。

1 児童相談所長等は，児童虐待の防止及び児童虐待を受けた児童の保護のため，施設入所している児童を除き，面会制限を行うことができる。

2 児童虐待を受けたと思われる児童を発見した者は，できる限り通告するよう努めなければならない。

3 児童の福祉に職務上関係のある者は，児童虐待の早期発見を行わなければならない。

4 児童が同居する家庭における配偶者に対する生命又は身体に危害を及ぼす暴力は，児童虐待の定義に含まれる。

5 児童に家族の介護を行わせることは，全て，児童虐待の定義に含まれる。

(注) 「児童虐待防止法」とは，「児童虐待の防止等に関する法律」のことである。

**選択肢考察**

×1　児童相談所長等は，**施設入所等の措置や一時保護が行われた場合**，必要があると認める時は，虐待を行った保護者に対し，児童との**面会制限・通信制限の全部又は一部を行うことができる**（児童虐待防止法第12条第1項）。

×2　児童虐待を受けたと思われる児童を発見した者は，速やかに，これを市町村，都道府県の設置する福祉事務所若しくは児童相談所又は児童委員を介して市町村，都道府県の設置する福祉事務所若しくは児童相談所に**通告しなければならない**（同法第6条第1項）と定められている。**通告は義務**である。

×3　学校，児童福祉施設，病院，都道府県警察，婦人相談所，教育委員会，配偶者暴力相談支援センターその他児童の福祉に業務上関係のある団体及び学校の教職員，児童福祉施設の職員，医師，歯科医師，保健師，助産師，看護師，弁護士，警察官，婦人相談員その他児童の福祉に職務上関係のある者は，児童虐待を発見しやすい立場にあることを自覚し，児童虐待の**早期発見に努めなければならない**（同法第5条）。早期発見は，努力義務である。

○4　2004（平成16）年の児童虐待防止法の改正により，**児童が同居する家庭における配偶者に対する暴力**は，児童虐待のうちの**心理的虐待**とされている（同法第2条）。

×5　児童に家族の介護を行わせることは，**児童虐待の定義には含まれていない**。なお，児童虐待には，身体的虐待，性的虐待，ネグレクト，心理的虐待がある。

**参照ページ**　『合格教科書2025』p.353, 354　　　　　　　　　　**正解 4**

**36回-138** 事例を読んで，R市子育て支援課のB相談員（社会福祉士）がR市で利用可能なサービスの中から紹介するものとして，**最も適切なもの**を1つ選びなさい。

〔事 例〕

Cさん（2歳）の母親であるDさんは，他の子どもと比べてCさんの言葉が遅れていると気に病むようになり，外に出かけにくくなった。心配したCさんの祖母がDさんと共にR市子育て支援課に相談に来た。Bは，2人の話を聞き，どのようなサービスが利用可能かを一緒に検討することにした。

1 保育所への入所
2 母子健康包括支援センター（子育て世代包括支援センター）の利用
3 児童館の利用
4 子育て援助活動支援事業（ファミリー・サポート・センター事業）の利用
5 児童相談所の利用

**選択肢考察**

×1 保育所は，保育を必要とする乳児・幼児を日々保護者の下から通わせて**保育を行うことを目的**とする施設である（児童福祉法第39条）。Dさんは子育てに不安を感じているのであり，紹介するものとしてふさわしくない。

○2 母子健康包括支援センター（子育て世代包括支援センター）は，市町村が努力義務で設置する機関であり，**妊産婦や乳幼児の個別の疑問や不安に対し，ニーズに応じて支援プランの策定等を行う**（母子保健法第22条）。子育てに不安を感じているDさんに紹介する機関として，最も適切である。

×3 児童館は，**児童に健全な遊びを与えて**，その健康を増進し，又は情操をゆたかにすることを目的とする施設であり，児童厚生施設の一つである（児童福祉法第40条）。Dさんに紹介するものとしてふさわしくない。

×4 子育て援助活動支援事業（ファミリー・サポート・センター事業）は，**保育等の援助を受けることを希望する者と，保育等の援助希望者との連絡及び調整**並びに援助希望者への講習の実施等を行う事業である（児童福祉法第6条の3第14号）。Dさんは保育等を受けることを希望しておらず，紹介するものとしてふさわしくない。

×5 児童相談所は，児童の保護及び支援に関する相談のうち，①**専門的な知識・技術を必要とする相談**，②必要な調査並びに医学的，心理学的，教育学的，社会学的，精神保健上の判定，③判定に基づく必要な指導，④児童の一時保護，⑤施設入所等の措置，⑥市町村への必要な助言等を行う機関である（児童相談所運営指針）。育成相談も行っているが，性格行動，しつけ，適性，不登校等に関するものであり，Dさんに紹介する機関としてふさわしくない。

**参照ページ** 『合格教科書2025』p.346, 358　　　　　　　　　　　　　　**正解 2**

## 児童手当法

難 ●●●●● 易

**35回-140** 児童手当に関する次の記述のうち，**最も適切なもの**を1つ選びなさい。

1 児童手当の支給には，所得制限が設けられていない。
2 児童手当は，子どもの年齢が高い方が支給額は高くなる。
3 児童扶養手当を受給している者には児童手当は支給されない。
4 児童手当の受給を希望する者が申請の手続を行う必要はない。
5 15歳に達する日以後の最初の3月31日までの間にある児童は，支給要件児童に該当する。

### 選択肢考察

×1 児童手当には**所得制限が設けられている**（児童手当法第5条第1項）。なお，2024（令和6）年10月からは，所得制限を撤廃する改正が予定されている。

×2 児童手当の額は，3歳未満の子どもについては月額15,000円，3歳以上小学校修了前の児童については，第1子と第2子が月額10,000円，第3子以降は月額15,000円，中学生については，月額10,000円が支給されている（同法第6条）。したがって，**子どもの年齢が高い方が支給額は低くなる**。なお，2024（令和6）年10月からは，支給期間を「高校生年代」まで広げ，支給額は3歳未満が月額15,000円，3歳以上から高校生年代は月額10,000円，第3子以降は年齢を問わず，月額30,000円とする改正が予定されている。

×3 児童扶養手当を受けていても，児童手当が支給停止されるとする規定はなく，**併給することができる**。

×4 児童手当の支給を受けようとするときは，住所地の**市町村長の認定**を受けなければならない（同法第7条第1項）。

○5 児童手当は中学生まで支給されるため，**支給要件児童に該当**する。

**参照ページ** 『合格教科書2025』p.124, 359, 360　　　　　　　　　　　　　　　正解 5

---

NEW

## 児童扶養手当法

難 ●●●●● 易

**36回-139** 児童扶養手当に関する次の記述のうち，**最も適切なもの**を1つ選びなさい。

1 生活保護を受給していることが支給要件である。
2 児童扶養手当法における児童とは，障害がない子どもの場合，18歳到達後の最初の3月31日までの間にある者をいう。
3 児童扶養手当は児童手当と併給できない。
4 支給額は，世帯の収入にかかわらず一定である。
5 父子世帯は，支給対象外となる。

### 選択肢考察

×1 児童扶養手当は，**ひとり親家庭，または父，母にかわって児童を養育している養育者に対して支給される手当**である（児童扶養手当法第4条）。生活保護を受給していることは支給要件ではない。

○2 児童扶養手当法における児童とは，**18歳に達する日以後の最初の3月31日までの間にある者**又は

20歳未満で政令で定める程度の障害の状態にある者をいう（同法第3条第1項）。

×3 児童扶養手当と児童手当は，どちらも支給要件を満たしているのであれば，**併給することは可能**である。

×4 児童扶養手当は，世帯の**所得に応じて，10円刻みで支給額が変動する**（同法第9条第1項）。

×5 選択肢1の通り，児童扶養手当はひとり親家庭を対象としているため，**父子世帯も対象**である。

参照ページ 『合格教科書2025』p.100, 125 正解2

## 次世代育成支援対策推進法

36回-140 次の記述のうち，次世代育成支援対策推進法に関して，**最も適切なもの**を1つ選びなさい。

1 少子化に対処するための施策を総合的に推進するために，全ての児童が医療を無償で受けることができる社会の実現を目的としている。
2 都道府県及び市町村には，10年を1期とする次世代育成支援のための地域における行動計画を策定することが義務づけられている。
3 政府には，少子化に対処するための施策を指針として，総合的かつ長期的な労働力確保のための施策の大綱を策定することが義務づけられている。
4 常時雇用する労働者の数が100名を超える事業主（国及び地方公共団体を除く）は，一般事業主行動計画を策定しなければならない。
5 都道府県を基盤とした一元的な保育の給付について規定されている。

### 選択肢考察

×1 次世代育成支援対策推進法の目的は，次世代育成支援対策を迅速かつ重点的に推進し，もって**次代の社会を担う子どもが健やかに生まれ，かつ，育成される社会の形成に資する**ことである（同法第1条）。

×2 都道府県と市町村は，**行動計画を策定することができる**。義務ではない。また，計画の策定期間は**5年を1期**とされている（同法第8条第1項，第9条第1項）。

×3 政府（主務大臣）に策定が義務づけられているのは，**行動計画策定指針**である（同法第7条第1項）。

○4 一般事業主は，常時雇用する労働者の数が100人を超える場合，行動計画策定指針に即して，**一般事業主行動計画を策定しなければならない**（同法第12条第1項）。なお，常時雇用する労働者の数が100人以下の一般事業主は，一般事業主行動計画を策定するよう努めなければならない。

×5 次世代育成支援対策推進法には，保育の給付に関する規定はない。一元的な保育の給付について定められている法律は，**子ども・子育て支援法**である。

参照ページ 『合格教科書2025』p.79, 186, 190 正解4

## 児童相談所の役割

**35回-142** 虐待のおそれがある場合の児童相談所長の権限に関する次の記述のうち，**正しいもの**を1つ選びなさい。

1 家庭への立入調査を学校に委託することができる。
2 一時保護を行うためには，保護者の同意を得なければならない。
3 一時保護を里親に委託して行うことができる。
4 一時保護は3か月以上行わなければならない。
5 児童虐待を行う親の親権喪失を決定できる。

### 選択肢考察

×1 家庭への立入調査は，**都道府県知事**が行う（児童福祉法第29条，児童虐待防止法第9条第1項）。学校に委託することはできない。

×2 一時保護には，施設入所のような児童福祉法第27条第4項の規定に基づく保護者の同意は必要なく，**職権で行うことができる**。

○3 原則として一時保護は児童相談所が行うが，一定の場合には医療機関，児童福祉施設，里親，警察署その他適当な者に**委託して行うこともできる**（「子ども虐待対応の手引き」（厚生労働省））。

×4 一時保護は，**原則として2か月を超えてはできない**（児童福祉法第33条第3項）。2か月を超え，延長して一時保護を行う場合は，家庭裁判所の承認が必要である（同法第33条第5項）。

×5 児童相談所長は，親権喪失，親権停止の審判の請求を家庭裁判所に行うことができる（同法第33条の7）。審判の請求は行えるが，**親権喪失を決定するのは家庭裁判所**である。

### 参照ページ 『合格教科書2025』p.353, 354, 367  正解 3

## 児童相談所の役割

**34回-142** 児童相談所の一時保護に関する次の記述のうち，**最も適切なもの**を1つ選びなさい。

1 一時保護する場合には親権者の同意が必要である。
2 一時保護は児童相談所に設置されている一時保護所に限って行う。
3 親権者の意に反して2か月を超える一時保護を実施するためには，児童福祉審議会の承認を得なければならない。
4 都道府県知事は，一時保護所の福祉サービス第三者評価を行わなければならない。
5 外出，通学，通信，面会に関する制限は，子どもの安全の確保が図られ，かつ一時保護の目的が達成できる範囲で必要最小限とする。

### 選択肢考察

×1 児童相談所長は，**必要があると認めるときは，児童の安全を迅速に確保し適切な保護を図るため**，または児童の心身の状況，その置かれている環境その他の状況を把握するため，**児童の一時保護を行い**，または適当な者に委託して，当該一時保護を行わせることができる（児童福祉法第33条第1項）。一時保護は，親権者の同意のもと行うことが望ましいが，児童に重大な危害が加わる恐れがあるときは，職権で

行うことができる。

×2　一時保護は，児童相談所が設置する一時保護所のほかに，**児童福祉施設や医療機関，里親に委託して行われる**場合等がある。

×3　2017（平成 29）年の児童福祉法の改正により，2 か月を超えて一時保護が行われる場合は，**家庭裁判所の承認**を得なければならない（第 33 条第 5 項）。

×4　一時保護所は，福祉サービス第三者評価を受けることを**義務づけられていない**。なお，社会的養護施設（乳児院，児童養護施設，児童自立支援施設，児童心理治療施設，母子生活支援施設）は，3 年に 1 回以上の第三者評価実施が義務づけられている。

○5　**一時保護ガイドライン**（子発 0706 第 4 号平成 30 年 7 月 6 日）の「外出，通信，面会，行動等に関する制限」に規定されている内容である。

参照ページ　『合格教科書 2025』p.353, 354, 367　　　　　　　　　　　　　　　　　　　　正解 5

 **その他の児童や家庭（女性，若者を含む）に対する支援における組織・団体の役割（事例問題）**

**35 回-137**　事例を読んで，妊娠中の G さんが出産後に母子で居住する場について，H 婦人相談員（社会福祉士）がこの時点で利用を勧める施設として，**最も適切なもの**を 1 つ選びなさい。

〔事　例〕
G さん（18 歳）は夫から暴力を受けて，心も身体も深く傷ついており，「出産で入院することをきっかけに夫から逃げたい。子どもは自分一人で育てる」と H 婦人相談員に相談した。G さんは親族との関係が断絶しており，実家に戻ることもできないという。働いたこともなく様々な不安があるので，子どもとの生活設計を支援してもらえるところを希望している。

1　母子生活支援施設
2　児童家庭支援センター
3　産後ケアセンター
4　乳児院
5　母子・父子休養ホーム

選択肢考察

○1　母子生活支援施設は，**困難を抱える母子家庭の母と子が入所し，自立支援を行う施設**である（児童福祉法第 38 条）。G さん親子に利用を勧める施設として適切である。

×2　児童家庭支援センターは，地域の児童の福祉に関する各般の問題につき，児童に関する家庭その他からの相談のうち，専門的な知識及び技術を必要とするものに応じ，**必要な助言や指導**，児童相談所，児童福祉施設等との**連絡調整**等を行う施設である（同法第 44 条の 2）。子どもとの生活設計を支援する施設ではない。

×3　産後ケアセンターは，病院，診療所，助産所等で，**出産後の産後ケアを行う施設**である（母子保健法第 17 条の 2 第 1 項）。子どもとの生活設計を支援する施設ではない。

×4　乳児院は，**乳児（一定の要件で幼児も含む）を入院させて，これを養育し，あわせて退院した者について相談等を行う施設**である（児童福祉法第 37 条）。G さんは入所できないため，不適切である。

×5　母子・父子休養ホームは，**無料または低額の料金で，母子家庭に対してレクリエーションその他の休**

養のための便宜を供与する施設である（母子及び父子並びに寡婦福祉法第39条第3項）。生活設計の支援はしておらず，不適切である。

参照ページ　『合格教科書 2025』p.357, 366　正解 1

 ## 関連する専門職等の役割　難●●●●●易

35 回-141　保育士に関する次の記述のうち，正しいものを1つ選びなさい。

1　保育士資格は社会福祉法に規定された国家資格である。
2　保育士としての登録は市町村が行い，保育士登録証が交付される。
3　保育士は保育士の信用を傷つけるような行為をしてはならないとされている。
4　保育士の業務を離れた後に，守秘義務を課されることはない。
5　保育士資格取得後に3年ごとの更新のための研修が義務づけられている。

### 選択肢考察

×1　保育士資格は，**児童福祉法に規定されている**（児童福祉法第18条の4）。

×2　保育士の登録と登録証の交付は，**都道府県知事が行う**（同法第18条の18第2項，第3項）。

○3　保育士は，保育士の**信用を傷つけるような行為をしてはならない**（同法第18条の21）と定められている。

×4　保育士は，正当な理由がなく，その業務に関して知り得た人の秘密を漏らしてはならない。**保育士でなくなった後においても同様**である（同法第18条の22）。

×5　保育士資格には，**更新制度は定められていない**。なお，保育士になるためには，指定保育士養成施設（学校教育法に基づく専門職大学の前期課程を修了した者を含む）を卒業し，保育士試験に合格する必要がある。

参照ページ　『合格教科書 2025』p.366　正解 3

## 関連する専門職等の役割（事例問題）

難 ●●●●● 易

**36回-142** 事例を読んで，この時点でのU児童養護施設のE家庭支援専門相談員（社会福祉士）の対応について，**最も適切なもの**を1つ選びなさい。

〔事例〕
　Fさん（40歳代，男性）は，息子Gさん（8歳）と父子家庭で生活していた。Gさんが3歳の時に，Fさんによる妻への暴力が原因で離婚した。Fさんは，行儀が悪いと言ってはGさんを殴る，蹴る等の行為が日常的にみられた。額にひどいあざがあるような状態でGさんが登校したことから，学校が通告し，GさんはU児童養護施設に措置された。入所後，家庭支援専門相談員であるEがFさんに対応している。FさんはEと会う度に，「自分の子どもなのだから，息子を返して欲しい」と訴えていた。Gさんとの面会交流が進んだ現在では，「返してもらうにはどうしたらよいのか」と発言している。

1　Fさんに二度と叩（たた）かないことを約束すれば，家庭復帰できると伝える。
2　Fさんが反省しているとわかったので，家庭復帰できると伝える。
3　Fさんに「なぜ叩いたのですか」と問い反省を求める。
4　Fさんが体罰によらない子育てができるよう一緒に考える。
5　Fさんは暴力による方法しか知らないのだから，家庭復帰は諦めるようにと伝える。

**選択肢考察**

×1　入所措置の解除は，**都道府県知事**が決めることである（児童虐待防止法第13条）。家庭支援専門相談員が約束できることではない。

×2　選択肢考察1の通り，**家庭支援専門相談員が家庭復帰を決めることはできない**ので不適切である。また，事例文からFさんが反省しているかは不明である。

×3　設問のような対応は，Fさんを責めているようにも捉えられかねず，**Fさんとの信頼関係構築の観点からも不適切**な対応である。

○4　一緒に考えていく姿勢はFさんに寄り添った対応であり，**信頼関係の構築にもつながる**。

×5　「Fさんは暴力による方法しか知らない」という声かけは，E家庭支援専門相談員の決めつけであり，バイステックの「非審判的態度の原則」に反している。また，このような対応では，Fさんとの信頼関係構築にもつながらない。

**参照ページ**　『合格教科書2025』p.274, 367　　　　　　　　　　　　　　　**正解 4**

# 関連する専門職等の役割（事例問題）

**34回-136** 事例を読んで，**B**スクールソーシャルワーカー（社会福祉士）によるこの時点での対応として，**適切なものを2つ選びなさい。**

〔事例〕

Bスクールソーシャルワーカーは，C君（小学6年生）の学級担任のD教師から相談を受けた。C君は，母親が病気で動けないため，母親の手伝いや2歳の妹の世話をしており，学校を休むことが多いという。Bスクールソーシャルワーカーが登校してきたC君と二人で話すと，父親は仕事が忙しく，家族と過ごす時間が少ないこと，C君は父親から，家庭内のことは誰にも話さないようにと言われていることが分かった。C君は，「学校には来たいけれど，母や妹のことが心配だ」と話した。

1　C君に，このまま家族の犠牲になっていては，将来に影響すると話す。
2　保護者に対し，学校を休みがちで心配だと伝え，家庭訪問を打診する。
3　関係機関によるケース会議が必要であることを校長に報告する。
4　乳児家庭全戸訪問事業として家庭訪問を行う。
5　妹を一時保護する。

## 選択肢考察

×1　**C君の行動を否定するような対応**であり不適切である。Bスクールソーシャルワーカーには，C君の置かれている現状を受けとめたうえで，将来について一緒に考えていく姿勢を示していくことが求められる。

○2　家庭訪問で保護者に直接会うことにより，**的確な状況把握をすることにつながる。**また，Bスクールソーシャルワーカーには，**問題を抱える児童生徒が置かれた環境への働きかけ**をすることが求められる。

○3　Bスクールソーシャルワーカーには，関係機関等との**ネットワークの構築や連携・調整，**学校内での**チーム体制を構築**することが求められる。

×4　乳児家庭全戸訪問事業は，**生後4か月までの乳児のいる家庭を訪問**し，子育てに関する情報の提供，乳児や保護者の心身の状況及び養育環境の把握，養育についての相談等を行う事業である（児童福祉法第6条の3第4項）。C君は乳児ではない。

×5　一時保護はスクールソーシャルワーカーが行うものではなく，**児童相談所の判断で行う**ものである。Bスクールソーシャルワーカーには，保護者に対して相談，情報提供等を行い状況を改善していくことが求められる。

**参照ページ** 『合格教科書2025』p.366　　　　　　　　　　　　　　**正解 2, 3**

## 支援の実際（多職種連携を含む）（事例問題）

難 ●●●●● 易

**35回-139** 事例を読んで，相談を受けた W 母子健康包括支援センター（子育て世代包括支援センター）の相談員（社会福祉士）が J さんにこの時点で利用を勧める事業として，**最も適切なもの**を 1 つ選びなさい。

〔事 例〕
J さん（30 歳，女性）は，夫と 8 か月の息子と共に暮らしている。J さんは現在，育児休業を取得している。最近，時折とても悲しくなったり，落ち込んだりすることがある。どうしてよいか分からず，仕事への復帰に不安を感じるようになった。そこで住まいの近くにある W 母子健康包括支援センター（子育て世代包括支援センター）に，そのことを相談することにした。

1 児童自立生活援助事業
2 保育所等訪問支援事業
3 乳児家庭全戸訪問事業
4 産後ケア事業
5 児童発達支援事業

### 選択肢考察

×1 児童自立生活援助事業は，**義務教育終了児童または児童以外の満 20 歳未満の者を対象**に共同生活を営むべき住居での相談，日常生活上の援助，生活指導，就業の支援，退所後相談等を行う事業である（児童福祉法第 6 条の 3）。J さんが利用する施設ではない。なお，2024（令和 6）年 4 月より，児童自立生活援助事業の**年齢による一律の利用制限に対して，柔軟に対応することとする**改正が行われている。

×2 保育所等訪問支援事業は，**保育所等に通う障害児又は乳児院その他の児童が集団生活を営む施設に入所する障害児**につき，当該施設を訪問し，当該施設における障害児以外の児童との集団生活への適応のための専門的な支援を行う事業である（同法第 6 条の 2 の 2 第 6 項）。J さんが利用する施設ではない。

×3 乳児家庭全戸訪問事業は，原則として，**生後 4 か月までの乳児のいる家庭を訪問**し，子育てに関する情報の提供，乳児や保護者の心身の状況及び養育環境の把握，養育についての相談等を行う事業である（同法第 6 条の 3 第 4 項）。J さんの息子は生後 8 か月であり，利用する施設ではない。

○4 産後ケア事業は，**出産後 1 年を経過しない女子及び乳児**に対し，心身の状態に応じた保健指導，療養に伴う世話又は育児に関する指導，相談等の**産後ケアを行う事業**である。J さんに利用を勧める事業として適切である。

×5 児童発達支援事業は，**障害児を対象**に，児童発達支援センター等の施設に通わせ，日常生活における基本的な動作の指導，知識技能の付与，集団生活への適応訓練等を行う事業である（児童福祉法第 6 条の 2 の 2 第 2 項）。J さんが利用する施設ではない。

### 参照ページ 『合格教科書 2025』p.359

正解 4

## 支援の実際（多職種連携を含む）（事例問題）

**34回-139** 事例を読んで，T市母子健康包括支援センター（子育て世代包括支援センター）のE相談員（社会福祉士）の支援に関する次の記述のうち，この段階における対応として，**適切なもの**を**2つ**選びなさい。

〔事例〕

　若年妊婦等支援事業の担当者であるE相談員は，お腹の大きいFさん（19歳）から相談を受けた。Fさんは，両親との関係が悪く友人宅を転々としており，「妊娠していると思うが，交際相手とは別れてしまい，頼れる人はいない」「自分はどうしたらよいか分からない」「子どもを産んで育てる自信がない」「仕事もしておらず，経済的にも苦しい」と語った。

1　緊急一時的な居場所として宿泊施設等の利用を提案する。
2　出産や子育てには両親の手助けが必要であり，まずは家に戻るよう促す。
3　母親になる自覚を持つよう促す。
4　出産費用の捻出が求められるため就労支援を図る。
5　産科受診の同行支援ができることを伝える。

### 選択肢考察

○1　Fさんには様々な課題があるが，現在住居がない状態であるため，**住まいを確保する支援を最優先**に考える対応は適切である。

×2　**両親との関係が悪い**なかで，家に戻ることを促すような支援は，Fさんを追いつめることにもなり，不適切である。

×3　本肢のような対応は，Fさんを責めているような対応であり，バイステック（Biestek, F. P.）の**非審判的な態度の原則にも反している**対応であり，不適切である。

×4　仕事をしていないFさんに対して，将来的には就労支援をしていくことも考えられるが，まずは**住まいを確保することを優先**すべきである。

○5　母子健康包括支援センターは，妊産婦及び乳幼児の実情を把握し関係機関との連絡調整を図り，母子保健に関する相談や保健指導，助産等を行う機関である。**産科受診への同行支援も行うため適切である**。なお，2024（令和6）年4月より，母子健康包括支援センターは，子ども家庭総合支援拠点と統合され，「**こども家庭センター**」が創設されている。

### 参照ページ　『合格教科書2025』p.346, 358　　　　　　　　　正解 1, 5

## 支援の実際（多職種連携を含む）

**34回-140** 児童養護施設入所児童の家庭環境調整に関する次の記述のうち，**最も適切なもの**を**1つ**選びなさい。

1　家庭環境調整は，児童の家庭の状況に応じ親子関係の再構築などが図られるように行わなければならない。
2　児童が施設入所に至った理由の説明は，児童を精神的に追い詰めることになるので行わないこととされている。
3　児童にとって親は唯一無二の存在であり，児童養護施設には親との面会・交流を行うことが義務づけられている。
4　家庭支援専門相談員が児童の家庭復帰の判断とその決定を行う。
5　保護者の虐待で施設入所した児童を家庭復帰させた場合には，保護者の主体性を重んじ，児童相談所は継続的な指導は行わないこととされている。

○1 　「児童福祉施設の設備及び運営に関する基準」**第45条第4項に規定された内容**である。

×2 　「児童養護施設運営指針」によると，児童養護施設における入所理由が複雑・重層化していることを踏まえ，**子どもの背景を十分に把握したうえで，必要な心のケアも含めて養育を行っていくとともに，家庭環境の調整も丁寧に行う必要がある**と規定している。児童が入所施設に至った理由の説明を行わないこととはされていない。

×3 　児童養護施設では，子どもと家族の関係づくりのために，家族に対して，面会，外出，一時帰宅，学校行事等への参加を働きかけることが求められている（児童養護施設運営指針）。**積極的に行うことは求められているが義務づけられてはいない。**

×4 　家庭支援専門相談員は，**入所児童の早期家庭復帰援助を行うが，**家庭復帰の判断や決定は行わない。児童養護施設では，児童の退所に当たってケース会議を開催し，子ども本人や保護者の意向を踏まえて，児童相談所や関係機関等と協議のうえ，適切な退所時期や退所後の生活を検討する（児童養護施設運営指針）。なお，児童の家庭復帰の判断とその決定を行うのは**都道府県（児童相談所長）**である。

×5 　都道府県（児童相談所）は，児童虐待を受けた児童について施設入所等の措置が採られ，または一時保護が行われた場合において，当該児童について採られた施設入所等の措置，一時保護を解除するとき，一時的に帰宅するときは，必要と認める期間，市町村，児童福祉施設その他の関係機関との緊密な連携を図りつつ，当該児童の家庭を継続的に訪問することにより当該児童の安全の確認を行うとともに，当**該児童の保護者からの相談に応じ，養育指導，助言等の必要な支援を行うものとする**（児童虐待防止法第13条の2）。したがって，児童が家庭復帰した後も継続的な指導が求められている。

**参照ページ**　『合格教科書2025』p.348　　　　　　　　　　　　　　**正解 1**

# 貧困に対する支援

● 内容一覧 ●

| 出題項目 | 国試回数 | 内容一覧 | 事例 | 頁 |
|---|---|---|---|---|
| 生活保護法 | 36回-63 | 生活保護法の原理原則と概要 | | 53 |
| | 36回-65 | 生活保護法の原理原則と概要 | | 53 |
| | 35回-64 | 生活保護法の原理・原則 | | 54 |
| | 35回-65 | 生活保護の種類と内容 | | 55 |
| | 34回-63 | 保護の基本原理や原則 | | 55 |
| | 34回-65 | 被保護者の権利及び義務 | | 56 |
| | 34回-68 | 生活保護の実施機関 | | 57 |
| | 35回-63 | 生活保護の最近の動向 | | 57 |
| | 35回-66 | 最低生活費の算出方式 | | 58 |
| | 34回-67 | 保護の申請 | ★ | 59 |
| | 34回-64 | 就労支援と保護の停廃止 | ★ | 60 |
| | 34回-66 | 保護施設の種類 | | 61 |
| 生活困窮者自立支援法 | 35回-67 | 生活困窮者自立支援法 | | 61 |
| 低所得者対策 | 32回-69 | 低所得者に対する自立支援の実際 | | 62 |
| | 36回-67 | 生活福祉資金貸付制度 | ★ | 63 |
| | 34回-69 | 生活福祉資金の実施主体や条件 | | 63 |
| | 35回-68 | 生活福祉資金の概要 | | 64 |
| | 35回-69 | 生活困窮者への自立相談支援 | ★ | 65 |
| | 34回-145 | 求職者支援制度 | | 66 |
| ホームレス対策 | 36回-69 | ホームレスの考え方と動向 | | 66 |
| 国，都道府県，市町村の役割 | 36回-66 | 都道府県の役割 | | 67 |
| 貧困に対する支援の実際（多職種連携を含む） | 36回-64 | 生活保護制度及び生活保護施設における自立支援，就労支援，居住支援 | ★ | 68 |
| | 35回-146 | 生活保護現業員の役割 | ★ | 69 |
| | 34回-146 | 生活保護制度におけるハローワークとの連携 | ★ | 69 |
| | 36回-68 | 生活困窮者自立支援制度における自立支援，就労支援，居住支援 | ★ | 70 |

# 傾向と対策

過去問の傾向を知り，適切な対策を！

● 傾向分析表【貧困に対する支援】●

| 項　目　名 | 第36回 | 第35回 | 第34回 | 第32回 | 問題数 |
|---|---|---|---|---|---|
| 生活保護法 | ●● | ●●●● | ●●●●●● | | 12 |
| 生活困窮者自立支援法 | | ● | | | 1 |
| 低所得者対策 | ● | ●● | ●● | ● | 6 |
| ホームレス対策 | ● | | | | 1 |
| 国，都道府県，市町村の役割 | ● | | | | 1 |
| 貧困に対する支援の実際（多職種連携を含む） | ●● | ● | ● | | 4 |
| 問　題　数 | 7問 | 8問 | 9問 | 1問 | 25問 |

## ●傾向と対策

　本科目は標準的な難易度で推移している。事例の体裁をとりつつ，単純な基礎知識を問うている問題も少なくない。出題傾向に毎年大幅な変化はなく，重要な項目から毎年くり返し出題されるため，その頻出項目だけでも最低限おさえておきたい。

　頻出の生活保護法を学習しておくことで，ある程度の得点は見込める。また『厚生労働白書』や『国民の福祉と介護の動向』の最新版をみておくことをお勧めする。

## ●頻出項目

### ①生活保護の動向

　被保護世帯数，被保護期間，保護の開始理由と廃止理由，扶助別の被保護人員，市部・郡部別の保護率，世帯類型別の被保護世帯数，世帯業態別被保護世帯数や扶助別の被保護人員と世帯類型別の被保護世帯数は出題される

### ②生活保護制度の原理・原則

　４つの原理（国家責任の原理・無差別平等の原理・最低生活の原理・保護の補足性の原理）と４つの原則（申請保護の原則・基準及び程度の原則・必要即応の原則・世帯単位の原則）

### ③保護の種類と内容

　生活保護の８種の扶助とその内容

### ④生活保護基準

### ⑤被保護者の権利・義務

　生活保護法に規定される被保護者の権利（不利益変更の禁止・公課禁止・差押禁止），被保護者の義務（譲渡禁止・生活上の義務・届出の義務・指示等に従う義務・費用返還義務）

## 生活保護法

**36回-63** 生活保護法に関する次の記述のうち，**正しいもの**を**2つ**選びなさい。

1 保護が実施機関の職権によって開始されることはない。
2 保護は，生活困窮に陥った原因に基づいて決定される。
3 最低限度の生活を保障することを目的としている。
4 自立の見込みがあることを要件として，保護を受けることができる。
5 自立を助長することを目的としている。

### 選択肢考察

×1 生活保護法第25条第1項に，「保護の実施機関は，要保護者が**急迫した状況**にあるときは，すみやかに，**職権**をもつて保護の種類，程度及び方法を決定し，保護を開始しなければならない」と明記されている。

×2 生活保護法第2条に「すべて国民は，この法律の定める要件を満たす限り，この法律による保護を，無差別平等に受けることができる」という**無差別平等の原則**が明記されている。これは現行の生活保護法以降に導入されたもので，恤救規則や救護法の時代には貧困に至る経緯や原因によっては支給対象外とされた（**欠格条項**）。ただし現在もなおミーンズテスト（資力調査）等は必須であり，申請すれば無条件に給付されるわけではない。ありとあらゆる手段を講じても最低限度の生活水準を下回る場合にのみ給付される。

○3 生活保護法第1条に，**最低限度の生活**の保障を目的とする旨が明記されている。

×4 自立の助長を目的としているが，生活保護受給の**要件ではない**。自立の見込みがなくても条件を満たしていれば生活保護を受給できる。

○5 生活保護法第1条に，**自立の助長**を目的とする旨が明記されている。

**参照ページ** 『合格教科書2025』p.372, 373  **正解 3, 5**

---

## 生活保護法

**36回-65** 生活保護の種類と内容に関する次の記述のうち，**正しいもの**を**1つ**選びなさい。

1 生活扶助の第1類の経費は，世帯共通の費用とされている。
2 住宅扶助には，住宅の補修その他住宅の維持のために必要な経費が含まれる。
3 介護扶助には，介護保険の保険料が含まれる。
4 医療扶助によって，入院中の被保護者に対して入院患者日用品費が支給される。
5 出産扶助は，原則として現物給付によって行われる。

### 選択肢考察

×1 生活扶助は，**個人**単位で算出・給付される第1類と，**世帯**単位で算出・給付される第2類から成り立っている。

○2 住宅扶助には，住宅の補修その他住宅の**維持**のために必要な経費が含まれる。補修・維持費だけでな

く，敷金礼金なども**住宅扶助**に含まれる。

×3　介護保険料は**生活扶助**に加算され，生活保護から天引きされる形で納付する。

×4　入院患者日用品費は**生活扶助**に含まれる。

×5　出産扶助は，原則として**現金**給付によって行われる。

参照ページ　『合格教科書2025』p.375〜377　　　　　　　　　　　正解 2

 生活保護法　　　　　　　　　　　　　　　　　　難●●●●○易

**35回-64**　現行の生活保護法に関する次の記述のうち，**正しいもの**を1つ選びなさい。

1　生活保護は，日本国憲法第21条が規定する理念に基づいて行われる。

2　生活保護が目的とする自立とは，経済的自立のみを指している。

3　能力に応じて勤労に励み，支出の節約を図り，生活の維持及び向上に努めなければ，保護を申請できない。

4　補足性の原理によって，扶養義務者のいる者は保護の受給資格を欠くとされている。

5　保護の基準は，保護の種類に応じて必要な事情を考慮した最低限度の生活の需要を満たすに十分なものであって，これを超えないものでなければならない。

選択肢考察

×1　生活保護法は，日本国憲法第25条の**生存権**の理念に基づいている。

×2　平成17年から生活保護制度に自立支援プログラムが導入されている。平成17年3月の「平成17年度における自立支援プログラムの基本方針について」において，自立は**経済的自立**，**社会生活自立**，**日常生活自立**の3つから構成されるものと捉えられている。

×3　恤救規則，救護法，旧生活保護法下では**欠格条項**が存在したが，**現行の生活保護法にはない**。日本国内に居住する日本国民は誰でも保護を申請する権利を持っている。ただし，現在の生活が最低生活水準を下回っているなど，受給には様々な要件があり，誰でも無条件で受給できるわけではない。貧困に至った理由によっては救済しない等の，非人道的ないわゆる「欠格条項」が撤廃されているからといって，申請すれば誰でも受給できるわけではないことに注意してほしい。

×4　**恤救規則**は，病気や高齢・障害などで働けず，かつ経済的に頼れる身寄りもいないといった，いわゆる「**無告の窮民**」のみを対象としていた。また，売春の結果，病気になって働けなくなるなど，いわゆる「素行不良者」を対象外とするなどの「欠格条項」が定められていた。

○5　生活保護法第8条「**基準及び程度の原則**」第2項に，この通り明記されている。

参照ページ　『合格教科書2025』p.372, 373　　　　　　　　　　正解 5

**生活保護法**

**35回-65** 生活保護の種類と内容に関する次の記述のうち，**正しいもの**を１つ選びなさい。

1 生業扶助には，高等学校等就学費が含まれる。
2 生活扶助は，衣食住その他日常生活の需要を満たすために必要なものを給付する。
3 教育扶助は，原則として現物給付によって行うものとする。
4 介護扶助は，原則として金銭給付によって行うものとする。
5 葬祭扶助は，原則として現物給付によって行うものとする。

#### 選択肢考察

○1 **義務教育**に係る学用品や給食費などは教育扶助から支給することができるが，高等学校は義務教育ではないため教育扶助の対象外である。高等学校等就学費は**生業扶助**からの支給となる。

×2 生活扶助は生活保護法第12条に「衣食を満たす」ものと明記されている。住については**住宅扶助**から支給される。

×3 教育扶助は**金銭給付**を原則としている。

×4 介護扶助は**現物給付**を原則としている。

×5 葬祭扶助は**金銭給付**を原則としている。

**参照ページ** 『合格教科書 2025』p.375～377 **正解 1**

---

 **生活保護法**

**34回-63** 生活保護法が規定する基本原理・原則等に関する次の記述のうち，**正しいもの**を１つ選びなさい。

1 この法律により保障される最低限度の生活は，国民一般の平均的な資産基準によって決定される。
2 保護を申請できるのは，要保護者及びその扶養義務者に限られている。
3 保護は，厚生労働大臣の定める基準により測定した要保護者の需要を基とし，そのうち金銭又は物品で満たすことのできない不足分を補う程度において行う。
4 保護は，要保護者の年齢別，性別，健康状態等に関して，世帯の実際の相違を考慮することなく一定の必要の基準に当てはめて行う。
5 保護は，親族を単位としてその要否を定める。

#### 選択肢考察

×1 第３条（最低生活）に「この法律により保障される最低限度の生活は，**健康で文化的な生活水準**を維持することができるものでなければならない」と明記されており，「国民一般の平均的な資産基準によって」という表現は見当たらない。

×2 第７条（申請保護の原則）において，「保護は，要保護者，その扶養義務者又はその他の同居の親族の申請に基いて開始するものとする。但し，要保護者が急迫した状況にあるときは，**保護の申請がなくても**，必要な保護を行うことができる」と明記されている。

○3 第８条（基準及び程度の原則）第１項において，「保護は，厚生労働大臣の定める基準により測定した要

保護者の需要を基とし，そのうち，その者の金銭又は物品で満たすことのできない**不足分を補う程度に**おいて行うものとする」と定められている。

×4　第8条（基準及び程度の原則）第2項において，「前項の基準は，要保護者の年齢別，性別，世帯構成別，所在地域別その他保護の種類に応じて**必要な事情を考慮した最低限度の生活**の需要を満たすに十分なものであつて，且つ，これをこえないものでなければならない」と明記されている。

×5　第10条（世帯単位の原則）において，「保護は，**世帯を単位として**その要否及び程度を定めるものとする。但し，これによりがたいときは，個人を単位として定めることができる」と明記されている。

参照ページ 『合格教科書2025』p.372, 373　　　　正解 **3**

---

 **生活保護法**　　　　

**34 回-65**　生活保護法で規定されている被保護者の権利及び義務に関する次の記述のうち，正しいものを1つ選びなさい。

1　被保護者は，保護金品を標準として租税その他の公課を課せられることがある。
2　被保護者は，既に給与を受けた保護金品を差し押さえられることがある。
3　被保護者は，保護を受ける権利を譲り渡すことができる。
4　被保護者が能力に応じて勤労に励むことを怠っていると認められる場合，被保護者は受けた保護金品に相当する金額の範囲内において保護の実施機関の定める額を返還しなければならない。
5　急迫の場合等において資力があるにもかかわらず保護を受けた場合，被保護者は受けた保護金品に相当する金額の範囲内において保護の実施機関の定める額を返還しなければならない。

**選択肢考察**

×1　第57条（**公課禁止**）において，「被保護者は，保護金品及び進学準備給付金を標準として租税その他の公課を課せられることがない」と明記されている。

×2　第58条（**差押禁止**）において，「被保護者は，既に給与を受けた保護金品及び進学準備給付金又はこれらを受ける権利を差し押さえられることがない」と明記されている。

×3　第59条（**譲渡禁止**）において，「保護又は就労自立給付金若しくは進学準備給付金の支給を受ける権利は，譲り渡すことができない」と明記されている。

×4　第60条（生活上の義務）において，「被保護者は，常に，能力に応じて勤労に励み，自ら，健康の保持及び増進に努め，収入，支出その他生計の状況を適切に把握するとともに支出の節約を図り，その他生活の維持及び向上に努めなければならない」と明記されている。あくまでも**努力義務**であり，違反した場合についての罰則にあたるような定めはない。

○5　第63条（**費用返還義務**）において，「被保護者が，急迫の場合等において資力があるにもかかわらず，保護を受けたときは，保護に要する費用を支弁した都道府県又は市町村に対して，すみやかに，その受けた保護金品に相当する金額の範囲内において保護の実施機関の定める額を返還しなければならない」と明記されている。

参照ページ 『合格教科書2025』p.381　　　　正解 **5**

## 生活保護法

難 ●●○●● 易

**34回-68** 生活保護の実施機関に関する次の記述のうち，**正しいもの**を 1 つ選びなさい。

1 都道府県知事は，生活保護法に定めるその職権を，知事の管理に属する行政庁に委任することはできないとされている。
2 社会福祉主事は，生活保護法の施行について，都道府県知事又は市町村長の事務の執行を代理する。
3 民生委員は，生活保護法の施行について，市町村の補助機関として位置づけられている。
4 保護の実施機関は，要保護者が急迫した状況にあるときでも，職権を用いて保護を開始することはできないとされている。
5 保護の実施機関は，被保護者が保護を必要としなくなったときは，速やかに，保護の停止又は廃止を決定しなければならない。

選択肢考察

×1　生活保護法第 20 条（**職権の委任**）において，「都道府県知事は，この法律に定めるその職権の一部を，その管理に属する行政庁に委任することができる」と明記されている。

×2　生活保護法第 21 条（**補助機関**）において，「社会福祉法に定める社会福祉主事は，この法律の施行について，都道府県知事又は市町村長の事務の執行を**補助**するものとする」と明記されている。

×3　生活保護法第 22 条（**民生委員の協力**）において，「民生委員法（昭和 23 年法律第 198 号）に定める民生委員は，この法律の施行について，市町村長，福祉事務所長又は社会福祉主事の事務の執行に**協力**するものとする」と明記されている。

×4　生活保護法第 25 条第 1 項において，「保護の実施機関は，要保護者が急迫した状況にあるときは，すみやかに，職権をもつて保護の種類，程度及び方法を決定し，**保護を開始しなければならない**」と明記されている。

○5　生活保護法第 26 条（**保護の停止及び廃止**）において，「保護の実施機関は，被保護者が保護を必要としなくなつたときは，**速**やかに，保護の停止又は廃止を決定し，書面をもつて，これを被保護者に通知しなければならない」と明記されている。

参照ページ　『合格教科書 2025』p.378, 379　　　　　　　　　　　　正解 5

## 生活保護法

難 ●●●○● 易

**35回-63** 「生活保護の被保護者調査（令和 4 年度（月次調査確定値））」（厚生労働省）に示された生活保護の動向に関する次の記述のうち，**正しいもの**を 1 つ選びなさい。 改変

1 保護率（人口百人当）は，16.2％である。 改変
2 1 か月平均の被保護実人員数は，約 20 万人である。
3 保護の種類別に扶助人員をみると，「医療扶助」が最も多い。
4 保護開始世帯の主な理由別構成割合をみると，「貯金等の減少・喪失」が最も多い。
5 保護廃止世帯の主な理由別構成割合をみると，「働きによる収入の増加・取得・働き手の転入」が最も多い。

［改変］令和 2 年度（月次調査確定値）→令和 4 年度（月次調査確定値）

貧困に対する支援

選択肢考察

×1 人口 100 人当たりの保護率は **1.62%** である。〔改変 16.3% →16.2%〕

×2 1 か月当たりの被保護者実人員数（1 か月平均）は **約 202 万人**である。

×3 保護の種類別扶助人員数は，多い順に「**生活扶助**」（176 万 7,591 人/87.3%），「**住宅扶助**」（173 万 6,256 人/85.8%），「**医療扶助**」（170 万 6,665 人/84.3%）となっている。

○4 保護開始世帯の主な理由別構成割合で最も多いのは「**貯金等の減少・喪失**」で 46.1%，次いで「**傷病による**」が 18.8%，「**働きによる収入の減少・喪失**」が 18.1% である。

×5 保護廃止世帯の主な理由別構成割合で最も多いのは「**死亡**」で 50.6% を占める。次いで「その他」を除くと「働きによる収入の増加・取得・働き手の転入」が 14.3% となっている。

参照ページ [生保] p.138, 139, 154～156  正解 4

---

### 生活保護法 難●●○●●易

**35 回-66** 生活扶助基準の設定方式に関する次の記述のうち，**最も適切なもの**を 1 つ選びなさい。

1 標準生計費方式とは，現行の生活保護法の下で，栄養審議会の答申に基づく栄養所要量を満たし得る食品を理論的に積み上げて最低生活費を計算する方式である。
2 マーケット・バスケット方式とは，最低生活を営むために必要な個々の費目を一つひとつ積み上げて最低生活費を算出する方式である。
3 エンゲル方式とは，旧生活保護法の下で，経済安定本部が定めた世帯人員別の標準生計費を基に算出し，生活扶助基準とした方式である。
4 格差縮小方式とは，一般国民の消費水準の伸び率を超えない範囲で生活扶助基準を引き上げる方式である。
5 水準均衡方式とは，最低生活の水準を絶対的なものとして設定する方式である。

---

選択肢考察

×1 1946～1947（昭和 21～22）年に用いられていた**標準生計費方式**とは，経済安定本部が定めた世帯人員別の標準生計費を基に算出した基準を，生活保護の生活扶助基準とする方法である。

○2 マーケット・バスケット方式は **1948～1960（昭和 23～35）年**に用いられていた算出方式である。

×3 **エンゲル方式**は 1961～1964（昭和 36～39）年に用いられていた。労働審議会の答申に基づく栄養所要量を満たし得る食品を理論的に積み上げて最低生活費を計算する方式である。

×4 1965～1983（昭和 40～58）年に用いられていた**格差縮小方式**は，一般国民の消費水準の伸び率を超えるように生活扶助基準を引き上げることで，一般国民と被保護者の生活の格差を縮めようとする方式である。

×5 1984（昭和 59）年以降，現在に至るまで，生活保護の生活扶助基準の算出には**水準均衡方式**が採用されている。一般国民の消費動向を踏まえ，一般国民との均衡を保つように最低生活の水準を設定する方式である。

参照ページ 『合格教科書 2025』p.371 正解 2

# 生活保護法（事例問題）

難●●●●●易

**34回-67** 事例を読んで，R市福祉事務所のK生活保護現業員（社会福祉士）の支援に関する次の記述のうち，**最も適切なもの**を1つ選びなさい。

〔事　例〕

Lさん（60歳）は単身で生活しており，親族とは20年以上音信不通である。Lさんは，退職金規程のない会社で働いていたが，5年ほど前から持病が悪化して仕事ができなくなり，3年前に会社を退職した。それ以降は無職となっている。退職後，消費者金融から借金をして生活しており，家賃や公共料金も滞納しているようである。現在も直ちには就労が困難な健康状態であるため，Lさんは生活保護の受給を希望し，R市福祉事務所に生活保護を申請した。

1 保護の要否判定を行うとともに，援助計画策定のために必要な情報収集を行う。
2 保護の申請に当たっての条件として，「無料低額診療事業」を利用するように指導する。
3 社会福祉協議会と連携して，日常生活自立支援事業の利用を促す。
4 福祉事務所からLさんの扶養義務者に連絡を取り，Lさんの借金の返済を要請する。
5 公共職業安定所（ハローワーク）で求職活動をするように指導する。

(注) 「無料低額診療事業」とは，社会福祉法第2条第3項第9号に規定する「生計困難者のために，無料又は低額な料金で診療を行う事業」のことである。

---

**選択肢考察**

○1　事例文に「生活保護を申請した」と記載があるため，申請を受けて要否判定を行うのは当然のことである。また，生活保護法第1条に「この法律は，日本国憲法第25条に規定する理念に基き，国が生活に困窮するすべての国民に対し，その困窮の程度に応じ，必要な保護を行い，その最低限度の生活を保障するとともに，その**自立を助長**することを目的とする」と明記されている。自立支援には当然，アセスメント（情報収集）が必要である。

×2　生活保護の申請が通れば**医療費は医療扶助から支給される**ため，わざわざ別の制度である無料低額診療事業を利用する必要はない。

×3　日常生活自立支援事業とは，**認知症高齢者，知的障害者，精神障害者**等のうち判断能力が不十分な人が地域において自立した生活が送れるよう，利用者との契約に基づき，福祉サービスの利用援助等を行うものである。Lさんのケースには当てはまらない。

×4　Lさんの扶養義務者に対して親族扶養照会は実施されるが，**借金の有無は保護の要否判定に影響を与えない**。また，生活保護費を借金返済に充てることも禁止されているため，保護の申請時に扶養義務者に対して借金の返済を要請する必要はなく，また現業員にそのような権限はない。

×5　事例文に「現在も直ちには就労が困難な健康状態であるため」と明記されているので求職活動を行うように指導することは**適切ではない**。

---

参照ページ 『合格教科書2025』p.383 正解 1

貧困に対する支援

## 生活保護法（事例問題）

**34回-64** 事例を読んで，Q市福祉事務所のH生活保護現業員（社会福祉士）がJさんに対して行う説明として，**最も適切なもの**を1つ選びなさい。

〔事　例〕

Jさん（41歳）は，近所のスーパーマーケットで働きながらアパートで高校生の長男と二人で暮らしていたが，2年前に病気によって仕事を辞めることになり，妹から仕送りを受けていた。しかし仕送りは約半年で途絶えてしまい，1年前から生活保護を受給することになった。通院を続けたことで，1か月前から病状が大分良くなり，現在は医師から就労できる状態であると診断され，アパートが手狭になったことから長男と共に転居することも考えている。

1　妹からの仕送りが再開した場合，世帯の収入として認定されることはない。
2　長男がアルバイトをした場合，世帯の収入として認定されることはない。
3　就労した場合，保護が廃止されずに就労自立給付金を毎月受給できる。
4　住宅扶助の基準額を超える家賃の住宅に転居する場合，生活困窮者住居確保給付金を毎月受給できる。
5　医師から就労可能であると診断されても，直ちに保護が廃止されるわけではない。

### 選択肢考察

×1　保護の申請にあたって，申請者の親族に対しては「**親族扶養照会**」が行われ，僅かな金額でも仕送りなどの援助が可能であるか尋ねられる。それら仕送りなどの援助も世帯収入として認定される。

×2　生活保護法第10条に「保護は，世帯を単位としてその要否及び程度を定めるものとする。但し，これによりがたいときは，個人を単位として定めることができる」と明記されている。最低生活水準は**世帯単位**で算出され，世帯の収入との差（不足分）を補うように支給される。もちろん世帯員のアルバイト収入も世帯収入と認定される。

×3　生活保護法第55条の4第1項に「都道府県知事，市長及び福祉事務所を管理する町村長は，被保護者の自立の助長を図るため，その管理に属する福祉事務所の所管区域内に居住地を有する（居住地がないか，又は明らかでないときは，当該所管区域内にある）被保護者であつて，厚生労働省令で定める安定した職業に就いたことその他厚生労働省令で定める事由により**保護を必要としなくなつたと認めたものに対して**，厚生労働省令で定めるところにより，就労自立給付金を支給する」と明記されている。

×4　住宅扶助の基準額を超える家賃の住宅に転居する場合は**自己負担**となり，生活扶助から出すことになるが，住宅扶助の基準額以下の物件へ再び転居するように指導されるのが一般的である。

○5　医師から就労可能と診断された時点から，**すぐに働けるわけではない**。Jさんは約2年間仕事から離れており，ブランクがある。また，病状が大分良くなったとはいえ通院を続けている。さらに，求職活動をしてすぐに十分な賃金を得られる仕事がみつかるとは限らない。

**参照ページ**　『合格教科書2025』p.378　**正解 5**

## 生活保護法 難●●○●●易

**34 回-66** 生活保護法上の保護施設に関する次の記述のうち, **正しいもの**を1つ選びなさい。

1 保護施設は, 救護施設, 更生施設, 宿所提供施設の3種類に分類される。
2 救護施設を経営する事業は, 第二種社会福祉事業である。
3 特定非営利活動法人は, 保護施設を設置することができる。
4 救護施設は, 身体上又は精神上著しい障害があるために日常生活を営むことが困難な要保護者を入所させて, 生活扶助を行うことを目的とする保護施設である。
5 更生施設は, 身体上又は精神上の理由により養護及び生活指導を必要とする要保護者を入所させて, 生業扶助を行うことを目的とする保護施設である。

### 選択肢考察

×1 　第38条第1項に保護施設について明記されている。**救護施設, 更生施設, 医療保護施設, 授産施設, 宿所提供施設**の**5つ**である。

×2 　社会福祉法第2条第2項第1号に, 救護施設が**第一種社会福祉事業**であると明記されている。

×3 　第40条第1項に「**都道府県**は, 保護施設を設置することができる」と明記されている。また第40条第2項に, あらかじめ厚生労働省令で定める事項を都道府県知事に届け出れば**市町村**や**地方独立行政法人**が保護施設を設置できる旨が明記されている。

○4 　**第38条第2項**に選択肢のとおり明記されている。

×5 　第38条第3項に「更生施設は, 身体上又は精神上の理由により養護及び生活指導を必要とする要保護者を入所させて, **生活扶助**を行うことを目的とする施設とする」と明記されている。

**参照ページ** 　『合格教科書 2025』p.380 　　　　　　　　　　　　　　　　　　　　**正解 4**

---

## 生活困窮者自立支援法 難●●○●●易

**35 回-67** 生活困窮者自立支援法に関する次の記述のうち, **最も適切なもの**を1つ選びなさい。

1 生活困窮者自立相談支援事業は, 委託することができないとされている。
2 生活困窮者自立相談支援事業と生活困窮者家計改善支援事業は, 必須事業である。
3 子どもの学習・生活支援事業は, 全ての都道府県, 市町村に実施の責務がある。
4 生活困窮者一時生活支援事業は, 生活困窮者に対し, 生活に必要な資金の貸付けのあっせんを行うものである。
5 生活困窮者就労準備支援事業は, 雇用による就業が著しく困難な生活困窮者に対し, 就労に必要な知識及び能力の向上のために必要な訓練を行うものである。

### 選択肢考察

×1 　生活困窮者自立相談支援事業は**委託することができる**。

×2 　**家計改善事業は任意事業**である。

×3 　生活困窮者自立支援法においては, 「福祉事務所のない町村に関しては都道府県が行う」と明記されており, 「全ての都道府県, 市町村に実施の責務がある」ものではない。また, 必須事業ではなく**任意事業**

である。

×4 　生活困窮者一時生活支援事業は，**生活保護受給者ではない低所得者への支援を強化することを目的と**した事業であり，住居のない人に宿泊場所や衣食を一定期間提供する。

○5 　生活困窮者就労準備支援事業は，雇用による就業が著しく困難な生活困窮者に対し，**就労に必要な知識及び能力の向上のために必要な訓練を行う**ものである。

参照ページ 　『合格教科書 2025』p.384〜387 　　　　　　　　　正解 5

 低所得者対策

**32回-69** 低所得者の支援を行う組織や制度に関する次の記述のうち，**正しいものを1つ**選びなさい。

1 　福祉事務所未設置町村は，生活困窮者及びその家族等からの相談に応じ，生活困窮者自立相談支援事業の利用勧奨等を行う事業を行うことができる。
2 　生活困窮者自立相談支援事業の相談支援員は，社会福祉主事でなければならないと社会福祉法に定められている。
3 　民生委員は，地域の低所得者を発見し，福祉事務所につなぐために市長から委嘱され，社会奉仕の精神で住民の相談に応じる者である。
4 　住宅を喪失した人への支援策として，無料低額宿泊所は全ての市町村が設置しなければならない。
5 　生活困窮者一時生活支援事業は，生活保護の被保護者が利用する事業である。

選択肢考察

○1 　「福祉事務所未設置町村による相談事業実施要領」の1に，選択肢のとおり明記されている。

×2 　「生活困窮者自立相談支援事業実施要綱」3(2)に，生活困窮者自立相談支援事業の相談支援員は「**研修を受けたもの**（当分の間）」と記されている。

×3 　民生委員法第5条によると，民生委員は**厚生労働大臣**が委嘱する。

×4 　無料低額宿泊所は，社会福祉法第2条第3項に定める**第二種社会福祉事業**のうち，その第8号にある「生計困難者のために，無料又は低額な料金で，簡易住宅を貸し付け，又は宿泊所その他施設を利用させる事業」に基づき，設置される施設である。第二種社会福祉事業は，行政に限らず，あらゆる団体が運営主体になることができ，市町村に設置を義務づけるようなものではない。

×5 　生活困窮者一時生活支援事業は，**生活保護受給者以外への支援**を強化することを目的にした事業である。

参照ページ 　『合格教科書 2025』p.384〜387 　　　　　　　　　正解 1

## 低所得者対策（事例問題）

難 ●●●●○●● 易

**36回-67** 事例を読んで，Cさんが生活福祉資金貸付制度を利用する場合の内容に関する次の記述のうち，**最も適切なもの**を1つ選びなさい。

〔事 例〕

Cさん（50歳）は，R市で一人暮らしをしていたが，会社が倒産し，無職となった。雇用保険（基本手当）の給付を受けていたが，受給期間終了後も再就職先が見つからず，生活が苦しくなったので生活福祉資金貸付制度の総合支援資金を利用したいと思い，R市の社会福祉協議会に相談に訪れた。

1 貸付を受けるためには，連帯保証人が必須となる。
2 貸付金の償還が免除されることはない。
3 離職理由によって，最終貸付日から返済が開始されるまでの据置期間が異なる。
4 借入れの申込み先は，R市の福祉事務所である。
5 資金の貸付けを受ける場合には，必要な相談支援を受けることが求められる。

### 選択肢考察

×1　生活福祉資金制度の総合支援資金は，連帯保証人を立てても立てなくても貸付を受けることができる。ただし，立てた場合は**無利子**，立てなかった場合には**年1.5%の利子**が発生する。

×2　総合支援資金は，**借受人が死亡その他やむを得ない事由**で貸付元利金を償還できないと認められた場合には（全額，または一部の金額が）**返済免除**となる。

×3　総合支援資金償還の据置期間が，離職理由によって変わることはない。ただし，そもそも総合支援資金貸付を利用できるのは，**低所得者**世帯，**障害者**世帯，**高齢者**世帯，**失業者**世帯と定められており，希望すれば誰でも利用できるわけではない点に注意が必要である。仮に，Cさんに再就職の意志がない場合（「失業」の定義に該当しない）や，配偶者などCさんのほかに生計維持者がいる場合（低所得者世帯に該当しない可能性がある）には利用できない可能性もある。

×4　生活福祉資金制度の相談や申し込み窓口は，**市町村**の**社会福祉協議会**である。

○5　正しい。総合支援資金や**緊急小口資金**を利用する場合は，市町村社会福祉協議会に申し込みを行うと，該当する自立相談支援機関へと繋げられる。そこで自立に向けた支援プランや借入額，償還計画について相談しながら申請書を作成し，申請するため，相談支援を受けずに貸付を受けることはできない。

**参照ページ**　『合格教科書2025』p.386, 387　　　　　　　　　　　　　**正解 5**

## 低所得者対策

難 ●●●○●● 易

**34回-69** 生活福祉資金貸付制度に関する次の記述のうち，**正しいもの**を1つ選びなさい。

1 実施主体は，国である。
2 市町村社会福祉協議会を通じて借入れを申し込むことができる。
3 資金の貸付けを受けるに当たって，公共職業安定所（ハローワーク）で求職活動を行うことが要件とされている。
4 総合支援資金については，貸付けを受けるに当たって，生活保護の申請をすることが要件とされている。
5 緊急小口資金については，貸付けを受けるに当たって，連帯保証人を立てることが要件とされている。

×1 生活福祉資金貸付制度は，**都道府県社会福祉協議会**を実施主体としている。

○2 **市区町村社会福祉協議会**が窓口となっている。また，資金の貸付けによる経済的な援助に併せて，地域の**民生委員**が資金を借り受けた世帯の**相談支援**を行う。

×3 主な貸付対象は，**低所得世帯，障害者世帯，高齢者世帯**である。連帯保証人の有無や金利，使用目的などについて細かい定めがあるが，公共職業安定所（ハローワーク）で求職活動を行うことを要件とするような定めはない。

×4 借金があっても生活保護を申請することができるが，**生活保護受給中に新たな借り入れをすることはできない**。したがって，原則として生活福祉資金貸付制度も利用することができない。

×5 緊急小口資金については**連帯保証人は不要**で，**無利子**となっている。

**参照ページ** 『合格教科書 2025』p.386, 387　　　　　　　　　　**正解 2**

---

 ## 低所得者対策

**35 回-68** 生活福祉資金貸付制度に関する次の記述のうち，**最も適切なものを 1 つ選びなさい。**

1 貸付対象世帯は，高齢者世帯，傷病者・障害者世帯，ひとり親世帯とされている。
2 日本に居住する低所得の外国人世帯は，貸付対象から除外されている。
3 緊急小口資金の貸付金の利率は年 1.5％である。
4 資金の種類は，総合支援資金，緊急小口資金，教育支援資金の 3 種類である。
5 複数の種類の資金を同時に貸し付けることができる。

×1 生活福祉資金貸付制度は，「**低所得者**」「**高齢者**」「**障害者**」の生活を経済的に支えるとともに，その在宅福祉及び社会参加の促進を図ることを目的とした貸付制度である。「ひとり親世帯」であるというだけで貸付制度を利用することはできない。

×2 **国籍条項は設けられていない**。

×3 緊急小口資金の貸付けを受ける際は連帯保証人は不要で，**無利子**となっている。

×4 生活福祉資金貸付の種類は，**総合支援資金，福祉資金，教育支援資金，不動産担保型生活資金**の 4 種類である。

○5 生活福祉資金 4 種類については，複数の貸付けを**同時に利用することができる**。

**参照ページ** 『合格教科書 2025』p.386, 387　　　　　　　　　　**正解 5**

**低所得者対策（事例問題）**

**35回-69** 事例を読んで，N市の生活困窮者を対象とした自立相談支援機関の相談支援員（社会福祉士）による，Cさんへの支援に関する次の記述のうち，**適切なもの**を**2つ**選びなさい。

〔事 例〕
Cさん（40歳）は，派遣社員として働いていたが，雇用契約期間が満了して，P市にあった会社の寮から退去した。その後，N市にあるインターネットカフェで寝泊まりをしていたが，なかなか次の仕事が見付からず，所持金も少なくなって不安になり，N市の自立相談支援機関を探して来所した。

1 最後の居住地であったP市に対して，生活保護を申請することを勧める。
2 生活福祉資金貸付制度の緊急小口資金の利用を勧める。
3 住居を見付け，生活困窮者自立支援法に基づく住居確保給付金を利用することを勧める。
4 居住地がないため，直ちに救護施設に入所できると判断し，施設に直接連絡をして利用を申請する。
5 当面の住まいを確保するため，社会福祉法に基づく無料低額宿泊所への入所を自治体に申請するよう提案する。

**選択肢考察**

×1 生活保護は**現在地保護**を原則としているため，N市のインターネットカフェに寝泊まりし，N市の自立相談支援機関に相談に来ているCさんは，原則としてN市で保護を申請する。

○2 Cさんはこれまで働きながら社員寮で暮らしてきた履歴があり，日常生活自立や社会生活自立に必要な能力に何ら問題はないと考えられる。**次の仕事が決まるまでの間の資金を確保**できれば自立生活が十分に可能と判断できる。

○3 Cさんは日常生活を送る能力や社会性があると考えられ，日常生活自立や社会生活自立への支援の緊急度は低い。現状インターネットカフェに寝泊まりし所持金が急速に目減りしていることからも，**住居確保のための支援が最優先**であると考えられ，住居確保給付金の利用を勧めるのが妥当と判断される。

×4 **救護施設**の主な対象は，身体や精神に障害があり，日常生活を送ることが困難な人であり，Cさんは当てはまらない。

×5 **無料定額宿泊所**は，社会福祉法第2条第3項に定める**第二種社会福祉事業**の第8号に基づき設置される施設である。ただちに単身生活を送ることが困難な者への自立支援や，ホームレスが生活保護を申請するための住所取得などに用いられることが多く，通常の居宅と福祉施設の中間のような役割を一時的に担う場所である。仕事が見つかればすぐに働くことができ，また，一人でマンションやアパートを借りて一人暮らしをする能力があると思われるCさんに対して適切ではない。

**参照ページ** 『合格教科書2025』p.386, 387    **正解 2, 3**

貧困に対する支援

 難 ●●●●○● 易

**34回-145** 「求職者支援法」に基づく求職者支援制度に関する次の記述のうち, **正しいもの**を1つ選びなさい。

1 求職者支援制度では, 雇用保険の被保険者は対象としていない。

2 求職者支援制度の申込みは福祉事務所で行わなければならない。

3 求職者支援制度では, 月20万円の訓練受講手当の支給を受けることができる。

4 求職者支援制度は1990年代初めに若年者への失業対策として創設された。

5 求職者支援制度の対象となる職業訓練は, 長期的な就業安定を目的とするために期間が設けられていない。

(注) 「求職者支援法」とは, 「職業訓練の実施等による特定求職者の就職の支援に関する法律」のことである。

✓ ✓ ✓

**選択肢考察**

○1 **求職者支援制度**とは離職して**雇用保険**を受給できない人や収入が一定額以下の在職者の人などが, 給付金を受給しながら**職業訓練**を受けることができる制度である。雇用保険の被保険者は対象としていない。

×2 求職者支援制度は**ハローワーク**が実施する事業である。

×3 求職者支援制度の給付金は**月10万円**であり, **職業訓練は無料**で受けられる。

×4 求職者支援制度は**2011(平成23)年10月に創設**された。派遣切りや長期不安定就労などにより雇用保険を受給できない求職者を対象としている。

×5 訓練内容によって異なるが, 期間は**定められている**。

**参照ページ** 『合格教科書2025』p.123  正解 1

---

NEW

  難 ●●●○● 易

**36回-69** 「ホームレスの実態に関する全国調査」(厚生労働省) に関する次の記述のうち, **正しいもの**を1つ選びなさい。

1 概数調査によれば, 全国のホームレス数は2022年に比べて増加している。

2 概数調査によれば, 性別人数では男性より女性が多数を占めている。

3 生活実態調査によれば, ホームレスの平均年齢は2016年調査に比べて低下している。

4 生活実態調査によれば, 路上生活期間「10年以上」は2016年調査に比べて増加している。

5 生活実態調査によれば, 「生活保護を利用したことがある」と回答した人は全体の約7割程度である。

(注) 「ホームレスの実態に関する全国調査」(厚生労働省) とは, 「ホームレスの実態に関する全国調査 (概数調査)」(2023年 (令和5年)) 及び「ホームレスの実態に関する全国調査 (生活実態調査)」(2021年 (令和3年)) を指している。

✓ ✓ ✓

**選択肢考察**

×1 「ホームレスの実態に関する全国調査」の概数調査 (2023年) によれば, 確認されたホームレス数は3,065人であり, 前年度と比べて383人**減少**している。

×2 同調査で確認されたホームレス数は, 男性が2,788人, 女性が167人, 不明が110人であり, **男性のほうが多数**を占めている。

×3 生活実態調査（2021年）によれば，ホームレスの平均年齢は 63.6 歳であり，前回調査時（2016年）と比べて 2.1 歳**上昇**している。

○4 生活実態調査（2021年）によれば，ホームレスの路上生活期間「10 年以上」は 40.0％であり，前回調査時（2016年）と比べて 5.4 ポイント**上昇**している。

×5 生活実態調査（2021年）によれば，「生活保護を利用したことがある」と回答した人は全体の 32.7％であり，前回調査時（2016年）と比べて 0.2 ポイント**減少**している。

参照ページ

**正解 4**

 **NEW**

## 国，都道府県，市町村の役割

難 ●●○●● 易

**36回-66** 生活保護制度における都道府県及び都道府県知事の役割や権限に関する次の記述のうち，**正しいもの**を **1 つ**選びなさい。

1 都道府県は，福祉事務所を任意に設置できる。
2 都道府県知事は，地域の実情を踏まえて生活保護法上の保護基準を変更することができる。
3 都道府県は，町村が福祉事務所を設置する場合，その保護費の一部を負担する。
4 都道府県知事は，保護施設の設備及び運営について，基準を定めるよう努めることとされている。
5 都道府県知事は，生活保護法に定めるその職権の一部を，その管理に属する行政庁に委任することができる。

---

**選択肢考察**

×1 社会福祉法第 14 条第 1 項にあるとおり，都道府県による福祉事務所の設置は，任意ではなく**義務**である。

×2 **社会保障審議会生活保護基準部会**がおよそ 5 年ごとに生活保護基準の見直しを審議し，各地域の基準額も国で定めている。

×3 町村が福祉事務所を設置する場合は，その**町村が保護費の 4 分の 1 を負担**する（国は 4 分の 3 を負担）。**住所**がない，**居住地**が明らかでない等の場合には，市町村が支弁した保護費等のうち 4 分の 1 を都道府県が負担するが，福祉事務所を設置したからといって保護費の一部を必ず都道府県が負担するわけではない。

×4 生活保護法第 39 条第 1 項に，「都道府県は，保護施設の設備及び運営について，条例で基準を定めなければならない」と定められている。よって，努力義務ではなく**義務**である。

○5 生活保護法第 20 条に，「都道府県知事は，この法律に定めるその職権の一部を，その管理に属する行政庁に**委任**することができる」と定められている。

参照ページ 『合格教科書 2025』p.382

**正解 5**

## 貧困に対する支援の実際（多職種連携を含む）（事例問題）

**36 回-64** 事例を読んで，生活保護法の定める内容に関する次の記述のうち，**最も適切なもの**を 1 つ選びなさい。

〔事 例〕

単身で 2LDK の賃貸マンション暮らしの B さん（44 歳）は，建設業に従事していたが半年前に自宅で骨折をして仕事を続けられなくなり，退職した。B さんには遠く離れた故郷に父親（75 歳）がいるが，父親も生活に余裕がない。B さんは生活費が底をつき，生活保護を受給し，リハビリに励むこととなった。その後 B さんはリハビリが終わり，医師から軽労働なら就労できる状態だと診断された。求職活動をしたものの，年齢や技能の関係で仕事は見つかっていない。そこで B さんは今よりもう少し安い家賃のアパートに移ろうかと考えている。

1 就労に必要な技能修得の費用が生業扶助から支給される。
2 アパートに転居する際の敷金が生活扶助から支給される。
3 父親から仕送りを受けると，その金額の多寡にかかわらず保護は廃止される。
4 医師から就労できる状態だと診断された時点で，保護は廃止される。
5 父親は後期高齢者であるため，B さんを扶養する義務はない。

### 選択肢考察

○1　正しい。就労に必要な技能習得の費用は，生活保護の八種の扶助のうち**生業扶助**から支給される。

×2　転居のために発生する敷金は**住宅扶助**から支給される。

×3　父からの仕送りを含めても**最低生活水準を下回る場合**は生活保護を受給できるため，「その金額の多寡にかかわらず」という部分が誤りである。

×4　収入が**最低生活水準を下回っている間**は生活保護を受給できる。医師が就労可能と診断したからといって B さんの収入が即日増えるわけではないため，「診断された時点で」という部分が誤りである。

×5　**民法の親族扶養義務**には年齢による定めはない。

### 参照ページ　『合格教科書 2025』p.375〜377　　　　　正解 1

**貧困に対する支援の実際（多職種連携を含む）（事例問題）** 難●●●●●易

**35回-146** 事例を読んで，福祉事務所のK生活保護現業員（社会福祉士）の対応に関する次の記述のうち，**最も適切なもの**を1つ選びなさい。

〔事 例〕

　Lさん（28歳）は，両親（父68歳，母66歳）と同居し，両親の基礎年金と父のアルバイト収入により，3人家族で生活している。Lさんは，健康状態に問題があるようには見えないにもかかわらず，仕事をせずに自宅に引き籠もる生活を数年続けている。世帯主である父親が病気で入院し，蓄えも尽き，医療費の支払いも困難になったため，Lさん家族は1か月前から生活保護を受けるようになった。担当のK生活保護現業員は，Lさんに対し，面談を行うなどして就労を促しているが，Lさんは，体調が優れないことを理由に働こうとしない。そこで，K生活保護現業員は，次の段階としてLさんにどのような対応をとるべきか，検討することにした。

1　生活保護現業員による指導・指示に従わないことを理由とする保護の停止に向けて，書面で就労を促す。
2　Lさんを世帯分離して，保護の必要性の高い父親と母親だけに保護を適用する。
3　医療機関での受診を促し，その結果を基にケース診断会議等によりLさんの就労阻害要因を探る。
4　早急に仕事に就くという自立活動確認書を作成するようLさんに命じる。
5　不就労がこのまま継続すると，稼働能力の不活用により保護の打ち切りが検討されることになる旨を説明し，Lさんに就労を促す。

**選択肢考察**

×1　**L**さんは**理由があって働けない**と訴えている。保護の停止を行うのは適切ではない。
×2　**L**さんが就労することができれば世帯分離も考えられるが，**現時点では3人の生活が立ち行かなく**なってしまう。
○3　**L**さんは体調が優れないと訴えているので，受診により**就労阻害要因を探る**ことは適切である。
×4　**L**さんは体調が優れないといい働いていない。**稼働能力があるかどうかの確認**が必要である。
×5　**保護の打ち切り**を話しながら**就労を促す**ことは適切ではない。

**参照ページ**　『合格教科書2025』p.378　　　　　　　　　　　　　　　**正解 3**

 **貧困に対する支援の実際（多職種連携を含む）（事例問題）** 難●●●●●易

**34回-146** 事例を読んで，P市福祉事務所における就労支援の進め方について，K生活保護現業員（社会福祉士）の行動として，**最も適切なもの**を1つ選びなさい。

〔事 例〕

　Lさん（40歳）は，病気により離職し，生活が困窮し生活保護を受給している。現在，体調は回復し，医師からも軽めの仕事であれば就労可能であると言われている。Lさんは，就労意欲はあるが，フルタイムでの就労には不安を感じている。そこで，生活保護を受給しながら就労することについてK生活保護現業員に相談した。

1　就労の可能性を高めるため，公共職業安定所（ハローワーク）のフルタイムの求人に応募するように助言する。
2　生業扶助では民間の教育訓練講座の受講はできないため，公共職業訓練の受講を勧める。
3　福祉事務所の就労支援は期間を定めて行われるため，終了時には生活保護も廃止となると伝える。
4　公共職業安定所（ハローワーク）と連携した生活保護受給者等就労自立促進事業などを紹介し，利用の意向を尋ねる。
5　自立支援プログラムへの参加が生活保護を継続する条件になると伝える。

貧困に対する支援

69

×1 　Lさんはフルタイムでの就労に不安を感じているので，**不安を払拭することが先決である。**

×2 　**生業扶助**は民間の教育訓練講座を受講できる。

×3 　就労支援の期間が完了しても**生活保護の継続は可能**である。

○4 　**生活保護受給者等就労自立促進事業**では就職支援（面接対応や履歴書の書き方など）や職業訓練を受けることができるので，Lさんの利用は適切である。

×5 　**自立支援プログラム**とは，被保護者のうち，そのプログラムにあった人を選定して，同意を得て実施するものである。参加することが保護の受給要件ではない。

参照ページ　『合格教科書2025』p.388　正解 4

 **貧困に対する支援の実際（多職種連携を含む）（事例問題）** 難●●○●●●易

**36回-68** 事例を読んで，生活困窮者自立相談支援機関の D 相談支援員（社会福祉士）が提案する自立支援計画案の内容に関する次の記述のうち，**最も適切なもの**を 1 つ選びなさい。

〔事 例〕
　Eさん（50歳）は，実家で両親と 3 人暮らしである。両親はともに 80 代で，実家は持ち家だが他に資産はなく，一家は両親の老齢基礎年金で生活している。Eさんは大学卒業後，出身地の会社に就職したが人間関係がこじれて 5 年前に退職し，その後は定職に就かず，実家でひきこもり状態である。Eさんの状況を両親が心配し，また E さん自身もこの状況をどうにかしたいと考えて，Eさんは両親とともに生活困窮者自立相談支援機関に来所した。D 相談支援員は，アセスメントを経て，Eさんに今後の支援内容を提案した。

1 　社会福祉協議会での被保護者就労支援事業の利用
2 　公共職業安定所（ハローワーク）での生活困窮者就労準備支援事業の利用
3 　認定事業者での生活困窮者就労訓練の利用
4 　地域若者サポートステーションでの「求職者支援制度」の利用
5 　生活保護法に基づく授産施設の利用

（注）「求職者支援制度」とは，職業訓練の実施等による特定求職者の就職に関する法律（求職者支援法）に基づく制度のことである。

×1 　Eさんは生活保護を受けているわけではないため「被保護者」ではない。したがって，被保護者就労支援事業の**対象とはならない。**

×2 　生活困窮者就労準備支援事業は，主に**基本的な生活スキルやビジネスマナーが身についていない人を対象**とする事業のため，会社勤めの経験のある E さんに最も適切な事業とは言えない。

○3 　生活困窮者就労訓練事業は，事業者が自治体から認定を受けて，生活困窮者に就労の機会を提供するものである。引きこもっていた期間が長かった，心身に課題があるなどですぐには一般就労に従事することが難しくても，**短い時間であったり，支援や配慮があれば働くことができるような人を対象**としているため，Eさんに適していると判断される。

×4 　地域若者サポートステーションは**若年無業者（15〜39歳）**を対象としている。Eさんは50歳であるため対象外である。

×5 　生活保護法第38条第5項に，授産施設について，「就業能力の限られている要保護者に対して，就労

又は技能の修得のために必要な機会及び便宜を与えて，その自立を助長することを目的とする施設」と定められている。ここでいう「要保護者」とは，現に受給中か否かにかかわらず**生活保護を必要とする者**を指している。資産がないとはいえ両親の持ち家に暮らし，両親の老齢基礎年金も得ている E さん世帯に最も適切な選択肢とは言い難い。また，会社勤務の経験のある E さんは人間関係のこじれで退職しており，就労や技能の修得が必要とは思われない。

参照ページ　『合格教科書 2025』p.388　　　　　　　　　　　　　　　　　　　　正解 3

貧困に対する支援

# 保健医療と福祉

● 内容一覧 ●

| 出題項目 | 国試回数 | 内容一覧 | 事例 | 頁 |
|---|---|---|---|---|
| 医療施設から在宅医療へ | 36 回-74 | 訪問看護 | | 75 |
| 医療保険制度の概要 | 36 回-71 | 国民医療費の概況 | | 76 |
| | 35 回-71 | 国民医療費の概況 | | 76 |
| | 34 回-71 | 国民医療費の概況 | | 77 |
| | 35 回-70 | 我が国の医療保険の適用 | | 78 |
| | 35 回-74 | 後期高齢者医療制度 | | 78 |
| | 36 回-75 | 医療費や収入に不安を抱える人が利用できる制度 | ★ | 79 |
| | 36 回-70 | 公的医療保険における一部負担金 | | 80 |
| | 34 回-70 | 公的医療保険とその給付 | ★ | 81 |
| 診療報酬制度の概要 | 36 回-72 | 診療報酬 | | 81 |
| | 35 回-72 | 診療報酬制度 | | 82 |
| 医療施設の概要 | 34 回-72 | 災害拠点病院の指定要件 | | 83 |
| 保健医療対策の概要 | 34 回-73 | 医療法改正の経緯とその内容 | | 84 |
| | 36 回-73 | 医療法に基づく医療計画 | | 86 |
| | 35 回-73 | 我が国の医療提供体制 | | 86 |
| 自己決定権の尊重 | 34 回-74 | 患者の治療方針の決定 | | 87 |
| | 36 回-76 | 人生の最終段階における医療・ケアの決定プロセスに関するガイドライン | ★ | 88 |
| 保健医療領域における専門職 | 34 回-75 | 理学療法士，作業療法士，言語聴覚士の業務 | | 89 |
| 保健医療領域における連携・協働 | 35 回-76 | トランスディシプリナリモデルの事例 | | 90 |
| 社会福祉士の役割 | 35 回-75 | 医療ソーシャルワーカーの業務 | ★ | 91 |
| | 34 回-76 | 医療ソーシャルワーカーの業務 | ★ | 92 |

# 傾向と対策

過去問の傾向を知り，適切な対策を！

● 傾向分析表【保健医療と福祉】●

| 項 目 名 | 第36回 | 第35回 | 第34回 | 問題数 |
|---|---|---|---|---|
| 医療施設から在宅医療へ | ● | | | 1 |
| 医療保険制度の概要 | ●●● | ●●● | ●● | 8 |
| 診療報酬制度の概要 | ● | ● | | 2 |
| 医療施設の概要 | | | ● | 1 |
| 保健医療対策の概要 | ● | ● | ● | 3 |
| 自己決定権の尊重 | ● | | ● | 2 |
| 保健医療領域における専門職 | | | ● | 1 |
| 保健医療領域における連携・協働 | | ● | | 1 |
| 社会福祉士の役割 | | ● | ● | 2 |
| 問 題 数 | 7問 | 7問 | 7問 | 21問 |

## ●傾向と対策

　医療保険制度や保健医療サービスの内容，診療報酬などの知識を問う問題が多く，幅広い知識が問われる。最近の動向なども踏まえて学習しなければならず，病院で働くソーシャルワーカーには有利な科目であるが，それ以外の受験生は難しい科目といえる。まず頻出の制度，内容などを把握しておくことが重要である。参考書や問題集をこなして，知識を貯めていく必要がある。保健医療サービスにおける専門職の役割と連携に関する設問は比較的得点しやすい問題といえる。

## ●頻出項目
### ①医療制度改革
　『厚生労働白書』などを用いて医療制度改革についてまとめておくことが望ましい。
　・「5疾病・5事業及び在宅医療」についての医療計画
　・入退院時における患者等に対する治療計画の交付
　・療養病床の再編
　・地域ケア体制整備構想
　・後期高齢者医療制度（長寿医療制度）の概要
### ②国民医療費に関する動向
　該当する年度版の「国民医療費の概況」（厚生労働省）で確認しておく
### ③診療報酬
　・小児医療，産科医療，救急医療，麻酔，病理診断等
　・疾病別の医療機能の連携体制を診療報酬上評価の対象とする
　・70歳未満の者の入院にかかわる高額療養費の現物給付化
　・高額医療・高額介護合算制度の創設
### ④医療施設の機能の違い
　例えば，回復期リハビリテーション病棟と急性期入院病棟の違い，役割についておさえること
### ⑤医療専門職の業務と役割
　社会福祉士や介護福祉士に関しては頻出である。その他，医師をはじめ，看護師・保健師・作業療法士・理学療法士・言語聴覚士などの業務の内容と役割について

# 医療施設から在宅医療へ

**36回-74** 訪問看護に関する次の記述のうち，**最も適切なもの**を1つ選びなさい。

1 訪問看護は，看護師の指示で訪問看護サービスを開始する。
2 訪問看護ステーションには，栄養士を配置しなければならない。
3 訪問看護の対象は，65歳以上の者に限定されている。
4 訪問看護ステーションの管理者は，医師でなければならない。
5 訪問看護は，居宅において看護師等により行われる療養上の世話又は必要な診療の補助を行う。

### 選択肢考察

×1 訪問看護は，**医師**（主治医）**から交付される訪問看護指示書に基づいて**行う。

×2 訪問看護ステーションの実情に応じて理学療法士，作業療法士，言語聴覚士を適当数配置することとされているが，**栄養士の配置は定められていない**（表1参照）。

×3 訪問看護の対象は，すべての年齢の人であり，**65歳以上の高齢者に限られない**。年齢や疾病，状態等の条件により医療保険適用の対象者か介護保険適用の対象者かに分けられる（表2参照）。介護保険適用者は介護保険が優先される。

×4 訪問看護ステーションの管理者は**保健師，または看護師**であることとされている（表1参照）。

○5 選択肢の通りである。**健康保険法第88条第1項**で規定されている。

### 参照ページ 『合格教科書2025』p.394　　　　　　正解5

表1 〈訪問看護ステーションの指定要件〉

| 人員に関する基準 | 管理者 | ・専従かつ常勤の保健師または看護師であって，適切な指定訪問看護を行うために必要な知識および技能を有する者 |
|---|---|---|
| | 看護師等の員数 | ・保健師，看護師または准看護師（看護職員）<br>　　常勤換算で2.5以上となる員数<br>　　うち1名は常勤<br>・理学療法士，作業療法士または言語聴覚士<br>　　指定訪問看護ステーションの実情に応じた適当数 |
| 設備に関する基準 | | ・事業の運営を行うために必要な広さを有する専用の事務室<br>・指定訪問看護の提供に必要な設備および備品等 |

表2 〈訪問看護の対象者〉

| 医療保険の対象者 | 介護保険の対象者 |
|---|---|
| ・40歳未満の人<br>・40歳以上65歳未満の人で<br>　→16種類の特定疾病疾患の対象者ではない人<br>　→介護保険第二号被保険者ではない人<br>・65歳以上の人で<br>　→要支援・要介護認定を受けていない人<br>・要支援・要介護認定を受けた人で<br>　→厚生労働大臣が定める疾病等に該当する人<br>　→認知症を除く精神科訪問看護が必要な人<br>　→病状悪化などにより特別訪問看護指示書の交付を受けた人 | ・40歳以上65歳未満（第二号被保険者）の人で<br>　→16種類の特定疾病疾患の対象者で要支援，要介護認定を受けた人<br>・65歳以上（第二号被保険者）で要支援・要介護認定を受けた人 |

## 医療保険制度の概要

**36回-71** 「令和3（2021）年度国民医療費の概況」（厚生労働省）に示された日本の医療費に関する次の記述のうち，**正しいもの**を1つ選びなさい。改変

1 国民医療費の総額は40兆円を超えている。
2 人口一人当たりの国民医療費は60万円を超えている。
3 国民医療費に占める薬局調剤医療費の割合は，入院医療費の割合よりも高い。
4 国民医療費の財源に占める公費の割合は，保険料の割合よりも高い。
5 国民医療費に占める歯科診療医療費の割合は，入院外医療費の割合より高い。

改変 令和2（2020）年度国民医療費の概況→令和3（2021）年度国民医療費の概況

### 選択肢考察

○1　令和3（2021）年度の国民医療費の総額は**45兆359億円**であり，**40兆円を超えている**。なお，前年度の42兆9,665億円に比べて2兆694億円（4.8%）の増加となっている。

×2　人口一人当たり国民医療費は**35万8,800円**であり，**60万円を下回っている**。なお，前年度の34万600円に比べて1万8,200円（5.3%）の増加となっている。

×3　国民医療費を診療種類別にみると，**薬局調剤医療費は7兆8,794億円**（構成割合17.5%）であり，**入院医療費は16兆8,551億円**（構成割合37.4%）である。したがって，薬局調剤医療費の割合は，入院医療費の割合よりも**低い**。

×4　国民医療費を財源別にみると，**公費は17兆1,025億円**（構成割合38.0%）であり，**保険料は22兆4,957億円**（構成割合50.0%）である。したがって，公費の割合は，保険料の割合よりも**低い**。

×5　国民医療費を診療種類別にみると，**歯科診療医療費は3兆1,479億円**（構成割合7.0%）であり，**入院外医療費は15兆5,474億円**（構成割合34.5%）である。したがって，歯科診療医療費の割合は，入院外医療費の割合よりも**低い**。

### 参照ページ 『合格教科書2025』p.399

正解 1

## 医療保険制度の概要

**35回-71** 「令和3（2021）年度国民医療費の概況」（厚生労働省）に示された日本の医療費に関する次の記述のうち，**正しいもの**を1つ選びなさい。改変

1 65歳以上の国民医療費は，国民医療費の50%を超えている。
2 診療種類別の国民医療費のうち最も大きな割合を占めるのは歯科診療医療費である。
3 都道府県（患者住所地）別の人口一人当たり国民医療費が最も高い都道府県は，東京都となっている。
4 制度区分別の国民医療費では，医療保険等給付分に比べて公費負担医療給付分が高い割合を占めている。
5 入院医療費及び入院外医療費を合わせた医科診療医療費の割合は，国民医療費の50%未満である。

改変 令和元（2019）年度国民医療費の概況→令和3（2021）年度国民医療費の概況

### 選択肢考察

○1　2021（令和3）年度の国民医療費を年齢階級別にみると，**65歳以上は国民医療費総額の60.6%**を占める。

×2 }　国民医療費を診療種類別にみると，最も大きな割合を占めるのは**医科診療医療費(71.9%)**であり，

×5 }　国民医療費の **50%を超える**。なお，歯科診療医療費は 7.0% である。

×3　都道府県別の人口一人当たり国民医療費が最も高い都道府県は，**高知県 (47 万 1,300 円)** である。次いで，鹿児島県 (44 万 400 円)，長崎県 (43 万 3,500 円) の順である。なお，最も低いのは埼玉県 (31 万 8,100 円) である。

×4　国民医療費を制度区分別にみると，医療保険等給付分の割合は 45.7%，公費負担医療給付分の割合は 7.4% である。したがって，**医療保険等給付分に比べて公費負担医療給付分が低い割合**を占める。

参照ページ 『合格教科書 2025』p.399　　　　　　　　　　　　　　　　　　　　　　正解 1

 **医療保険制度の概要**　　　　　　　　　　　　　　　　　難 ●●○●● 易

**34回-71**　「令和 3 年度国民医療費の概況」(厚生労働省) に基づく，2021 年度 (令和 3 年度) の国民医療費に関する次の記述のうち，**正しいものを 1 つ選びなさい。** 改変

1　国民医療費は，50 兆円を超えている。
2　国民医療費の国民所得に対する比率は 3% に満たない。
3　国民医療費の財源の内訳は，保険料の割合よりも公費の割合の方が大きい。
4　国民医療費は，診療種類別にみると，薬局調剤医療費の占める割合が最も大きい。
5　人口一人当たり国民医療費は，75 歳以上の人口一人当たり国民医療費よりも低い。

改変 「平成 30 年度国民医療費の概況」→「令和 3 年度国民医療費の概況」／2018 年度 (平成 30 年度) →2021 年度 (令和 3 年度)

**選択肢考察**

×1　2021 (令和 3) 年度の国民医療費は **45 兆 359 億円**であり，**50 兆円に満たない。**

×2　国民医療費の国民所得に対する比率は **11.37%**[※]であり，**3% を超えている。**

×3　国民医療費の財源の内訳をみると，**保険料の割合は 50.0%，**一方，**公費の割合は 38.0%** であり，**保険料の割合よりも公費の割合のほうが小さい。**

×4　国民医療費を診療種類別にみると，**医科診療医療費の割合が 71.9% を占め，最も大きい。**なお，薬局調剤医療費の割合は 17.5% である。

○5　**人口一人当たりの国民医療費は 35 万 8,800 円，**一方，75 歳以上の人口一人当たりの国民医療費は 92 万 3,400 円である。

※厚生労働省「2021 (令和 3) 年度国民医療費の概況」には国民医療費の対国民所得に対する比率のデータが掲載されていないため，国民所得は内閣府「国民経済計算」による 2021 (令和 3) 年度の数値 (395 兆 9,324 億円) を利用して算出した。

参照ページ 『合格教科書 2025』p.399　　　　　　　　　　　　　　　　　　　　　　正解 5

保健医療と福祉

77

**35回-70** 日本の医療保険の適用に関する次の記述のうち，**正しいもの**を **1つ**選びなさい。

1 国民健康保険の被保険者に扶養されている者は，被扶養者として，給付を受けることができる。
2 健康保険組合が設立された適用事業所に使用される被保険者は，当該健康保険組合に加入する。
3 「難病法」の適用を受ける者は，いずれの医療保険の適用も受けない。
4 国民健康保険は，後期高齢者医療制度の被保険者も適用となる。
5 週所定労働時間が 10 時間未満の短時間労働者は，健康保険の被保険者となる。
(注) 「難病法」とは，「難病の患者に対する医療等に関する法律」のことである。

### 選択肢考察

×1　国民健康保険には**被扶養者の制度はない**。国民健康保険の給付を受けるためには，国民健康保険の保険料を負担して被保険者になる必要がある。

○2　健康保険組合は，常時 700 人以上の従業員がいる事業所や，同種・同業で 3,000 人以上従業員が集まる事業所が厚生労働大臣の認可を得て設立することができ，**健康保険組合が保険者となり運営する健康保険が組合管掌健康保険**である。

×3　「難病法」の適用を受けると，**医療費の窓口負担が 3 割から 2 割に軽減**される。保険適用が受けられなくなることはない。

×4　後期高齢者医療制度の被保険者は 75 歳以上のすべての人（一定の障害がある人は 65 歳以上）であり，**後期高齢者医療制度の被保険者になると同時に国民健康保険からは脱退**となる。

×5　健康保険の被保険者となる短時間労働者は，週所定労働時間が **20 時間以上**であることが要件の一つとなっている。その他の要件として，勤務先が従業員数 101 人以上（2024（令和 6）年 10 月からは 51 人以上）の企業であること，月額賃金 8.8 万円以上であること，勤務期間が 2 か月を超える見込みであること，学生ではないこと，がある。

### 参照ページ　『合格教科書 2025』p.390～398　　　　　　　　　　正解 2

**35回-74** 後期高齢者医療制度に関する次の記述のうち，**正しいもの**を **1つ**選びなさい。

1 保険者は都道府県である。
2 被保険者は，60 歳以上の者が対象である。
3 保険料の算定は，世帯単位でされる。
4 各被保険者の保険料は同一である。
5 各医療保険者から拠出される後期高齢者支援金が財源の一部となっている。

### 選択肢考察

×1　保険者（運営主体）は，都道府県単位で全市町村が加入する**後期高齢者医療広域連合**である。
×2　被保険者は **75 歳以上の人**と，**65 歳以上 75 歳未満で一定の障害があると認定された人**である。な

お，生活保護受給者は被保険者になることはできない。

×3　保険料の算定は，**被保険者個人単位**で行われる。

×4　保険料は，被保険者の所得に応じて負担する所得割額と，被保険者が均等に負担する均等割額の合計となるため，被保険者の**所得の状況により異なる**。

○5　後期高齢者医療制度の財源は，**公費が約 5 割**，現役世代が負担する**後期高齢者支援金が約 4 割**，後期高齢者医療制度の**被保険者の保険料が約 1 割**で構成されている。

参照ページ　『合格教科書 2025』p.397　　　　　　　　　　　　　　　　　　　正解 5

## 医療保険制度の概要（事例問題）

難 ●●○●● 易

**36 回-75**　次の事例を読んで，医療ソーシャルワーカー（社会福祉士）が紹介した現時点で利用可能な制度として，**適切なもの**を**2 つ**選びなさい。

〔事　例〕

入院中の F さん（39 歳，会社員）は，大学卒業後から継続して協会けんぽ（全国健康保険協会管掌健康保険）の被保険者であり，同じ会社の正社員である妻 35 歳と息子 7 歳との 3 人暮らしである。20 代より生活習慣病を患い，保健指導と治療がなされたが行動変容は難しかった。F さんは，3 日前に糖尿病性腎症による人工透析導入のため入院することとなった。医師からは，約 1 か月間の入院となり，退院後は週に 3 日の継続的な透析治療が必要との説明を受けた。F さんは，仕事は継続したいが，医療費や入院期間中の収入面の不安を訴えたことから，医師より医療ソーシャルワーカーを紹介された。

1　生活保護制度
2　労働者災害補償保険制度
3　高額療養費制度
4　傷病手当金制度
5　雇用保険制度

選択肢考察

×1　生活保護制度は，生活に困窮する人に，その程度に応じて必要な保護を行い，最低限度の生活を保障しつつ自立の助長を図る制度である。F さん一家には同じ会社の正社員である**妻の収入がある**ことから，現時点での利用に関する情報提供は**時期尚早**であると考えられる。

×2　労働者災害補償保険制度は，**業務中や通勤途中で生じた傷病**に対して保険給付が行われる。給付対象となる業務上疾病については「職業病リスト」で定められており，F さんの場合の糖尿病性腎症は**業務起因性とは考えにくい**ため，現時点での利用に関する情報提供は適切な対応でないと考えられる。

○3　高額療養費制度は，医療費の自己負担が高額となった場合に，**一定額以上の自己負担分が還付される制度**である。F さんは，今後の医療費の不安を訴えていることから，現時点での利用に関する情報提供は適切な対応である。

○4　F さんは，入院中の収入等の経済的不安を訴えていることから，**療養による休業中の所得を保障する制度である傷病手当金**の利用に関する情報提供は適切な対応である。なお，傷病手当金の支給条件は，①**業務外の事由**による病気や怪我の療養のための休業であること，②**仕事に就くことができないこと**，③**連続する 3 日間を含み，4 日以上仕事に就けなかったこと**，④休業した期間について**給与の支払いがないこと**，の全て満たした時である。また，1 日あたりの支給額は，直近 12 か月の標準報酬月額を平均

した額の30分の1に相当する額の3分の2に相当する金額である。

×5　雇用保険制度は，**労働者が失業した場合，職業に関する教育訓練を受けた場合，子を養育するための休業をした場合**に失業等給付金や育児休業給付が支給されるとともに，失業の予防，雇用状態の是正及び雇用機会の増大，労働者の能力開発と向上を図る事業を行うものである。**F**さんは上記の要件に該当しているとはいえず，現時点での利用に関する情報提供は適切でないと考えられる。

**参照ページ**　『合格教科書2025』p.395　　　　　　　　　　　　　　　　正解 3, 4

---

## 医療保険制度の概要　　　　　　　　　　　　　　　　難 ●●●○●● 易

**36回-70**　公的医療保険における一部負担金に関する次の記述のうち，**正しいものを1つ選びなさい。**

1　療養の給付に要した費用の一部負担金の割合は，一律3割である。
2　被用者保険に加入中の生活保護の被保護者は，一部負担金のみが医療扶助の対象となる。
3　正常な分娩（ぶんべん）による出産費用の一部負担金の割合は，3割である。
4　1か月の医療費の一部負担金が限度額を超えた場合，保険外併用療養費制度により払戻しが行われる。
5　入院時の食事提供の費用は，全額自己負担である。

---

**選択肢考察**

×1　公的医療保険における療養の給付に係る**一部負担金の割合は年齢により異なる**。各年齢層における一部負担金の割合は，6歳未満（義務教育就学前）の人は**2割**，6歳以上（義務教育就学後から）70歳未満の人は**3割**，70歳から74歳の人は**2割**（現役並み所得者は3割），75歳以上の人は**1割**（現役並み所得者は3割）である。なお，子供の自己負担分については自治体ごとの医療費の助成により負担が異なる。

○2　選択肢の通りである。被用者保険の被保険者または被扶養者や，「障害者総合支援法」等の公費負担医療が適用される人については，各制度において**給付されない自己負担分が医療扶助の給付対象**となる。

×3　正常分娩による出産費用は，公的医療保険の医療給付の対象とならず，**全額自己負担**である。ただし，公的医療保険の被保険者，および，その被扶養者が出産した場合は，出産育児一時金が給付される。なお，給付額が2023（令和5）年4月1日から1児につき50万円（産科医療補償制度の対象とならない出産の場合は48万8千円）となった。

×4　1か月（同一月内）の医療費の一部負担金が限度額を超えた場合，**高額療養費制度**による払戻しが受けられる。なお，高額療養費制度の自己負担限度額は，年齢や所得水準により異なる。

×5　入院時の食事の費用は，1食あたり定額の**標準負担額**を自己負担し，残りの費用が入院時食事療養費として公的医療保険から給付される。

**参照ページ**　『合格教科書2025』p.401　　　　　　　　　　　　　　　　正解 2

## 医療保険制度の概要（事例問題）

難●●●○●●易

**34回-70** 　事例を読んで，公的医療保険とその給付などに関する次の記述のうち，**正しいもの**を1つ選びなさい。

〔事　例〕

　大手企業の会社員Mさん（50歳）は専業主婦の妻（所得なし）と二人で生活し，年収は640万円，標準報酬月額は41万円である。年次有給休暇は計画的に取得し，日常の仕事の負担は重いとは感じていなかったが，11月中旬にW病院で胃がんと診断され，12月1日に入院となった。病床は本人の希望によって有料個室とした。翌日に胃全摘術を受け，12月20日に退院した。退院前日に病院から入院医療費の総額が96万9千円となることが告げられた。

1　Mさんの医療費は，労働者災害補償保険から給付される。
2　Mさんの自己負担は，当該医療費の1割である。
3　Mさんの差額ベッド代は，公的医療保険からの給付の対象外となる。
4　Mさんの自己負担は，高額療養費制度を適用すれば，全額免除となる。
5　Mさんが加入する公的医療保険は，Mさんの妻が加入する公的医療保険とは異なる。

### 選択肢考察

×1　労働者災害補償保険は，業務中や通勤途中で生じた傷病に対して保険給付が行われる。給付対象となる業務上疾病については「職業病リスト」で定められており，事例のMさんの場合は，**胃がんの発生が業務起因性とは考えにくい**。一方で，療養期間中に給与の支給がなければ，傷病手当金の支給対象となり得る。

×2　70歳未満のMさんの医療費の自己負担は**3割**である。

○3　選択肢のとおりである。特別の病室を希望する場合は，選定療養となり，**室料の上乗せ部分（差額ベッド代）が全額自己負担**となる。

×4　高額療養費制度とは，医療費の自己負担が高額となった場合に，一定額以上の自己負担分が還付される制度である。高額療養費制度の自己負担限度額は，年齢や所得水準によって異なるが，**全額免除になるわけではない**。

×5　Mさんの妻は専業主婦（所得なし）なのでMさんの被扶養者である。したがって，**Mさんの妻が加入している公的医療保険は，Mさんが加入する公的医療保険と同一**の公的医療保険と同一である。

**参照ページ**　『合格教科書2025』p.394　　　　　　　　　　　　　　　　　　**正解 3**

---

NEW

## 診療報酬制度の概要

難●●○●●●易

**36回-72** 　診療報酬に関する次の記述のうち，**最も適切なもの**を1つ選びなさい。

1　診療報酬の請求は，各月分について行わなければならない。
2　請求された診療報酬は，中央社会保険医療協議会が審査する。
3　医療機関が診療報酬を請求してから報酬を受け取るまで約6か月掛かる。
4　診療報酬点数表には，医科，歯科，高齢の点数表がある。
5　診療報酬点数は，1点の単価が1円とされている。

○1　選択肢の通りである。診療報酬の請求では，保険医療機関が**患者ごとに各月分（1か月分）の医療費を**レセプト（診療報酬明細書）に記載して，審査支払機関に提出する。

×2　請求された診療報酬は，**審査支払機関**が事務的，および医学的に審査する。なお，審査支払機関として，被用者保険では「社会保険診療報酬支払基金」，国民健康保険，後期高齢者医療制度では「国民健康保険団体連合会」がある。

×3　診療報酬は，**診療日が属する月の翌月10日までに**保健医療機関が審査支払機関に請求することで，**審査支払機関が同月25日までに審査**を行う。審査支払機関は，**審査完了後の翌月（診療日が属する月の翌々月）10日まで**に保険者に請求を行い，同月中に保険者から審査支払機関を介して保健医療機関に診療報酬が支払われる。したがって，保健医療機関が診療報酬を請求してから報酬を受け取るまで**約6か月はかからない**。

×4　診療報酬点数表は，**医科，歯科，調剤**に分類されている。この診療報酬点数表は全国一律に適用される医療サービスの「公定価格表」である。

×5　診療報酬点数は，**1点の単価が10円**とされている。

参照ページ　『合格教科書2025』p.400～403　　　　　　　　　　　　　　　　　　　　　　　正解 1

---

 **診療報酬制度の概要**　　　　　　　　　　　　　　　　　　難●○●●●易

**35回-72**　診療報酬制度に関する次の記述のうち，**正しいもの**を1つ選びなさい。

1　診療報酬の点数は，通常3年に1度改定される。
2　診療報酬点数表は，医科，歯科，在宅医療の3種類が設けられている。
3　療養病棟入院基本料の算定は，出来高払い方式がとられている。
4　地域包括ケア病棟入院料の算定は，1日当たりの包括払い方式がとられている。
5　診療報酬には，選定療養の対象となる特別室の料金が設けられている。

×1　診療報酬の点数は，通常**2年に1度改定**される。介護報酬は3年に1度改定される。そのため，診療報酬と介護報酬の同時改定が6年に1度実施されることになり，次回の同時改定は2024（令和6）年に予定されている。

×2　診療報酬点数表は，**医科，歯科，調剤の3種類**が設定されている。

×3　療養病棟入院基本料は，患者の日常生活動作能力の状況（ADL区分）と患者の傷病や状態（医療区分）に基づく**9段階の包括評価で算定**されている。

○4　地域包括ケア病棟入院料は，医療機関の施設基準ごとに4段階の区分があり，区分ごとに定額で，入院基本料，検査料，リハビリテーション料，薬剤料（一部を除く）など，**入院中に必要な処置にかかる費用のほとんどが包括**されている。なお，手術や麻酔，一部の薬剤料などは別に算定される。

×5　特別室の料金（いわゆる差額ベッド代）は保険診療の適用外であり，一律に規定されていないため，**医療機関ごとに自由に金額が設定**されている。

参照ページ　『合格教科書2025』p.400～403　　　　　　　　　　　　　　　　　　　　　　　正解 4

◎診療報酬本体　＋0.88%
※1　うち，※2〜4を除く改定分　＋0.46%
　　　各科改定率　医科　＋0.52%
　　　　　　　　　歯科　＋0.57%
　　　　　　　　　調剤　＋0.16%
　　　40歳未満の勤務医師・勤務歯科医師・薬局の勤務薬剤師，事務職員，歯科技工所等で従事する者の賃上げに資する措置分（＋0.28%程度）を含む。
※2　うち，看護職員，病院薬剤師その他の医療関係職種（上記※1を除く）について，令和6年度にベア＋2.5%，令和7年度にベア＋2.0%を実施していくための特例的な対応　＋0.61%
※3　うち，入院時の食費基準額の引き上げ（1食当たり30円）の対応（うち，患者負担については，原則，1食当たり30円，低所得者については，所得区分等に応じて10〜20円）　＋0.06%
※4　うち，生活習慣病を中心とした管理料，処方箋料等の再編等の効率化・適正化　−0.25%

◎薬価等
①薬価　−0.97%
②材料価格　−0.02%
合計　−1.00%
※イノベーションの更なる評価等として，革新的新薬の薬価維持，有用性系評価の充実等への対応を含む
※急激な原材料費の高騰，後発医薬品等の安定的な供給確保への対応として，不採算品再算定に係る特例的な対応を含む。
　（対象：約2000品目程度）
※イノベーションの更なる評価等を行うため，長期収載品の保険給付の在り方の見直しを行う。

　全体としては，−0.12%の改定率となった。2016（平成28）年度の改定以降，5期連続して全体の改定率がマイナスとなった（なお，2014（平成26）年度改定は，全体としては＋0.1%だったが，消費税増税対応分を除くと実質マイナス改定であった）。一方で，診療報酬本体でみると前回（2022（令和4）年度）の改定率（診療報酬本体　＋0.43%）を大きく上回った。

保健医療と福祉

## 医療施設の概要

難●●○●●●易

**34回-72**　災害拠点病院に関する次の記述のうち，正しいものを1つ選びなさい。

1　24時間対応可能な救急体制は必要ないとされている。
2　災害発生時，被災地外の災害拠点病院の医療従事者は，被災地に入らず待機することになっている。
3　各都道府県に1病院ずつ，全国に47病院が設置されている。
4　重篤救急患者に対応できる高度な診療機能は求められていない。
5　災害派遣医療チーム（DMAT）を保有することになっている。

選択肢考察

×1　**24時間緊急対応し**，被災時に被災地内の**傷病者を受入・搬入できる体制を有すること**とされている。
×2　災害発生時に，**被災地からの傷病者の受入れ拠点になること**や，**災害派遣医療チーム（DMAT）の派遣体制があること**とされている。
×3　災害拠点病院には，基幹災害拠点病院と地域災害拠点病院があり，前者は原則として各都道府県に1か所，後者は原則として2次医療圏に1か所設置することとされている。したがって，**都道府県ごとに複数の病院が設置されている**。2023（令和5）年4月1日現在，全国で770病院（基幹災害拠点病院64病院，地域災害拠点病院706病院）が指定されている。
×4　**重篤救急患者の救命医療を行うために必要な診療機能が求められている。**
○5　選択肢のとおりである。**災害拠点病院の指定要件**を次に示す。

〈災害拠点病院指定要件〉

【運営体制】
- 24時間緊急対応し，災害発生時に被災地内の傷病者等の受入れ及び搬出を行うことが可能な体制を有すること。
- 災害発生時に，被災地からの傷病者の受入れ拠点にもなること。なお，「広域災害・救急医療情報システム（EMIS）」が機能していない場合には，被災地からとりあえずの重症傷病者の搬送先として傷病者を受け入れること。
- 災害派遣医療チーム（DMAT）を保有し，その派遣体制があること。また，災害発生時に他の医療機関のDMATや医療チームの支援を受け入れる際の待機場所や対応の担当者を定めておく等の体制を整えていること。
- 救命救急センター又は第二次救急医療機関であること。
- 被災後，早期に診療機能を回復できるよう，業務継続計画の整備を行っていること。
- 整備された業務継続計画に基づき，被災した状況を想定した研修及び訓練を実施すること。
- 地域の第二次救急医療機関及び地域医師会，日本赤十字社等の医療関係団体とともに定期的な訓練を実施すること。また，災害時に地域の医療機関への支援を行うための体制を整えていること。
- ヘリコプター搬送の際には，同乗する医師を派遣できることが望ましい こと。

【施設及び設備】
〈医療関係〉
- 病棟，診療棟等救急診療に必要な部門を設けるとともに，災害時における患者の多数発生時（入院患者については通常時の2倍，外来患者については通常時の5倍程度を想定）に対応可能なスペース及び簡易ベッド等の備蓄スペースを有することが望ましい。
- 診療機能を有する施設は耐震構造を有することとし，病院機能を維持するために必要な全ての施設が耐震構造を有することが望ましい。
- 通常時の6割程度の発電容量のある自家発電機等を保有し，3日分程度の備蓄燃料を確保しておくこと。
- 浸水想定区域（洪水・雨水出水・高潮）又は津波災害警戒区域に所在する場合は，風水害が生じた際の被災を軽減するため，止水板等の設置による止水対策や自家発電機等の高所移設，排水ポンプ設置等による浸水対策を講じること※。
- 災害時に少なくとも3日分の病院の機能を維持するための水を確保すること。
- 衛星電話を保有し，衛星回線インターネットが利用できる環境を整備すること。また，複数の通信手段を保有していることが望ましい。
- 広域災害・救急医療情報システム（EMIS）に参加し，災害時に情報を入力する体制を整えておくこと。
- 多発外傷，挫滅症候群，広範囲熱傷等の災害時に多発する重篤救急患者の救命医療を行うために必要な診療設備
- 患者の多数発生時用の簡易ベッド
- 被災地における自己完結型の医療に対応出来る携行式の応急医療資器材，応急用医薬品，テント，発電機，飲料水，食料，生活用品等
- トリアージ・タッグ
- 食料，飲料水，医薬品等について，流通を通じて適切に供給されるまでに必要な量として，3日分程度を備蓄しておくこと。また，食料，飲料水，医薬品，燃料等について，地域の関係団体・業者との協定の締結により，災害時に優先的に供給される体制を整えておくこと。

〈搬送関係〉
- 原則として，病院敷地内にヘリコプターの離着陸場を有すること。
- DMATや医療チームの派遣に必要な緊急車輌を原則として有すること。

※ 2024（令和6）年4月1日から適用される指定要件で追加された項目

（『医政発0228第1号厚生労働省医政局長通知 別紙 災害拠点病院指定要件』より一部改変）

## 保健医療対策の概要

**34回-73** 次の記述のうち，2014年（平成26年）の医療法改正（第六次）の内容として，**正しいものを1つ**選びなさい。

1 地域医療支援病院制度が創設された。
2 医療計画に地域医療構想の策定が位置づけられた。
3 特定機能病院制度が創設された。
4 地域的単位として，新たに区域（医療圏）が創設された。
5 療養型病床群の設置が制度化された。

選択肢考察

×1 　地域医療支援病院制度が創設されたのは，**1997（平成 9）年の第三次改正**である。

○2 　2014（平成 26）年に制定された「地域における医療及び介護の総合的な確保を推進するための関係法律の整備等に関する法律（医療介護総合確保推進法）」による第六次改正に基づき，**都道府県は医療計画の一部として地域医療構想の策定が義務づけられた**。この改正では，**病床機能報告制度も創設された**。

×3 　特定機能病院制度が創設されたのは，**1992（平成 4）年の第二次改正**である。なお，2014（平成 26）年の第六次改正で特定機能病院承認の更新制が導入された。

×4 　新たな地域的単位として医療圏が創設されたのは，**1985（昭和 60）年の第一次改正**である。

×5 　療養型病床群の設置が制度化されたのは，**1992（平成 4）年の第二次改正**である。

参照ページ 　『合格教科書 2025』p.405, 419 　　　　　　　　　　　　　　　　　　　　　　　　正解 2

〈医療法改正の流れと主な内容〉

| 昭和 60 年<br>（1985） | 第一次改正 | 平成 26 年<br>（2014） | 第六次改正（医療介護総合確保推進法） |
|---|---|---|---|
| | 医療圏の設定<br>地域医療計画策定の義務化<br>医療法人の運営の適正化と指導体制の整備→1 人医療法人制度の導入（医療施設の量的整備から質的整備） | | 地域における病床の機能の分化および連携の推進<br>医療従事者の確保<br>医療従事者の勤務環境の改善<br>臨床研究中核病院制度の創設<br>医療の安全の確保のための措置 |
| 平成 4 年<br>（1992） | 第二次改正 | 平成 27 年<br>（2015） | 第七次改正 |
| | 医療施設機能の体系化（特定機能病院・療養型病床群の制度化）<br>医療に関する適切な情報提供（広告規制の緩和，院内掲示の義務づけ）<br>医療の目指すべき方向の明示 | | 地域医療連携推進法人制度の創設<br>医療法人制度の見直し |
| 平成 9 年<br>（1997） | 第三次改正 | 平成 29 年<br>（2017） | 第八次改正 |
| | 医療提供の際に医療提供者が適切な説明を行い，医療の受け手の理解を得るよう努める旨（インフォームド・コンセント）を規定<br>療養型病床群制度の診療所への拡大<br>地域医療支援病院の創設<br>医療計画制度の必要的記載事項の追加 | | 検体検査の制度の確保<br>特定機能病院の管理および運営に関する体制の強化<br>医療に関する広告規制の見直し<br>妊産婦の異常に対応する医療機関の確保<br>医療機関の開設者に対する監督 |
| 平成 12 年<br>（2000） | 第四次改正 | 平成 30 年<br>（2018） | 第九次改正 |
| | 病院の病床を療養病床と一般病床に区分<br>病院等の必置施設について規制を緩和<br>人員配置基準違反に対する改善措置を講じる<br>医業等に関して広告できる事項を追加 | | 医師少数区域等で勤務した医師を評価する制度の創設<br>都道府県における医師確保対策の実施体制の強化<br>医師養成過程を通じた医師確保対策の充実<br>地域の外来医療機能の偏在・不足等への対応 |
| 平成 18 年<br>（2006） | 第五次改正 | 令和 3 年<br>（2021） | 令和 3 年改正 |
| | 医療計画制度の見直し等を通じた医療機関の分化・連携の推進<br>地域や診療科による医師不足問題への対応（医療対策協議会の制度化）<br>医療安全の確保（医療安全支援センターの制度化）<br>医療従事者の資質の向上<br>医療法人制度改革（社会医療法人の創設等） | | 長時間労働の医師の労働時間短縮および健康確保のための措置<br>新興感染症への対応を医療計画の記載事項に追加<br>外来機能報告制度の創設 |

**36回-73** 医療法に基づく医療計画に関する次の記述のうち，**正しいもの**を **1** つ選びなさい。

1　国が，地域の実情に合わせて策定することになっている。
2　医療提供体制の確保を図るためのものである。
3　医療圏は，一次医療圏と二次医療圏の 2 つから構成されている。
4　病院の定義や人員，設備の基準を定めることになっている。
5　2 年ごとに見直される。

---

**選択肢考察**

×1　医療計画は，医療法第 30 条の 4 第 1 項に基づき**都道府県**が策定する。

○2　選択肢の通りである。医療計画は，**厚生労働大臣が定める基本方針**に即して，また地域の実情に応じて，**各都道府県が医療提供体制の確保を図る**ために策定する。

×3　医療圏は，一次医療圏から三次医療圏までの **3 つ**から構成される。

　　**一次医療圏**：日常生活に密着した外来診療などの保健医療を提供する区域であり，概ね市町村単位が設定されている。

　　**二次医療圏**：高度・特殊な医療を除いた，健康増進・疾病予防から救急医療を含む入院治療まで包括的な保険医療を提供する区域であり，複数の市町村範囲が設定されている。

　　**三次医療圏**：専門性が高く，先進的な技術を必要とする高度・特殊な医療に対応する区域であり，基本的に都道府県単位が設定されている。

×4　医療計画では，おもに **5 疾病**（がん，脳卒中，心筋梗塞等の心血管疾患，糖尿病，精神疾患）・**6 事業**（救急医療，災害時における医療，新興感染症発生・まん延時における医療，へき地の医療，周産期医療，小児医療（小児救急医療を含む））**及び在宅医療に関する事項，医療圏の設定，基準病床数の算定，地域医療構想，医師の確保に関する事項，外来診療に係る医療提供体制の確保に関する事項等**について定めている。なお，病院の定義や人員，設備基準を定めているのは医療法である。

×5　医療法第 30 条の 6 第 22 項の規定に基づき，**6 年ごと**（在宅医療，医師の確保及び外来医療に関する事項については，3 年ごと）に調査，分析及び評価を行い，必要がある場合は変更することとされている。

---

**参照ページ**　『合格教科書 2025』p.186, 407　　　　　　　　　　　　　**正解 2**

---

**35回-73** 日本の医療提供体制に関する次の記述のうち，**最も適切なもの**を **1** つ選びなさい。

1　医療計画は，市町村が策定義務を負っている。
2　地域医療支援病院は，第 1 次医療法の改正（1985 年（昭和 60 年））に基づき設置された。
3　診療所は，最大 30 人の患者を入院させる施設であることとされている。
4　介護医療院は，主として長期の療養を必要とする要介護者に対し，療養上の管理，看護，医学的管理の下での介護，必要な医療及び日常生活上の世話を行う。
5　地域包括支援センターは，地域における高齢者医療の体制を整えるため，地域医療構想を策定する義務を負う。

×1　医療計画は，医療法第 30 条の 4 第 1 項に基づき**都道府県が策定**する。

×2　地域医療支援病院は，**第 3 次医療法の改正**（1997（平成 9）年）に基づき設置された。

×3　診療所は，**19 人以下の患者を入院させる施設**であることとされている。

○4　介護医療院は，長期にわたり医療と介護の両方を必要とする要介護者に対し，「**日常的な医学的管理**」「**看取りやターミナルケア**」などの長期療養のための医療機能と「**生活施設**」としての機能を一体的に提供する施設であり，介護保険法第 8 条第 29 項に規定されている。2024（令和 6）年 3 月末で廃止となる介護療養型医療施設に代わる施設として 2018（平成 30）年 4 月に創設された。

×5　**地域医療構想は**医療計画に含まれており（医療法第 30 条の 4 第 2 項第 7 号），**都道府県が策定**するものとされる。したがって，地域包括支援センターが策定義務を負うものではない。

参照ページ　『合格教科書 2025』p.419　　　　　　　　　　　　　　　　　　　　　　正解 4

 **自己決定権の尊重**　　　　　　　　　　　　　　　　　　難 ●●○●● 易

**34 回-74**　患者の治療方針の決定に関する次の記述のうち，**最も適切なもの**を 1 つ選びなさい。

1　肝臓がんとの診断を受けた **A** さん（66 歳）は，インフォームドコンセントとして，検査結果の内容と今後の治療方針について医師から説明を受け，治療に同意した。

2　終末期にある **B** さん（52 歳）の家族は，インフォームドチョイスとして，本人に気付かれないように主治医と治療方針を決定した。

3　小児がん患者の **C** ちゃん（11 歳）の保護者は，インフォームドアセントとして，本人の意思を確認せずに終末期医療における延命医療の拒否を医師に伝えた。

4　終末期にある **D** さん（78 歳）と家族と医療従事者は，パターナリズムモデルに従って，繰り返し治療選択について話し合い，意思決定を行った。

5　**E** 医師は，筋萎縮性側索硬化症（ALS）の進行した **F** さん（48 歳）の意思を推測し，心肺停止時に心肺蘇生措置をしない旨をリビングウィルとしてカルテに記載した。

○1　選択肢のとおりである。インフォームドコンセントとは，医師が医療を提供するにあたり，患者に対して**十分に説明をして，患者の同意を得ること**である。インフォームドコンセントは，医療従事者の努力義務として医療法で規定されている。

×2　インフォームドチョイスとは，**患者が医師から説明を受けたうえで，患者自身がどのような治療を受けるか選択すること**である。インフォームドコンセントをさらに推し進めた考え方である。

×3　インフォームドアセントは，**小児の患者が治療について理解できるように，年齢や理解度に応じた方法でわかりやすく説明し，その内容について小児の患者本人の同意を得ること**である。通常，小児患者の場合は，同意能力が備わっていないことも多いため，代諾者である両親から同意を得る必要があるが，それとは別にインフォームドアセントを得ることが近年推奨されている。

×4　パターナリズムモデルは，**患者の意思にかかわりなく，医師が患者の利益を最優先に考えて治療方針などの意思決定を行うこと**である。

×5　リビングウィルとは，**終末期を迎えたときの医療の選択について，患者本人が事前に意思表示してお**

くことである。

参照ページ 『合格教科書 2025』p.408 正解 1

## 自己決定権の尊重（事例問題） 難●●●○●易

**36回-76** 「人生の最終段階における医療・ケアの決定プロセスに関するガイドライン（2018年（平成30年）改訂版）」（厚生労働省）に沿った対応の方針として，**最も適切なものを 1 つ選びなさい。**

〔事 例〕
Gさん（72歳）は，妻（70歳）と二人暮らし。10年前より筋萎縮性側索硬化症（ALS）と診断を受け，在宅で療養を続けてきた。診断を受けた当初，「人工呼吸器は装着せずに，自宅で自然な状態で最期を迎えたい」と言っていた。1か月前から言語の表出，自発呼吸が困難となり，人工呼吸器の装着について検討することとなった。
1 診断を受けた当初のGさんの意思を優先する。
2 Gさんに代わって，妻の判断を優先する。
3 Gさん，家族，医療・ケアチームによる話し合いの場を設定する。
4 家庭裁判所に判断を求める。
5 医師の医学的判断により決定する。

**選択肢考察**

×1 Gさん本人の意思を尊重することは重要であるが，時間の経過，心身の状態の変化，医学的評価の変更等に伴い本人の意思は変化する可能性がある。したがって，その後のGさんの意思の変化の有無を確認することなく，診断当初のGさんの意思を優先するのは適切な対応ではないと考えられる。

×2 Gさん本人の意思を尊重すべきである。ただし，Gさんが自らの意思を伝えられない状態になった場合に備えて，事前に妻を自らの意思を推定する者として定めている場合は，妻から十分な情報を得た上で，Gさん本人にとっての最善の対応を医療従事者との間で話し合う必要がある。

○3 医療従事者から適切な情報提供と説明がなされた上で，Gさん本人と家族，そして医療・ケアチームとの間で合意形成に向けた十分な話し合いを行い，Gさん本人による意思決定を基本として対応の方針を決定することが重要である。

×4 Gさん本人の意思を尊重することが重要である。ただし，Gさん本人と家族，医療・ケアチームとの間で対応の方針について妥当で適切な合意が得られない場合は，家庭裁判所ではなく，複数の専門家からなる話し合いの場を設置して，その助言により医療・ケアのあり方ついて検討をおこない，合意形成に努める必要がある。

×5 Gさん本人の状態に応じた医師の医学的判断は必要であるが，Gさん本人と家族，そして医療・ケアチームとの間で合意形成に向けた十分な話し合いを踏まえた上でGさん本人による意思決定を基本とすることが重要である。

参照ページ 『合格教科書 2025』p.150 正解 3

**保健医療領域における専門職**　　　　　　　　 難 ●●○●● 易

**34回-75**　次の記述のうち，理学療法士，作業療法士，言語聴覚士が行うとされる業務として，**正しいものを1つ選びなさい。**

1　理学療法士が，入院患者の生命維持管理装置を操作する。
2　理学療法士が，脳梗塞後遺症の患者に歩行訓練を行う。
3　作業療法士が，リハビリテーション中に気分不良を訴えた患者に点滴をする。
4　作業療法士が，看護師の指導の下で外来患者の採血をする。
5　言語聴覚士が，在宅患者の胃ろうチューブの交換を行う。

保健医療と福祉

選択肢考察

×1　**理学療法士は，医師の指示に基づき理学療法を行うことを業務**とする。生命維持管理装置の操作及び**保守点検を行うのは，臨床工学技士**である。臨床工学技士法に規定されている。

○2　選択肢のとおりである。なお，理学療法士が行う理学療法は，身体に障害のある者に対し，主として**その基本的動作能力の回復を図ることを目的**とし，治療体操その他の運動を行わせたり，電気刺激，マッサージ，温熱その他の物理的手段を加えることと理学療法士及び作業療法士法で規定されている。

×3
×4　**作業療法士は，医師の指示に基づき作業療法を行うことを業務**とする。作業療法士が行う作業療法は，身体または精神に障害のある者に対し，主としてその応用的動作能力または社会的適応能力の回復を図るため，手芸，工作その他の作業を行わせることと理学療法士及び作業療法士法で規定されている。**点滴，採血は，作業療法士には行えない。**

×5　**言語聴覚士の業務は，**音声機能，言語機能または聴覚に障害のある者についてその機能の維持向上を図るため，**言語訓練その他の訓練，これに必要な検査及び助言，指導その他の援助を行うこと**や，診療の補助として，医師または歯科医師の指示の下に，**嚥下訓練，人工内耳の調整その他厚生労働省令で定める行為を行うこと**と言語聴覚士法で規定されている。**胃ろうチューブ交換は，言語聴覚士には行えない。**

参照ページ　『合格教科書 2025』p.342, 367, 410　　　　　　　　　　　　　正解 2

## 保健医療領域における連携・協働

**35回-76** 次の記述のうち，医療チーム内で専門分野を超えて横断的に役割を共有するトランスディシプリナリモデルの事例として，**最も適切なもの**を**1つ**選びなさい。

1 Fさんの病状が急変したため，医師は，看護師へ静脈注射機材の準備，薬剤師へ薬剤の準備，医療ソーシャルワーカーへ家族への連絡の指示を出した。
2 災害発生による傷病者の受入れのため，G病院長は，全職員の招集，医師へのトリアージ，看護師へ手術室の準備，医事課職員へ情報収集などの指示を出した。
3 Hさんの食事摂取の自立の希望を達成するため，理学療法士は座位保持，作業療法士は用具の選定，管理栄養士は食事形態，看護師は食事介助の工夫を行った。
4 一人暮らしで在宅療養中のJさんの服薬管理について，往診医，訪問看護師，薬剤師，訪問介護員，介護支援専門員等の自宅への訪問者それぞれが，Jさんとの間で確認することにした。
5 自立歩行を希望するKさんの目標をゴールに，理学療法士，作業療法士，看護師，介護福祉士とでケースカンファレンスを行い，立位保持訓練の方法を検討した。

### 選択肢考察

**注** 正答発表時，選択肢の記述が不十分であり，正答が得られないため，全員に得点するとされた。以下，参考までに解説する。

　トランスディシプリナリモデルとは多職種チームの3つのモデルの一つである。チームの専門職間に階層性がなく，各専門職の役割の交代や解放があり，専門職間の相互作用が大きい状態のチームモデルとされる。その他のモデルとして，マルチディシプリナリモデル，インターディシプリナリモデルがある。前者のモデルは専門職間に階層性があり，専門職の役割は固定されているため，専門職間の相互作用が小さいとされる。後者のモデルは専門職間に階層性はなく，専門職の役割はある程度固定されているが専門職間の相互作用が大きいとされる。

×1 ⎫ 専門職間に**階層性があり，役割も固定されている**ため，トランスディシプリナリモデルの事例に該
×2 ⎭ 当しない。
×3 　専門職間に**階層性がないが，役割が固定されている**ため，トランスディシプリナリモデルの事例に該当しない。
×4 　専門職間に**階層性がないが，専門職間の相互作用もない**ため，トランスディシプリナリモデルの事例に該当しない。
△5 　専門職間に階層性がなく，ケースカンファレンスを行うことで相互作用が生じると考えられるが，選択肢の記述からは各専門職の役割の交代や解放性の有無が判断できないため，トランスディシプリナリモデルの事例として適切といい切れない。

---

**正解　なし**
※2023（令和5）年3月7日，社会福祉士振興・試験センターより，「選択肢の記述が不十分であり，正答が得られないため。」と不適切問題として発表され，正答なし，全員に得点するとされた。

---

**参照ページ**　『合格教科書 2025』p.410　　　　　**正解なし（全員に得点する）**

# 社会福祉士の役割（事例問題）

**35回-75** 事例を読んで，W病院の医療相談室のD医療ソーシャルワーカー（社会福祉士）による，妊婦であるEさんへの支援に関する次の記述のうち，**適切なもの**を**2つ**選びなさい。

〔事 例〕

Eさん（33歳）は，会社員の夫（38歳）の健康保険の被扶養者であり，夫の母親（78歳，軽度の認知症，要介護1）と3人暮らしである。Eさんは現在，妊娠20週目で，第一子を出産予定である。実家は遠方で，実両親も高齢であることから，産後の子育てと義母の介護の両立に不安を抱えていた。義母は，昼間は通所型サービスを利用しているが，帰宅後は毎日同じ話を繰り返している。夫も多忙で残業も多く，頼りにできないとの思いを持っている。妊婦健診の結果は良好であるが，今後のことを考えると不安であるため，受診しているW病院の医療相談室を訪問した。

1 特定妊婦の疑いがあるため，地域包括支援センターに連絡をする。
2 出産手当金を受け取れることを説明する。
3 認知症高齢者の家族の会などの当事者同士が支え合う活動を紹介する。
4 義母の介護のために特殊寝台の貸与サービスを勧める。
5 産前・産後の不安や負担などを相談するために母子健康包括支援センター（子育て世代包括支援センター）を紹介する。

保健医療と福祉

## 選択肢考察

×1　特定妊婦とは，児童福祉法第6条の3第5項において，「出産後の養育について出産前において支援を行うことが特に必要と認められる妊婦」と定義される。特定妊婦には具体的な基準はないが，収入基盤が安定しないことや家族構成が複雑，知的・精神的障害などで育児することが困難と予測される場合などが該当する。**Eさんが特定妊婦の疑いがあるとはいえず，現段階での支援として適切ではない。**なお，特定妊婦への援助対応は，要保護児童対策地域協議会（児童福祉法第25条の2で地方公共団体に設置努力義務の規定）が行う。同協議会の支援対象となっているのは，特定妊婦の他に要保護児童，要支援児童である。

×2　出産手当金は，健康保険の被保険者が出産のために会社を休み，給与の支払いが受けられない場合に支給されるものである。**会社員の夫の被扶養者であるEさんは対象にならない。**なお，Eさんが出産した場合は出産育児一時金の支給対象である。

○3　「認知症の人と家族の会」では，介護家族が集まり，**介護の相談，情報交換，勉強会などが開かれている。**Eさんが抱える認知症の義母の介護に対する**不安を少しでも解消するための支援として適切である。**

×4　特殊寝台とは，介護ベッドやギャッチベッドといわれる福祉用具であり，日常的に起き上がりや寝返りが困難な人の動作の補助を想定した福祉用具である。事例のEさんの場合は，**義母が患う認知症に対する介護の不安**であると考えられることから，現段階での支援としては適切ではない。

○5　母子健康包括支援センター（子育て世代包括支援センター）は，母子保健法に基づき市町村が設置するものである。保健師，助産師等の専門スタッフが**妊娠・出産・育児に関する様々な相談**に，必要に応じて個別の支援プランを策定し，保健・医療・福祉等の地域の関係機関との連絡調整を行うなどして切れ目のない支援を提供することを目的とする。Eさんが抱える**産後の子育てと義母の介護の両立に対する不安を少しでも解消するために，適切な支援である。**

**参照ページ** 『合格教科書2025』p.344, 410  **正解 3, 5**

〈医療ソーシャルワーカー〉

　病院をはじめとした診療所，介護老人保健施設，精神障害者社会復帰施設，保健所，精神保健福祉センター等の保健医療機関に配置されているソーシャルワーカーであり，保健医療機関において，社会福祉の立場から患者やその家族の抱える経済的・心理的・社会的問題の解決，調整を援助し，社会復帰の促進を図る業務を行う。

　医療ソーシャルワーカーは，病院等において管理者の監督の下に次のような業務を行う。
1. 療養中の心理的・社会的問題の解決，調整援助
2. 退院援助
3. 社会復帰援助
4. 受診・受療援助
5. 経済的問題の解決，調整援助
6. 地域活動

（厚生労働省『医療ソーシャルワーカー業務指針』より）

 ## 社会福祉士の役割（事例問題）

**34回-76**　事例を読んで，G医療ソーシャルワーカー（社会福祉士）によるHさんの経済的な不安への対応に関する次の記述のうち，**最も適切なもの**を1つ選びなさい。

〔事例〕
　Hさん（48歳）は，企業に勤務する会社員で，専業主婦の妻（46歳）と大学生の長男（20歳）の3人暮らしである。2週間前に脳梗塞を発症し，現在，急性期病院に入院中である。主治医から，重度の麻痺により今後は歩行が困難になるため，来週リハビリテーション病院に転院し，3か月ほどのリハビリテーション治療が必要であることを告げられた。転院等の相談のためにG医療ソーシャルワーカーが紹介された。G医療ソーシャルワーカーは，「医療費及び生活費などの経済的なことが心配です」と訴えるHさんに具体的な情報を提供した。
1　転院前に障害年金を受給できることを説明する。
2　介護保険の要介護認定を受ければ，生活費が支給されることを説明する。
3　療養の給付により医療費の一部負担金が全額免除されることを説明する。
4　勤務先から入院中の休業に対して報酬が支払われていなければ，傷病手当金を受給できることを説明する。
5　特別児童扶養手当を申請すれば，支給されることを説明する。

選択肢考察

×1　障害年金とは，病気やケガなどで法令に定められた障害等級表による障害の状態がある場合に，現役世代も含めて支給される年金である。病気やケガで初めて医師の診療を受けたときに加入していた公的年金により支給される障害年金が決まる。国民年金の加入者の場合は「障害基礎年金」，厚生年金の加入者の場合は，「障害厚生年金」が支給される。ただし，**障害年金を受給するためには審査があり，支給決定までの審査期間はおおむね3か月，場合によってはさらに時間がかかることもある**。したがって，翌週の転院前に受給できると断言する説明は不適切である。

×2　介護保険の要介護認定を受けた場合に**給付されるのは，介護サービスにかかった費用の自己負担分**（通常1割，所得に応じて2割，もしくは3割）**を除いた額**である。介護保険給付で利用できる介護サービスは，居宅サービス，地域密着型サービス，施設サービスの3種類に大別されるが，**施設利用の場合における食費，居住費**（滞在費），**日常生活費は，保険給付の対象外**であるため，全額自己負担となる。し

たがって，**選択肢のように生活費が支給されるという説明は不適切**である。

×3　台風・豪雨・地震等による**大規模な災害で災害救助法の指定を受けた地域の在住者においては，被害状況に応じて医療費の一部負担金が減額，または免除される救済措置があるが，事例の場合は該当しないため，選択肢の説明は不適切**である。医療費の不安を訴える**H**さんには，高額療養費制度に関する情報提供がより適切と思われる。

○4　**H**さんは経済的な不安を訴えていることから，**療養による休業中の所得を保障する制度である傷病手当金に関する情報提供は適切な対応**である。なお，傷病手当金の支給条件は，①業務外の事由による病気やケガの療養のための休業であること，②仕事に就くことができないこと，③連続する3日間を含み，4日以上仕事に就けなかったこと，④休業した期間について給与の支払いがないこと，をすべて満たすことである。また，支給額は，1日につき，直近12か月の標準報酬月額を平均した額の30分の1に相当する額の3分の2に相当する金額である。

×5　**特別児童扶養手当とは，20歳未満で法令に規定する障害の状態にある児童を家庭で監護・養育している父母または養育者に支給されるもの**である。事例の場合は該当しないため，選択肢の説明は不適切である。

**参照ページ**　『合格教科書2025』p.390, 396　　　　　　　　　　　　　　　　　　　**正解 4**

# ソーシャルワークの基盤と専門職（専門）

● 内容一覧 ●

| 出題項目 | 国試回数 | 内容一覧 | 事例 | 頁 |
|---|---|---|---|---|
| ソーシャルワーク専門職の概念と範囲 | 34 回-94 | ソーシャルワーカーの専門職化 | | 97 |
| 福祉行政等における専門職 | 35 回-96 | 査察指導員，現業を行う所員，母子・父子自立支援員，知的障害者福祉司，家庭相談員 | | 98 |
| | 33 回-96 | 相談援助に関わる職種 | | 99 |
| | 32 回-95 | 専門職の配置義務 | | 99 |
| ミクロ・メゾ・マクロレベルにおけるソーシャルワーク | 34 回-95 | ソーシャルワーク実践，ミクロ・メゾレベルソーシャルワーク | ★ | 100 |
| | 35 回-97 | ピンカスとミナハン，4 つの基本的なシステム | ★ | 100 |
| ジェネラリストの視点に基づく総合的かつ包括的な支援の意義と内容 | 36 回-92 | ソーシャルワークのミクロ・メゾ・マクロレベル | ★ | 101 |
| ジェネラリストの視点に基づく多職種連携及びチームアプローチの意義と内容 | 36 回-97 | シュワルツ（Schwartz, W.），媒介機能，グループワーク，ソーシャルワーカー | ★ | 102 |
| | 34 回-96 | 多職種チーム | | 103 |

# 傾向と対策

過去問の傾向を知り，適切な対策を！

● 傾向分析表【ソーシャルワークの基盤と専門職（専門）】●

| 項　目　名 | 第36回 | 第35回 | 第34回 | 第33回 | 第32回 | 問題数 |
|---|---|---|---|---|---|---|
| ソーシャルワーク専門職の概念と範囲 | | | ● | | | 1 |
| 福祉行政等における専門職 | | ● | | ● | ● | 3 |
| ミクロ・メゾ・マクロレベルにおけるソーシャルワーク | | ● | ● | | | 2 |
| ジェネラリストの視点に基づく総合的かつ包括的な支援の意義と内容 | ● | | | | | 1 |
| ジェネラリストの視点に基づく多職種連携及びチームアプローチの意義と内容 | ● | | ● | | | 2 |
| 問　題　数 | 2問 | 2問 | 3問 | 1問 | 1問 | 9問 |

## ●傾向と対策

　本科目は，第37回国家試験からの出題形式では6問の出題となる。第36回の旧科目：相談援助の基盤と専門職は7問中3問が事例問題であったが，第37回以降の本科目では，特に専門科目ということもあり，社会福祉士としての実践を意識した事例問題が多く出題されることもじゅうぶん考えられる。ソーシャルワークの各理論やアプローチなどの知識をベースとしつつ，ジェネラリストとして状況に即した課題解決方針にたどり着く力を養うことが求められているといえる。過去問の攻略においても，事例中の状況，要素を漏らさず丁寧に読んで考えるクセをつけよう。

## ソーシャルワーク専門職の概念と範囲

**34回-94** ソーシャルワークの専門職化に関する次の記述のうち、**最も適切なもの**を**1つ**選びなさい。

1 ミラーソン（Millerson, G.）は、職業発展の過程から、ソーシャルワーク専門職が成立するプロセスを提示した。
2 グリーンウッド（Greenwood, E.）は、既に確立している専門職と、ソーシャルワーカーを比較することによって、準専門職の概念を提示した。
3 カー−ソンダース（Carr-Saunders, A.）は、専門職が成立する属性を挙げ、その中でテストによる能力証明の必要性を主張した。
4 エツィオーニ（Etzioni, A.）は、専門職が成立する属性を挙げ、その中で専門職的権威の必要性を主張した。
5 フレックスナー（Flexner, A.）は、専門職が成立する属性を挙げ、ソーシャルワークがいまだ専門職とはいえないことを主張した。

### 選択肢考察

×1 職業発展の過程からソーシャルワーク専門職の成立を説明したのは、**カー−ソンダース**である。ミラーソンは専門職の6属性として、①公衆の福祉という目的、②理論と技術、③教育と訓練、④テストによる能力証明、⑤専門職団体の組織化、⑥倫理綱領を示した。

×2 記述は、カー−ソンダースについてである。**グリーンウッドは専門職の5属性**として、①体系的理論、②専門職的権威、③社会的承認、④倫理綱領、⑤専門職的副次文化（サブカルチャー）を示し、これらを有していることを理由に「**ソーシャルワークはすでに専門職である**」とした。

×3 カー−ソンダースらは、テストによる能力証明の必要性を説いたが、専門職が成立する属性は示していない。カー−ソンダースは**専門職を職業発展の過程**により捉えて、段階別に「確立専門職（医師、法律家、聖職者）」「新専門職（エンジニア、化学者、会計士）」「準専門職（教師、看護師、ソーシャルワーカー）」「可能的専門職（病院マネージャー、セールスマネージャー）」に分類した。

×4 記述は、**グリーンウッド**についてである。エツィオーニはソーシャルワーカーを教師、看護師とともに準専門職と定義し、「確立専門職の地位への要求が十分に確立されず、またそれが十分に期待されていない一群」で、確立専門職と非専門職との中間と位置づけた。

○5 **フレックスナー**は1915年全米慈善矯正事業会議の講演「ソーシャルワークは専門職か」で、**専門職が成立するための6属性**として、①体系的理論がある、②個人的責任が伴う知的な仕事である、③実践的、実用的である、④教育的手段により伝達可能な技術がある、⑤専門職団体・組織を作る、⑥利他主義的である、を明示し、「現段階でソーシャルワークは専門職に該当しない」と結論づけた。

**参照ページ** 『合格教科書2025』p.252 **正解 5**

ソーシャルワークの基盤と専門職（専門）

**35回-96** 次の記述のうち，福祉に関する事務所（福祉事務所）に配置される所員の社会福祉法に基づく業務として，**正しいもの**を1つ選びなさい。

1 指導監督を行う所員（査察指導員）は，都道府県知事の指揮監督を受けて，生活保護業務の監査指導を行う。
2 現業を行う所員（現業員）は，所長の指揮監督を受けて，援護，育成又は更生の措置を要する者等に対する生活指導などを行う。
3 母子・父子自立支援員は，家庭における児童養育の技術及び児童に係る家庭の人間関係に関する事項等に関する相談に応じる。
4 知的障害者福祉司は，社会的信望のもとに知的障害者の更生援護に熱意と識見を持って，知的障害者やその保護者の相談に応じ必要な援助を行う。
5 家庭相談員は，児童の保護その他児童の福祉に関する事項について，相談に応じ，専門的技術に基づいて必要な指導を行う。

**選択肢考察**

×1　福祉事務所には，「所の長」「指導監督を行う所員」「現業を行う所員」「事務を行う所員」が配置されている。指導監督を行う所員（査察指導員）は，**所の長の指揮監督を受けて**，現業事務の指導監督をつかさどり，ケースワーカーが業務を円滑に進められるようサポートすることが職務とされる（社会福祉法第15条第3項）。

○2　福祉事務所の現業を行う所員（現業員）は，**所の長の指揮監督を受けて**，援護，育成または更生の措置を要する者等の家庭を訪問し，または訪問しないで，これらの者に面接し，本人の資産，環境等を調査し，保護その他の措置の必要の有無及びその種類を判断し，**本人に対し生活指導を行う等の事務**をつかさどる（社会福祉法第15条第4項）。

×3　家庭における児童養育の技術及び児童に係る家庭の人間関係に係る事項等に関する相談に応じるのは，**福祉事務所（家庭児童相談室）の役割**である。福祉事務所では，①家庭における児童養育の技術に関する事項，②児童に係る家庭の人間関係に関する事項，③その他家庭児童の福祉に関する事項，を扱う。

×4　**知的障害者相談員**に関する内容である。知的障害者相談員は都道府県から委託され，社会的信望があり，かつ，知的障害者に対する更生援護に熱意と識見を持っている者が，「知的障害者相談員制度」において知的障害者の家庭における養育，生活等に関する相談に応じる（知的障害者福祉法第15条2項）。知的障害者福祉司は，知的障害者更生相談所や福祉事務所に勤務し，知的障害者の援助相談を行い，知的障害者が医療機関を利用するときや更生の訓練を受けるとき，あるいは日常生活や就労上の困難の問題解決に努める。

×5　児童の保護は家庭相談員が配置される家庭児童相談室の業務ではなく，**児童相談所の業務**である。家庭児童相談室には，家庭児童福祉に関する専門的技術を必要とする業務を行う職員として，家庭児童福祉の業務に従事する社会福祉主事，及び家庭児童福祉に関する相談指導業務に従事する職員（家庭相談員）を配置し，家庭児童福祉に関する専門的技術を必要とする相談指導業務を行う（家庭児童相談室設置運営要綱）。

**参照ページ**　　『合格教科書2025』p.383　　　　　　　　　　　　　　　　　**正解 2**

**福祉行政等における専門職**  難 ●●●●○ 易

**33回-96** 相談援助に関わる職種の根拠法に関する次の記述のうち，**正しいものを1つ**選びなさい。

1 民生委員は，社会福祉法に規定されている。
2 介護支援専門員は，老人福祉法に規定されている。
3 児童福祉司は，児童福祉法に規定されている。
4 社会福祉主事は，生活保護法に規定されている。
5 身体障害者福祉司は，「障害者総合支援法」に規定されている。

(注) 「障害者総合支援法」とは，「障害者の日常生活及び社会生活を総合的に支援するための法律」のことである。

### 選択肢考察

×1 **民生委員**は，**民生委員法**で規定されている。
×2 **介護支援専門員**は，**介護保険法**で規定されている。
○3 **児童福祉司**は，**児童福祉法**で規定されている。
×4 **社会福祉主事**は，**社会福祉法**で規定されている。
×5 **身体障害者福祉司**は，**身体障害者福祉法**で規定されている。

**参照ページ** 『合格教科書2025』p.366 　　　　　　　　　　　　　　　**正解 3**

---

 **福祉行政等における専門職**  難 ●●●○● 易

**32回-95** 社会福祉施設等において，国により配置が義務づけられている専門職として，**正しいものを1つ**選びなさい。

1 介護老人福祉施設における薬剤師
2 母子生活支援施設における保健師
3 婦人保護施設における理学療法士
4 乳児院における看護師
5 地域包括支援センターにおける医師

### 選択肢考察

×1 介護老人福祉施設に，薬剤師の配置は**義務づけられていない**。
×2 母子生活支援施設に，保健師の配置は**義務づけられていない**。
×3 婦人保護施設に，理学療法士の配置は**義務づけられていない**。
○4 記述のとおり。児童福祉施設の職員配置基準（「児童福祉施設の設備及び運営に関する基準」）に基づく。
×5 地域包括支援センターに，医師の配置は**義務づけられていない**。

**参照ページ** 『合格教科書2025』p.366 　　　　　　　　　　　　　　　**正解 4**

ソーシャルワークの基盤と専門職（専門）

**34回-95** 事例を読んで，Y病院のC医療ソーシャルワーカー（社会福祉士）が行う介入レベルごとのソーシャルワーク実践として，**最も適切なもの**を1つ選びなさい。

〔事 例〕

Q政令指定都市の拠点病院であるY病院には，患者サポートセンターがあり，そこには複数の社会福祉士が配置されている。患者サポートセンターでは，ここ数年，身寄りのない患者の退院支援に取り組んできたが，その数は増加傾向にある。そこでC医療ソーシャルワーカーは，増加傾向にあるこうした患者に対する総合的かつ包括的な援助活動や，支援体制の構築に向けた活動を行うこととした。

1 ミクロレベルの介入として，民生委員児童委員協議会に，身寄りのない患者が増加している問題を訴える。
2 ミクロレベルの介入として，Q市と福祉事務所との総合的な連携の在り方について協議する。
3 メゾレベルの介入として，身寄りのない患者との詳細なアセスメント面接を行う。
4 メゾレベルの介入として，病院内に対策検討委員会を設置することを提案する。
5 メゾレベルの介入として，退院の際，個別に日常生活自立支援事業の活用を提案する。

**選択肢考察**

×1 記述は，メゾレベルである。メゾレベルの介入は，地域の各種機関，自治体及びこれらのネットワークなどにアプローチする。

×2 記述は，メゾレベルである。

×3 記述は，ミクロレベルである。ミクロレベルの介入は，本人や家族などにアプローチする。

○4 記述は，メゾレベルである。

×5 記述は，ミクロレベルである。

**参照ページ** 『合格教科書2025』p.271　　　　　　　　　　　　　　　　　　**正解 4**

**35回-97** 事例を読んで，ピンカス（Pincus, A.）とミナハン（Minahan, A.）の「4つの基本的なシステム」（チェンジ・エージェント・システム，クライエント・システム，ターゲット・システム，アクション・システム）のうち，チェンジ・エージェント・システムが抱える課題として，**最も適切なもの**を1つ選びなさい。

〔事 例〕

脊髄小脳変性症で入院したHさん（45歳，男性）が退院準備のために医療ソーシャルワーカーに相談に来た。現在，下肢の筋力低下が進んでおり，長い時間の歩行は困難で車いすを利用している。Hさんは一戸建ての自宅で妻（42歳，会社員）と二人暮らしであり，今後は，介護保険サービスを利用して自宅に退院することを検討している。また，Hさんは入院後休職中であるが，自宅で療養した後に復職を希望している。

1 Hさんの退院後の自宅における介護サービス
2 Hさんが復職した場合の職場での勤務時間
3 Hさん夫妻に対して，退院後に必要となる妻への支援
4 Hさんの希望に基づき，近隣の利用可能な社会資源
5 Hさんの今後の療養に関わる院内スタッフの情報共有

×1　介護サービスを提供する訪問のため，**ターゲット・システム**（クライエントの課題解決のためのターゲットとなるもの）を指す。

×2　クライエントの所属するグループ（勤務先）（メゾレベル）は，**クライエント・システム**を指す。

×3　妻への支援のため，クライエントや家族は，**クライエント・システム**を指す。

×4　近隣の社会資源のため，クライエントの友人や知人など（ミクロレベル），グループ・専門職団体・地域の自治会（メゾレベル），制度・制作・正当・専門職団体など（マクロレベル）は，**ターゲット・システム**（クライエントの課題解決のためのターゲットとなるもの）を指す。

○5　院内スタッフの情報提供もあり，今後のクライエントの有益な能力の向上を目指すワーカーとワーカーが所属する機関（メゾレベル）のため，**チェンジ・エージェント・システム**が抱える課題となる。

**参照ページ**　『合格教科書 2025』p.271　　　　　　　　　　　　　　　　　**正解 5**

 **NEW**
### ジェネラリストの視点に基づく総合的かつ包括的な支援の意義と内容（事例問題）
難 ●●●○●● 易

**36回-92**　次の事例を読んで，福祉事務所に勤務する K 職員（社会福祉士）が取り組む様々な対応のうち，メゾレベルの対応として，**適切なもの**を**2つ**選びなさい。

〔事例〕
　L 民生委員は，M さん（45歳）の件で市の福祉事務所を訪れ，K に相談をした。M さんは勤め先を3年前に人員整理で解雇されてからは仕事をせず，親が残してくれた自宅で一人，昼夜逆転の生活をしているとのことであった。現時点では，M さんには緊急の要保護性は感じられないが，仕事をしておらず，生活費が底をつく心配がある。M さんは「今すぐに仕事をする自信はないが，今後に備えて相談をしたい」と望んでおり，M さんの了解のもとに相談に訪れたとのことであった。
1　中高年を対象とする就労支援制度の課題を，所属機関を通して国に提示する。
2　相談意欲のある M さんと相談援助の関係を樹立する。
3　M さんに対して，生活費を確保するために，不動産担保型生活資金を検討するよう勧める。
4　市内の事業所に対して，M さんのような中高年者が利用可能な自立相談支援に関する事業の実施状況の情報を収集する。
5　L 民生委員からの情報をもとに，同様の事例に関する今後の支援について，所内で検討する。

×1　課題を国に提示し，国レベルで就労支援制度についての対応を図ろうとするのは，**マクロレベル**である。マクロレベルには，国や政府，社会活動等が当てはまる。

×2　M さんとの関係を樹立しようとするのは，個人への支援であり，**ミクロレベル**である。ミクロレベルには，個人や家族等に対する支援・相談が当てはまる。

×3　M さんの生活を支援するために，M さんが利用できるサービスを提案するのは，**ミクロレベル**である。

○4　M さんと同じ課題・ニーズを抱えている人を対象に，市内での情報を収集するのは，**メゾレベル**である。メゾレベルには，地域社会や福祉サービスを提供する機関等が当てはまる。

○5　M さんと同じ課題・ニーズを抱えている人を対象とした支援を，福祉事務所内で検討するのは，**メゾ**

レベルである。

参照ページ 『合格教科書 2025』 p.271

## ジェネラリストの視点に基づく多職種連携及びチームアプローチの意義と内容（事例問題）

難 ●●●○●● 易

**36回-97** 次の事例の場面において，複数のシステムの相互作用をもたらすシュワルツ（Schwartz, W.）の媒介機能を意図した支援として，**最も適切なもの**を1つ選びなさい。

〔事 例〕

自閉傾向のあるCさん（10歳）の母親が，市の子育て支援課の窓口に久しぶりに相談に来た。D相談員（社会福祉士）がCさんについて，この間の様子を聞いたところ，言語的なコミュニケーションは少ないが，最近は絵を描くことが好きになってきたとのことであった。

1 次回面接では親子で来所することと，Cさんの描いた絵を持ってくるよう依頼した。
2 親子で共通する話題や目的をつくるために，市主催のアートコンクールに出展する絵を描くよう勧めた。
3 絵によるコミュニケーションカードを親子で作成し，日常生活で使うよう勧めた。
4 市内にある大きな文房具店を紹介し，親子で一緒に絵を描く道具を見に行くことを勧めた。
5 障害児と親が活発に参加している絵画サークルに親子で参加し，児童や親達と交流することを勧めた。

### 選択肢考察

×1 本肢の内容は，D相談員のCさん親子に対する**直接的な支援の一端**であり，Cさん親子と社会の間，つまり複数のシステムを媒介として取り持つため支援にはあたらないため，誤りである。

×2 「親子で共通する話題や目的をつくる」意図は，**親子のコミュニケーションに対する援助の一端**であり，Cさん親子と社会の間，つまり複数のシステムを媒介として取り持つための支援にはあたらないため，誤りである。

×3 本肢の内容は，**親子のコミュニケーションに対する援助の一端**であり，Cさん親子と社会の間，つまり複数のシステムを媒介として取り持つための支援にはあたらないため，誤りである。

×4 本肢の内容は**親子で行う活動を勧めるもの**であり，Cさん親子と社会の間，つまり複数のシステムを媒介として取り持つための支援にはあたらないため，誤りである。

○5 シュワルツは，**個人と社会の関係は共生的な相互依存関係**であるとし，ソーシャルワーカーの媒介機能を重視する相互作用モデルを展開した。本事例では，D相談員がCさん親子と社会の間の媒介となり，**クライエントと社会を取り持つよう援助を行うこと**が，その機能の活用であるといえる。絵画サークルに参加し，周囲と交流することは，Cさん親子が社会と接点を持ち，サークルの環境から影響を受けたり，また影響を与えたりすることに繋がりうる。サークル参加を勧めることは，**シュワルツの媒介機能と意図した支援**といえる。

参照ページ 『合格教科書 2025』 p.280

正解 5

**34 回-96** 社会福祉士が参加する多職種等によって形成されるチーム（以下「多職種チーム」という。）に関する次の記述のうち，**最も適切なもの**を 1 つ選びなさい。

1 多職種チームを構成する他の専門職の文化や価値を理解する。
2 多職種チームのメンバーには，利用者を含めてはならない。
3 多職種チームでは，メンバーが同一の施設や機関に所属している必要がある。
4 多職種チームを機能させるために，社会福祉士がリーダーとなりヒエラルヒーを構成する。
5 多職種チームでは，チームの方針・目標の設定よりも，社会福祉士としての独自の方針や目標設定を優先する。

選択肢考察

○1 記述のとおり。**他の専門職の文化や価値を理解し，各々の存在を敬意を持って認めながら協働する**ことが必要である。

×2 **利用者は，チームの一員**として含めることが望ましい。

×3 多職種チームは，異なる施設や機関に所属していても**連携を保持する**。

×4 多職種チームには，**ヒエラルヒーは適さない**。異なる専門から同等に意見を出し，責任と役割を分担して協力する関係が必要である。

×5 **チームのメンバー全員で，共通の方針・目標を設定する。**

参照ページ 『合格教科書 2025』p.281 正解 1

ソーシャルワークの基盤と専門職（専門）

# ソーシャルワークの理論と方法（専門）

● 内容一覧 ●

| 出題項目 | 国試回数 | 内容一覧 | 事例 | 頁 |
|---|---|---|---|---|
| 援助関係の形成方法 | 36回-106 | 援助関係の形成方法 | | 107 |
| | 35回-104 | ソーシャルワークにおける援助関係 | | 107 |
| | 35回-108 | 若年性認知症支援コーディネーターの対応 | ★ | 108 |
| 面接技術 | 36回-118 | ソーシャルワークの面接技術 | | 109 |
| | 34回-116 | バイステックの7原則 | | 110 |
| | 35回-107 | 面接時の留意点 | | 110 |
| | 35回-105 | 留学生への相談援助 | ★ | 111 |
| | 35回-106 | 児童養護施設の入所児童への対応 | ★ | 112 |
| | 34回-108 | 相談援助の面接技法 | | 112 |
| | 33回-109 | 面接技法 | | 113 |
| 社会資源の活用・調整・開発 | 34回-110 | 社会資源の理解 | | 114 |
| ソーシャルアクション | 33回-117 | ソーシャルアクションの実践 | ★ | 115 |
| ネットワーキング | 35回-110 | ソーシャルサポートネットワーク | | 116 |
| | 33回-112 | ネットワーク | | 116 |
| | 35回-118 | 医療ソーシャルワーカーの対応 | ★ | 117 |
| 事例検討，事例研究 | 36回-113 | 手段的事例と固有事例 | | 118 |
| | 34回-107 | 事例検討会進行の注意点 | | 118 |
| 総合的かつ包括的な支援の考え方 | 36回-116 | 認知症初期集中治療チームの対応 | ★ | 119 |
| | 35回-116 | 社会的排除 | | 120 |
| 家族支援の実際 | 34回-103 | 医療ソーシャルワーカーの対応 | ★ | 121 |
| | 33回-108 | 面接を支える援助的関係 | ★ | 122 |
| | 35回-117 | 放課後等デイサービスでの相談援助 | ★ | 123 |
| | 34回-101 | 家族を亡くしたクライエントへの対応 | ★ | 124 |
| | 33回-102 | 夫のことで悩む妻への支援 | ★ | 124 |
| 地域支援の実際 | 34回-117 | 相談援助における多職種・多機関連携 | ★ | 125 |
| | 33回-118 | コミュニティソーシャルワーク（CSW） | ★ | 126 |
| 非常時や災害時支援の実際 | 36回-114 | 避難行動要支援者への支援 | ★ | 127 |

# 傾向と対策

過去問の傾向を知り，適切な対策を！

● 傾向分析表【ソーシャルワークの理論と方法（専門）】 ●

| 項 目 名 | 第36回 | 第35回 | 第34回 | 第33回 | 問題数 |
|---|---|---|---|---|---|
| 援助関係の形成方法 | ● | ●● | | | 3 |
| 面接技術 | ● | ●●● | ●● | ● | 7 |
| 社会資源の活用・調整・開発 | | | ● | | 1 |
| ソーシャルアクション | | | | ● | 1 |
| ネットワーキング | | ●● | | ● | 3 |
| 事例検討，事例研究 | ● | | ● | | 2 |
| 総合的かつ包括的な支援の考え方 | ● | ● | | | 2 |
| 家族支援の実際 | | ● | ●● | ●● | 5 |
| 地域支援の実際 | | | ● | ● | 2 |
| 非常時や災害時支援の実際 | ● | | | | 1 |
| 問 題 数 | 5問 | 9問 | 7問 | 6問 | 27問 |

●傾向と対策

　本科目は7点以上を目標に学習しよう。対策①「援助関係の形成過程」や「面接技法」に登場する用語（アイビィのマイクロ技法やバイステックの7原則を含む）の意味について，面接場面を想像しながら理解する必要がある。②「ネットワーキング」や「総合的かつ包括的な支援の考え方」は関係機関や専門職それぞれの役割の理解が欠かせない。③コーディネーション，ネゴシエーション，ファシリテーション，プレゼンテーション，カンファレンスは新出なので，合格教科書等で基礎知識を学んでおく。

## 援助関係の形成方法

 難 ●●●○●● 易

**36回-106** ソーシャルワークの援助関係に関する次の記述のうち，**最も適切なもの**を1つ選びなさい。

1 共感的理解とは，クライエントの世界を，あたかもソーシャルワーカーも体験したかのように理解することである。
2 目的志向性とは，クライエントを意図的に導くことにより，ソーシャルワーカーの自己覚知を促進することである。
3 パターナリズムとは，ソーシャルワーカーの権威と自由裁量を否定し，対等な立場を重視した援助関係のことである。
4 受容とは，クライエントの逸脱した態度や行動に対しても，同調した上で，それを許容することである。
5 ソーシャルワーカーの自己開示とは，クライエントの行動や感情における矛盾を指摘することである。

### 選択肢考察

○1 共感的理解とは，**思考としてではなくソーシャルワーカーの感情として**，相手の話を積極的に理解しようとすることである。

×2 ソーシャルワーカーの働きかけによって達成したい目的が定まり，「どのように達成するか」を明確にすることで，**クライエントの目的達成に向かう意欲や具体的な行動が引き出されること**を目的志向性という。

×3 パターナリズムは**父権主義**とも呼ばれ，ソーシャルワーカーが権威的な立場に立ち，クライエントの**代わりに意思決定をしてしまうこと**である。

×4 「**同調した上で**」という箇所が誤りである。例えば「イライラすると子どもを叩いてしまうんです」と話すクライエントに「イライラするとお子さんを叩いてしまうのですね」と**ありのまま受けいれるならば適切**だが，「わかります！わたしも自分の子を叩きたくなったことが何度もあります」というのは受容ではない。

×5 **ソーシャルワーカーが自らの体験や考えについてクライエントに語ること**である。

**参照ページ** 『合格教科書2025』p.45, 272

正解 1

## 援助関係の形成方法

 難 ●●●○●● 易

**35回-104** ソーシャルワークにおける援助関係に関する次の記述のうち，**適切なもの**を2つ選びなさい。

1 転移とは，ソーシャルワーカーが，クライエントに対して抱く情緒的反応全般をいう。
2 統制された情緒的関与とは，ソーシャルワーカーが，自らの感情を自覚し，適切にコントロールしてクライエントに関わることをいう。
3 同一化とは，ソーシャルワーカーが，クライエントの言動や態度などに対して，自らの価値観に基づく判断を避けることをいう。
4 エゴグラムとは，ソーシャルワーカーが，地域住民同士の関係について，その相互作用を図式化して示すツールをいう。
5 パターナリズムとは，ソーシャルワーカーが，クライエントの意思に関わりなく，本人の利益のために，本人に代わって判断することをいう。

ソーシャルワークの理論と方法（専門）

×1　転移とは，クライエントがソーシャルワーカーに対して無意識に葛藤や感情を向けることである。

○2　統制された情緒的関与はバイステックの7原則の一つである。ソーシャルワーカーはクライエントに対する主観や感情を自覚し，表出しないようコントロールしながら向き合う。

×3　同一化は防衛機制の一つで，好印象を抱いている相手に自分を重ね合わせて自己評価を高め，自らのコンプレックスから目を背けようとする働きのことである。

×4　同じ生活環境の中にいる人同士の相互作用を図式化するのは，エコマップである。生態地図や社会関係図とも呼ばれる。

○5　ソーシャルワーカーが勝手に判断し，物事を進めてしまうことは，課題解決の主体であるクライエントの意思決定を妨げる行為である。また，クライエントとソーシャルワーカーの対等な関係を崩すことにもつながるため，援助関係の形成においてパターナリズムに陥ることがないよう，注意が必要である。

参照ページ　『合格教科書 2025』p.272, 274　　　　　　　　　　　　正解 2, 5

 援助関係の形成方法（事例問題）　　　　　　　　難●●●●○易

**35回-108**　事例を読んで，W認知症疾患医療センターで働くB若年性認知症支援コーディネーター（社会福祉士）のクライエントへの対応として，最も適切なものを1つ選びなさい。

〔事例〕
　Cさん（45歳，男性）は，仕事の失敗が増えたことを思い悩み，「周りに迷惑をかけたくない」と4か月前に依願退職した。その2か月後にW認知症疾患医療センターで若年性認知症と診断された。今月の受診日にCさんが相談室を訪れ，「子どももいるし，教育にもお金がかかります。妻も働いてくれているが，収入が少なく不安です。働くことはできないでしょうか」と話すのを，B若年性認知症支援コーディネーターはCさんの気持ちを受け止めて聞いた。
1　他の若年性認知症の人に紹介したものと同じアルバイトを勧める。
2　認知症対応型通所介護事業所に通所し，就労先をあっせんしてもらうよう勧める。
3　障害年金の受給資格が既に生じているので，収入は心配ないことを伝える。
4　元の職場への復職もできますから頑張りましょうと励ます。
5　病気を理解して，対応してくれる職場を一緒に探しませんかと伝える。

選択肢考察

×1　同じ診断を受けたクライエントであっても，生活環境，就業経験，年齢，居住地，所持する資格，就業に対する希望など，まったく同じ条件の人はいない。Cさんは働きたいという希望をもっているが，まずはCさんの話をしっかり聞くことが必要である。他の人に紹介したものと同じアルバイトを勧めるのは適切ではない。

×2　本事例において，Cさんが介護保険サービスの利用を希望していることは読み取れない。また，認知症対応型通所介護事業（介護保険法第8条第18項）は就職先のあっせんを行う事業ではないため，どちらにしてもCさんへ行う情報提供として不適切である。

×3　本事例から，Cさんが障害基礎年金の受給資格に該当しているかどうかを判断することはできない（障害厚生年金の受給資格には該当していない）。また，Cさんが生活のために得たい収入についても把握できていない。以上の理由で「心配ない」と伝えるのは不適切である。

×4　本事例において「元の職場への復帰もできます」と伝えられる根拠はなく，Cさんへの対応としては

不適切である。

○5 若年性認知症の診断を受けて治療を続けながら，働きたいという C さんの思いを受け止める対応であり，適切である。

参照ページ 『合格教科書 2025』p.274　　　　　　　正解 5

 NEW

## 面接技術

難 ●●●○●● 易

**36 回-118** ソーシャルワークの面接技術に関する次の記述のうち，**最も適切なもの**を 1 つ選びなさい。

1 明確化によって，クライエントに特別な行動をするように伝えて，課題解決を促す。
2 言い換えによって，クライエントの話す内容や感情を別の言葉で表現し，気づきを促す。
3 閉じられた質問によって，クライエントが自由に話すのを促す。
4 要約によって，より多くの情報を収集するために，クライエントの自己開示を促す。
5 問題への直面化によって，クライエントとの信頼関係を構築する。

### 選択肢考察

×1 ソーシャルワーカーがクライエントの話を傾聴し，**重要なキーワードやクライエントのメッセージを明確にして返すこと**を，明確化という。

○2 クライエントが話した内容をソーシャルワーカーが受け止め，別の言葉で伝え直すことにより，**新しい気付きや発見を期待できる。**

×3 閉じられた質問は，「はい／いいえ」などワンフレーズで答えられるものであり，**クライエントの自由な語りを促す**ためには，「あなたはどう思われますか？」といった**開かれた質問が適切**である。

×4 要約は，クライエントが思いのままに話した言葉を「○○さんが今心配なさっているのは，○○ということでしょうか」というように，**ソーシャルワーカーがまとめてわかりやすく伝えること**である。

×5 問題への直面化は，**クライエントがそれまで回避してきた問題**（触れなかった話題）**に正面から向き合うよう促すこと**である。クライエントとの信頼関係がしっかりと構築されている段階で取り入れる技法であり，**信頼関係の構築を目的に行うのは不適切**である。

参照ページ 『合格教科書 2025』p.273　　　　　　　正解 2

ソーシャルワークの理論と方法（専門）

## 面接技術

**34回-116** バイステック（Biestek, F.）の援助関係の原則に関する次の記述のうち，**最も適切なもの**を１つ選びなさい。

1 意図的な感情表出の原則とは，クライエントのありままの感情を大切にし，その表出を促すことである。
2 統制された情緒的関与の原則とは，クライエント自身が自らの情緒的混乱をコントロールできるようにすることである。
3 個別化の原則とは，他のクライエントと比較しながら，クライエントの置かれている状況を理解することである。
4 受容の原則とは，ソーシャルワーカーがクライエントに受け入れてもらえるように，誠実に働き掛けることである。
5 非審判的態度の原則とは，判断能力が不十分なクライエントを非難することなく，ソーシャルワーカーがクライエントの代わりに意思決定を行うことである。

### 選択肢考察

○1　援助者は，**否定的な感情も含めてクライエントが自由に感情表出できるように促すことが大切**である。

×2　統制された情緒的関与の原則とは，**援助者が自分の感情を統制し，場面に応じた適切な対応を行うこと**である。

×3　個別化の原則とは，**クライエントの置かれている状況を個別に捉え，クライエントの抱える課題について「同じものは二つとない」と認識して向き合うこと**である。

×4　受容の原則とは，クライエントの言葉を否定したり，クライエントに対して一方的に指導するような態度を取るのではなく，**ありのままの状態をそのまま受け止める**ということである。

×5　非審判的態度の原則とは，**援助者の経験や価値観でクライエントに対して審判を行わない**ということである。

**参照ページ**　『合格教科書 2025』p.274　　　　　　　　　　　　　　　**正解 1**

---

## 面接技術

**35回-107** 相談援助における面接等の実際に関する次の記述のうち，**最も適切なもの**を１つ選びなさい。

1 受理面接では，信頼関係が既に形成されているので，クライエントの不安は除去されている。
2 生活場面面接は，クライエントの問題となった生活場面を再現することから始める。
3 電話での相談は，ソーシャルワーカーからの積極的な助言や指導を中心にする。
4 面接室での面接では，ソーシャルワーカーが行う情報収集に役立つ範囲で，時間や空間を設定する。
5 居宅での面接では，クライエントの生活環境の把握が可能である。

### 選択肢考察

×1　受理面接（インテーク）の段階では，**まだ信頼関係が形成されていない場合が大半**である。**クライエントの不安を除去することの重要性は高い。**

×2　生活場面面接は，家庭訪問など，**クライエントの普段の生活場面を把握する目的**で実施される。問題となった生活場面を再現するというのは誤りである。

×3 電話での相談はクライエントの表情を読み取ることができないため，**話すテンポや声の調子など，ク ライエントの状態を把握しながら進める**必要がある。顔の見えない相手から積極的な助言や指導を受けたクライエントは，**萎縮して思ったことを話せなくなってしまうことも考えられる**ため，クライエントが話しやすい環境を設定する必要がある。

×4 面接室は会話に集中しやすい環境が整っているが，クライエントは面接のために時間を確保し，面接室という空間に緊張を感じることもある。**面接の時間や空間の設定は，ソーシャルワーカーの都合よりも，クライエントに配慮しながら行う。**

○5 居宅での面接は，**家族との関係性，家の間取り，生活動線など，クライエントの普段の様子を把握する**のに適している。

参照ページ 『合格教科書 2025』p.272, 273　　　　　　　正解 5

---

 面接技術（事例問題） 難 ●●●●● 易

35回-105 事例を読んで，U大学の留学生支援室の K 相談員（社会福祉士）の L さんへのこの時点での応答として，**最も適切なもの**を 1 つ選びなさい。

〔事 例〕
　S 国からの留学生の L さん（24 歳，女性）は，5 年前に来日した。来日後 1 年で U 大学に合格した L さんは順調に学業を続け，4 年の後期試験を受けて卒業の見込みとなっていた。ある日，目を真っ赤にして留学生支援室を訪れた L さんは，K 相談員に以下のように話した。
　「私は来週の後期試験 2 科目を受けて卒業の見込みです。しかし，昨日母から電話をもらい，私の祖母が末期のがんと知らされました。すぐにでも帰りたいのですが，試験を受けなければ卒業できず，かといってこんな状況では試験勉強も手につきません」
1 「帰国したいけれどもできない，その板挟みで苦しいのですね」
2 「おばあさんにはお母さんがついていらっしゃるから大丈夫です」
3 「お母さんは，さぞかしお困りでしょう」
4 「すぐにでも帰国できるよう私が調整します」
5 「お母さんも期待しておられるし，あと 2 科目で卒業だから頑張りましょう」

---

選択肢考察
○1 L さんの抱える**葛藤を受け止める応答**は，事例の場面において適切である。
×2 L さんが祖母を心配し，すぐにでも会いに行きたいと思っている**気持ちを否定している**ため，不適切である。
×3 L さんの気持ちの整理がついていない段階で，K 相談員がさらに L さんの**不安要素を増やすような応答**をするのは，不適切である。
×4 **K 相談員が単独で決められない事項**について**無責任な応答**をしており，不適切である。
×5 試験を受けなければならないことは理解したうえで，祖母のために帰国したいと思っている L さんに対し，K 相談員の**主観に基づく応答**をするのは不適切である。

参照ページ 『合格教科書 2025』p.274　　　　　　　正解 1

面接技術（事例問題）

**35回-106** 事例を読んで，V児童養護施設のM児童指導員（社会福祉士）が用いた面接技法の組合せとして，**最も適切なもの**を1つ選びなさい。

〔事例〕

Aさん（11歳，女性）は，10歳からネグレクトによってV児童養護施設に入所していた。1か月後に施設を退所し，実母と再婚相手の3人での生活が始まる予定である。ある日，M児童指導員に，Aさんがうつむきながら，「前の学校に戻れるのはうれしいけれども，家には本当は帰りたくない」とつぶやいた。M児童指導員は，少し間をおいてから，「家には本当は帰りたくない…。その気持ちをもう少し教えてほしいな」と静かに伝えた。

1 「繰り返し」と「言い換え」
2 「繰り返し」と「開かれた質問」
3 「言い換え」と「要約」
4 「要約」と「閉じられた質問」
5 「要約」と「開かれた質問」

**選択肢考察**

×1　「**言い換え**」はクライエントの言葉を違う言い回しで返すことであり，M児童指導員はAさんの言
×3　葉をそのまま反復しているため，誤りである。「**要約**」は，クライエントが思いのままに話した内容
×4　の要点をまとめ，確認の意味を込めて返すことであるが，M児童指導員の対応には該当しない。「**閉**
×5　**じられた質問**」は「はい／いいえ」のように一言で簡潔に返答できる質問のことであり，本事例には該当しない。

○2　「**繰り返し**」は「家には本当は帰りたくない…」というAさんの言葉をそのまま返すことであり，M児童指導員が用いた技法として適切である。そして「**開かれた質問**」は「その気持ちをもう少し教えてほしいな」と，Aさんが思うことを自由に話すきっかけを提供する質問であり，M児童指導員が用いた技法として適切である。

**参照ページ**　『合格教科書2025』p.273  **正解 2**

---

 面接技術

**34回-108** 相談援助の面接を展開するための技法に関する次の記述のうち，**最も適切なもの**を1つ選びなさい。

1 言い換えとは，クライエントの語りに意識を集中させ，感情を感じながら積極的に耳を傾けることである。
2 感情の反射とは，クライエントが答える内容を限定せずに自由に述べられるように問い掛けることである。
3 傾聴とは，クライエントの感情に焦点を当て，クライエントが語った感情をそのまま返していくことである。
4 焦点化とは，複雑に絡み合う多くの現実の要素をクライエントと一緒に点検して整理することである。
5 開かれた質問とは，クライエントの話した事実や感情を簡潔に別の言葉に置き換えて伝え返すことである。

**選択肢考察**

×1　言い換えとは，**クライエントの話した事実や感情を簡潔に別の言葉に言い換えること**である。

×2　感情の反射とは，**クライエントの感情に焦点を当てて，クライエントが語ったことをそのまま返すこ**とである。

×3　**傾聴とは，クライエントの語りにしっかりと耳を傾けることである。**

○4　焦点化とは，クライエント自身の感情，家族の意見，抱えている課題の整理など，**一人では混乱してしまうようなたくさんの情報を一緒に整理し，何に着目すればよいかを導く技法である。**

×5　開かれた質問とは，**クライエントの回答を限定せず，自由に述べられるように質問する**ことである。

参照ページ　『合格教科書 2025』p.273　　　　　　　　正解 4

---

 ## 面接技術　　　　　　　　　　難 ●●○●● 易

**33回-109**　次の記述のうち，ソーシャルワーカーが用いる面接技法に関する説明として，**最も適切なもの**を1つ選びなさい。

1　明確化とは，クライエントを精神的に支えるための応答をすることである。
2　閉じられた質問とは，クライエントに多くの語りを促す質問方法である。
3　支持とは，クライエントの語りをソーシャルワーカーが明確にして返すことである。
4　開かれた質問とは，クライエントが，「はい」や「いいえ」など一言で答えが言える質問方法である。
5　要約とは，クライエントが語った内容をまとめて反射することである。

### 選択肢考察

×1　**明確化**とは，話し手が適切に言語化できないでいる事柄の内容や感情を聴き手が洞察して，はっきりと言語化していくことである。「精神的に支えるための応答」は，**支持**に該当する。

×2　**閉じられた質問**とは，「はい・いいえ」など答え方が決まっているものをいう。「多くの語りを促す質問」は，**開かれた質問**である。

×3　**支持**とは，「よく今までがんばってこられましたね」などと，**承認・支持**という形で表明する技法である。「ソーシャルワーカーが明確にして返すこと」は，**明確化**である。

×4　**開かれた質問**とは，「クライエントに多くの語りを促す質問」をいう。「はい」や「いいえ」など一言で答えられる質問は，**閉じられた質問**である。

○5　選択肢のとおり。**話し手の話を大切に扱い，内容の要点をまとめて話す。**

参照ページ　『合格教科書 2025』p.273　　　　　　　　正解 5

ソーシャルワークの理論と方法（専門）

## 社会資源の活用・調整・開発

**34 回-110** 相談援助における社会資源に関する次の記述のうち，**最も適切なもの**を 1 つ選びなさい。

1 フォーマルな社会資源の提供主体には，社会福祉法人も含まれる。
2 クライエント本人の家族などは，活用する社会資源に含まれない。
3 インフォーマルな社会資源はフォーマルな社会資源に比べ，クライエントの個別的な状況に対しての融通性に乏しい。
4 クライエント自身の問題解決能力を高めるために，社会資源の活用を控える。
5 社会資源の活用においては，インフォーマルな社会資源の活用を優先する。

### 選択肢考察

○1 フォーマルな社会資源のうち制度的社会資源は，法律や制度により在立基盤が整備されており，継続性や安定性に優れているという特徴がある。社会福祉法人のほかに**国や地方公共団体等が提供主体となる**。

×2 クライエントの家族も，課題解決に向けて活用する社会資源に**含まれる**。

×3 インフォーマルな社会資源のほうが，**クライエントの個別的な状況に対して融通を利かせて活用しやすい**。

×4 相談援助の過程において①**クライエント自身の問題解決能力を高める**，②**環境の力を補う**，③**個人と環境の調整を図る**という 3 つはすべて必要な要素であるが，社会資源の活用は②に該当するため，**活用を控えるというのは誤り**である。

×5 フォーマルな社会資源／インフォーマルな社会資源は，クライエントの状況や解決したい課題に応じて選定する。**インフォーマルな社会資源を優先するというのは誤り**である。

### 参照ページ 『合格教科書 2025』p.276　　　　　　　　　正解 1

**33回-117** 事例を読んで，P市社会福祉協議会のKソーシャルワーカー（社会福祉士）によるソーシャルアクションの実践として，**適切なもの**を**2つ**選びなさい。

〔事 例〕

Kソーシャルワーカーは，以前から面識のあったLさん（32歳）から相談を受けた。Lさんの同性のパートナーであるMさん（35歳）が，残業が続くつらい日々の中，職場で倒れて病院に救急搬送され，緊急手術を受けた。Lさんは，すぐに病院に駆けつけ面会しようとしたが，病院からは，「家族ではないため面会はできない」と伝えられた。「自分たちの関係が社会的に認められず，何かあったときに助け合うこともできない」とLさんは涙ながらに訴えた。Kソーシャルワーカーは上司と相談し，LGBTへの偏見や差別を解消し，地域住民の理解を深めるために，支援を行うことにした。

1　地域住民の反発を避け，円滑に医療を受けることを優先し，まずは病院の規則のとおりにするようアドバイスをする。

2　LGBTを支援する団体と連携し，同じような経験をした人の意見交換の場をつくる。

3　病院内の退院支援に向けたカンファレンスに参加し，Mさんの今後の地域生活で必要な医療的ケアについて検討する。

4　Mさんの職場に対し，長時間労働が常態化する職場環境の改善を求めて交渉する。

5　他市の「同性パートナーシップ証明」発行の取組について，地域住民を対象とした学習会を開催する。

ソーシャルワークの理論と方法（専門）

**選択肢考察**

×1　本事例では，**地域住民の反発に関する問題は起きていない**。ソーシャルワーカーが「病院の規則のとおりにするようアドバイスをすること」は，クライエントの訴えに対応していない。

○2　当事者型の組織・団体と連携し，意見交換の場をつくることや課題を共有する人たちの意見交換の場を設けることは**ネットワーキング**であり，ソーシャルアクションの実践として**適切**である。支援団体との組織化は**ネットワーキング**である。

×3　クライエントの訴えは，「面会しようとしたができなかったこと」であり，医療的ケアのカンファレンスに参加することは**不適切**である。

×4　クライエントのパートナーの長時間労働も解決すべき課題であるが，本事例の課題は，「面会しようとしたができなかった」ことであり**不適切**である。

○5　今回の事例を通して，性的マイノリティに対して理解を深めるための**市民アドボカシー型のソーシャルアクション**を実行することは，地域住民の理解と行政への働きかけにつなげることができるため**適切**である。

**参照ページ**　『合格教科書2025』p.276　　　　　　　　　　　　　　　**正解 2,5**

**35回-110** ソーシャルサポートネットワークに関する次の記述のうち，**最も適切なもの**を1つ選びなさい。

1 自然発生的なネットワーク内に関与していく場合と，新しいネットワークを形成する場合がある。
2 ソーシャルサポートを提供する組織間のつながりを強めることを第一義的な目的とする。
3 家族，友人，知人，近隣住民から提供される支援の総体と定義される。
4 インフォーマルなサポートよりも，フォーマルなサービスの機能に着目して活性化を図る。
5 情報による支援や物的手段による支援からなり，ソーシャルメディアの利用を目的としている。

### 選択肢考察

○1 チームでの支援を行うにあたって，**クライエントがすでに参加しているネットワーク**（家族，所属先，交友関係など）を活用するケースもあれば，**サービス提供機関や支援者等が加わり，新しいネットワークが形成されるケース**もある。

×2 **クライエントに対するチームアプローチの実践のために形成されるネットワーク**であり，組織間のつながりを強めることが第一義的な目的ではない。

×3 家族，友人，知人，近隣住民といったインフォーマルな人的資源もネットワークを形成する要素ではあるが，支援機関や専門職，制度といった資源も含まれるため，**定義として適切ではない**。

×4 **クライエントの支援のためにはどちらも必要**であり，フォーマルなサービスの優先順位が高いわけではない。

×5 情報支援や物的支援といった要素も含まれるが，**ソーシャルメディアの利用を目的としているわけではない**。

**参照ページ** 『合格教科書2025』p.281 **正解 1**

---

**33回-112** 次のうち，ネットワークに関する記述として，**最も適切なもの**を1つ選びなさい。

1 ジェノグラムは，クライエントを取り巻く人間関係や社会環境における資源のネットワークを可視化したものである。
2 地域で構築される個別の課題に対する発見・見守りネットワークは，専門職を中心に構成される。
3 ラウンドテーブルとは，ボランティアグループのリーダーが参加する活動代表者ネットワークである。
4 多職種ネットワークでは，メンバーができるだけ同じ役割を担うようにコーディネートする。
5 個人を取り巻くネットワークには，個人にプラスの影響を与えるものと，マイナスの影響を与えるものの双方がある。

### 選択肢考察

×1 「クライエントを取り巻く人間関係や社会環境における資源のネットワークを可視化したもの」は，**エコマップ**である。

×2 **見守りネットワーク**とは，特に孤立になりがちで，日ごろから見守りが必要な高齢者等に対して，地

域の人たちの協力を得て，見守り活動・声かけ活動・安否確認などを行う活動のことである。「専門職を中心に構成」ではなく，**地域の民間団体やボランティアが担い手になっている。**

×3 　ラウンドテーブルとは，**肩書を外した対等かつ個人の自由な立場や発想が保証されるルールのもとに参加する方法**のことである。1人の発表者と数名の参加者がテーブルを囲み，発表者のテーマに即して自由に意見を交換する場で，ファシリテーターが進行を援助する。ボランティアグループのリーダーが参加するネットワークではない。

×4 　ソーシャルワークにおいて，**多職種連携は必要不可欠**である。具体的な実践場面では，クライエントを支援するために，保健・医療・福祉分野の多様な情報の連携のため「**多職種ネットワーク**」が構築されている。多職種ネットワークは，メンバーがそれぞれの専門職の立場で情報を共有し課題の解決に取り組むことであり，「メンバーができるだけ同じ役割を担う」ものではない。

○5 　例えばSNSに代表されるような個人を取り巻くネットワークには，**個人にとってプラスの影響があるものとマイナスの影響があるものとが混在している。**

 **ネットワーキング（事例問題）**　　難●●●●○●易

**35回-118**　事例を読んで，病院のK医療ソーシャルワーカー（社会福祉士）のこの時点の対応として，**適切なもの**を**2つ**選びなさい。

〔事例〕
　Lさん（59歳，女性）は，利き腕を複雑骨折し入院してきた。手術後も後遺症から細かい作業が困難となった。家族の見舞いはなく，不自然なあざがあり，退院を強く渋ったため，病棟の要請でK医療ソーシャルワーカーが面接を開始した。Lさんは徐々に心を開き，会社員の夫（64歳）から長年毎日のように暴力を受けてきたこと，高校卒業後すぐ結婚し妊娠したため働いたことがないことを話してくれた。子どもたちは他県で家庭を築いているが，経済的余裕はなく，他に頼れる親戚はいないそうである。離婚は考えるものの，収入がなく，今後の生活が心配だという。
1　夫に連絡を取り，心理的カウンセリングを受けるよう促す。
2　他県にいる子どもの家族と同居できるよう，引っ越しの手配を手伝う。
3　行政から委託を受けた民間シェルターに入居するという選択肢を説明する。
4　離婚や今後の生活に必要な情報提供をし，生活設計を共に考える。
5　仕事を見付けられるよう，公共職業安定所（ハローワーク）に行くことを促す。

**選択肢考察**

×1 　Lさんからは夫の暴力について話が聞けているが，K医療ソーシャルワーカーはLさんの夫には直接会っておらず，関係構築もできていない。この段階で連絡を取り，カウンセリングを受けるように促すと，Lさんにまた危害が及ぶことも想定される。対応として**誤り**である。

×2 　他県で働いているLさんの子どもたちにもそれぞれの生活があり，話をしていない現段階で引っ越しの手配を手伝うというのは**誤り**である。

○3 　Lさんが現段階で夫の元に戻ることは危険であり，民間シェルターについて説明するのは**適切な対応**といえる。

○4 　Lさんが必要とする情報を提供し，今後の生活につい一緒に考えていくことは，**対応として適切**である。

×5 ハローワークで職業紹介が受けられることについて情報提供を行うことは問題ないが，現時点では**L**さんの身の安全が優先される。また，「行くことを促す」というのは不安を抱える**L**さんに寄り添った対応とはいえず，**不適切**である。

参照ページ 『合格教科書 2025』p.281　　　　　　　　　　　　　　　　　　　　　正解 3, 4

 事例検討，事例分析　　　　　　　　　　　　　　　　　　難 ●●○●● 易

**36 回-113** 事例分析の対象を手段的事例と固有事例に分けたとき，手段的事例の例として，**最も適切なものを 1 つ選びなさい。**

1　ソーシャルワーカーが担当しているクライエントの支援において，今後の方向性を考えるために，クライエントと共に事例分析をした。
2　新人のソーシャルワーカーが担当しているクライエントの支援過程について，指導的立場のソーシャルワーカーと一緒に，事例分析をした。
3　ソーシャルワーカーが担当している事例で，支援結果が良好なものがあったので，その要因を明らかにするため，事例分析をした。
4　ソーシャルワーカーが担当している事例で，複雑な問題を抱え支援が困難なクライエントがおり，事例分析をした。
5　ソーシャルワーカーが担当している地区で，高齢者から振り込め詐欺に関する相談が頻繁にあるため，研修を目的とした事例分析をした。

**選択肢考察**

×1
×2　　ソーシャルワーカーが個々に担当しているクライエントに関する事例は，**固有事例**である。
×3
×4

○5　手段的事例とは，**特定の課題やテーマを学ぶために選出された事例**のことである。本肢は高齢者の振り込め詐偽について学ぶ研修に用いる事例であるので，**手段的事例**である。

参照ページ 『合格教科書 2025』p.284　　　　　　　　　　　　　　　　　　　　　正解 5

 事例検討，事例研究　　　　　　　　　　　　　　　　　　難 ●●○●● 易

**34 回-107** 事例検討会進行の際の留意点に関する次の記述のうち，**最も適切なものを 1 つ選びなさい。**

1　事例提供者の心理状態や気持ちにも配慮しながら進行する。
2　検討の際，参加者の個人的な体験に基づいて検討するよう促す。
3　終了時刻が近づいてきても，検討が熱心に続いているのであれば，終了時刻を気にせず検討を継続する。
4　検討の論点のずれの修正は，参加者に委ねる。
5　経験の長さと発言の長さが比例するように話を振り，時間配分する。

○1　事例について様々な意見や見立てが語られるため，提供者の心理状態等に配慮するのは**適切である**。

×2　**参加者の個人的な体験ではなく，取り上げている事例に焦点を合わせて検討することが大切**である。

×3　会の進行をする職員は，タイムキーパーの役割も担っている。検討が続いて結果的に少し時間が延長することはあるかもしれないが，「終了時間を気にせずに」というのは誤りである。

×4　発言者の論点がずれてしまった際は，進行する職員が要約や質問などを用いて，事例検討の内容に戻すことが必要である。**修正を参加者に委ねる**というのは誤りである。

×5　参加者が皆同じ条件で検討できる環境を整える必要がある。「**経験の長さによって発言時間の配分をする**」というのは不適切である。

参照ページ　『合格教科書 2025』p.284 　　　　　　　　　　　　正解 1

## 総合的かつ包括的な支援の考え方（事例問題）　難 ●●●○●● 易

**36 回-116**　事例を読んで，Y 地域包括支援センターの C 社会福祉士が参加している認知症初期集中支援チームの対応として，**最も適切なもの**を 1 つ選びなさい。

〔事例〕
Y 地域包括支援センターに「夫の物忘れがひどく，指摘するとすぐに怒りだすことと，時折暴力を振るうことで困っている」と D さん（72 歳）から電話相談があった。その後，D さんが来所して夫の日常の様子を詳しく話した。夫に病院で受診をしてもらおうとしたが，「俺はどこも悪くないから病院には行かない」と拒否され，困っているという。そこで C は，認知症初期集中支援チームにおける対応が必要と考え，ケース会議の開催を要請した。
1　夫を刺激しないように，認知症サポーターと C が自宅を訪問する。
2　D さんが一人の時間を持てるように自宅を訪問し，夫の利用可能な認知症カフェの案内を手渡す。
3　夫の状態について，認知症サポート医から専門的知見による助言を求める。
4　夫の生活の様子を聞くために，介護福祉士と C が自宅を訪問する。
5　D さんへの暴力回避のために，保健所の職員と C が自宅を訪問する。

選択肢考察

　**認知症初期集中治療チーム**は，複数の専門職（**認知症サポート医，看護師，精神保健福祉士，介護福祉士，社会福祉士等**）で構成されており，まず，**認知症が疑われる人や認知症の人及びその家族を訪問**する。そして**アセスメント，家族支援などの初期の支援を包括的，集中的**（おおむね 6 か月）**に行い，自立生活のサポートを行う**。

×1　チーム員の中に認知症サポーター養成講座を受講したメンバーがいないとは言い切れないが，原則として初期対応にあたるのは**専門職**である。

×2　夫に会うことも話すこともしていない段階で，認知症カフェの案内を手渡すのは**不適切である**。

○3　チーム員である認知症サポート医に助言を求めるのは**適切である**。

×4　同事例においては，夫の物忘れがひどく，すぐに怒りだすなど，認知症の疑いがあることから，**まずは夫の状態について医学的な見地を得る**ことが優先されると推測される。

×5　厳密な定義があるわけではないが，地域包括支援センター等に配置される認知症初期集中治療チームのメンバーに**保健所の職員が含まれることは一般的ではない**。保健所の職員が初期対応を行うというのは現実的には考えづらい。

 ## 総合的かつ包括的な支援の考え方 難●●●●○易

**35回-116** 社会的排除の状態に置かれ，複雑困難な課題を抱えている利用者と家族に対するソーシャルワークに関する次の記述のうち，**適切なもの**を**2つ**選びなさい。

1 社会的排除の状態に置かれている利用者と家族に対して，プライバシーに配慮した上で，地域住民の協力を求め，利用者と家族の地域生活の継続を支援する。
2 利用者との距離を置き，客観的に状況を理解している同居をしていない家族の意向に基づき支援する。
3 人との関わりに抵抗のある利用者や課題を持つ家族が多いので，利用者と家族の生育歴や生活歴に特徴的に見られる課題に限定して情報収集をする。
4 時間をかけて関係づくりを行い，利用者と家族の意向を踏まえ，優先順位をつけて生活課題やニーズに対応していく。
5 利用者や家族のストレングスを見いだすため，利用者自身の弱さを内省するよう支援する。

### 選択肢考察

○1 クライエントと家族が住んでいる地域での生活を継続できるよう，**地域住民に協力を求めるのは適切である**。ただし事例にもある通り，**プライバシーへの配慮は欠かせない**。

×2 クライエントと家族がどのような生活をしていきたいかという意向を把握することなく，**同居をしていない家族の意向に基づき支援するのは，適切とはいえない**。

×3 クライエントや家族が社会的排除の状態に置かれ，複雑困難な課題を抱えている背景に成育歴や生活歴が無関係とは断言できないが，**現在の状況把握を行い支援について考えることが必要であり，過去にのみ着目するのは不適切である**。

○4 支援に繋げるためにアプローチしても，クライエントや家族には「本当に信頼してもよいのか」という葛藤が生じることは想像に難くない。**関係づくりには時間を要する覚悟をもつ必要がある**。

×5 クライエントや家族のストレングスが発揮されるためには，**継続的な接触により不安を払拭することから始めなければならない**。弱さを内省するように支援するというのは誤りである。

# 家族支援の実際（事例問題）

**34回-103** 事例を読んで，U病院のH医療ソーシャルワーカー（社会福祉士）のクライエントへの対応として，**適切なもの**を**2つ**選びなさい。

〔事 例〕
　Jさん（26歳，女性）の3歳になる娘は，先天性の肺疾患でU病院に入院中であったが，在宅療養に切り替えることになった。退院に際して，医師はJさんに，「ご自宅で長時間のケアをご家族が担うことになりますので福祉サービスの利用が必要になると思います」と伝え，相談室に行くように勧めた。Jさんは，「今のところ福祉サービスの利用は必要ないと思います」と返答したが，数日後，担当看護師に促されて相談室を訪れた。Jさんは，H医療ソーシャルワーカーに，「自分の子なので自分で看たいと思っています。誰にも任せたくないので，福祉サービスを利用するつもりはありません」と，うつむきながら告げた。

1　Jさんには福祉サービスの利用希望がないので，支援の必要がないと判断する。
2　Jさんに医師の指示なので面接する必要があると伝える。
3　Jさんが相談室に来たことをねぎらい，退院後の生活を一緒に考えたいと伝える。
4　Jさんにカウンセラーからカウンセリングを受けるように勧める。
5　Jさんに自分の役割や相談室の機能などについて説明する。

## 選択肢考察

×1　Jさんは自分で娘を看る意思を示しているが，どのような福祉サービスを利用することができるのかといった情報を持っていない状態である。支援の必要がないと判断するのは**適切ではない**。

×2　Jさんの意思を尊重するためにも，H医療ソーシャルワーカーはJさんの話にしっかり耳を傾ける姿勢があることを伝える必要がある。**医師の指示だから面接を行うわけではない**。

○3　戸惑いながらも相談室に足を運んだJさんをねぎらい，退院後のケアについてJさんに寄り添っていく姿勢を示そうとしているので，**適切である**。

×4　Jさんが疲弊しているような様子が見受けられたとしても，Jさんの話を聞くことすらしていない段階でカウンセリングを勧めるのは**適切ではない**。

○5　医療ソーシャルワーカーの役割や相談室の機能について伝えることは，Jさんの不安や緊張を和らげ，話をしやすい環境を整えることにつながるため**適切である**。

**参照ページ** 　『合格教科書2025』p.410　　　　　　　　　　　　　正解 3, 5

**33回-108** 事例を読んで，Uがん診療連携拠点病院のE医療ソーシャルワーカー（社会福祉士）による応答として，**適切なもの**を**2つ**選びなさい。

〔事例〕

Uがん診療連携拠点病院のE医療ソーシャルワーカーは，入院以来関わり続けてきた末期がん患者のFさん（48歳，男性）の妻Gさんから次のような相談を受けた。「夫も私も納得して，緩和ケアに変更して積極的な治療を行わないことを決めたのですが，もしかしたら明日効果的な薬が開発されるかもしれないし，果たしてその決断が正しかったのか。今後のことを考えると私は不安で不安で仕方がありません。今の私は亡くなっていく夫を支えていく自信がありません」と話した。

1 「心配ですね。でも，Fさんはすぐに亡くなると決まったわけではありませんよ」
2 「Gさんなら最後までFさんに寄り添う力がありますよ」
3 「決断に迷いがあるのですね。そのお気持ちをもう少しお話しいただけますか」
4 「おつらいですね。Fさんを支えていく手立てをご一緒に考えていきませんか」
5 「がんの最新の治療方法を調べてお教えしますね」

---

**選択肢考察**

×1 「すぐに亡くなると決まったわけではありません」とソーシャルワーカーが発言することは，Gさんの不安を取り除くことにはならず，**不適切**である。

×2 「今の私は亡くなっていく夫を支えていく自信がありません」という発言から，Gさんの感情を受け入れる**傾聴・受容**が求められる。ソーシャルワーカーの根拠のない励ましは**不適切**である。

○3 GさんはFさんと話して緩和ケアの変更を選択したものの，投薬治療も諦めきれないという葛藤を抱えており，E医療ソーシャルワーカーはまず**その想いを受容する**ことが大切である。この場面の対応として**適切**である。

○4 Gさんの感情を受け入れる**傾聴・受容**の関わりである。また，**状況把握**の質問として「一緒に考えていきませんか」と尋ねることは，対処の方法や試みを考える共同作業につながる。

×5 Gさんは「亡くなっていく夫を支えていく自信がない」と話していることから，最新の治療法を調べることは不安の解消にはつながらない。**医学的知見や治療に関する情報は医師から伝えてもらう。**

 参照ページ 『合格教科書2025』p.274, 410　　　　　　　　　正解 3, 4

# 家族支援の実際（事例問題）

**35回-117** 事例を読んで，Z放課後等デイサービスのG児童指導員（社会福祉士）による，Hさんへの面接に関する次の記述のうち，**適切なもの**を**2つ**選びなさい。

〔事 例〕

Hさん（28歳，女性）は，長女Jさん（8歳）と二人暮らしで，Jさんには発達障害がある。ある日Jさんが，通っているZ放課後等デイサービスで，他の子のおやつを食べてしまった。Jさんは，「お腹がすいて我慢ができなかった」と訴えた。G児童指導員の呼び掛けに応じた面談でHさんは，「Jが大事で頑張っているけど，子育てがちゃんとできない自分が嫌」と話した。

1 「Jちゃんと少し距離を置くために，施設入所も検討してみませんか」と意向を聞く。
2 「Jちゃんを大事だと思って，あなたはよく頑張っていますね」と承認する。
3 「家事を手伝ってくれる子育て短期支援事業を利用してはどうですか」と意向を聞く。
4 「子育ての方法を教えてくれるペアレント・トレーニングを受けるという方法もありますよ」と情報提供する。
5 「Jちゃんにとって大事なお母さんなんだから，しっかりしましょう」と励ます。

## 選択肢考察

×1　HさんはJさんのことが大事で，子育てをちゃんとしたいという思いをもっている。**施設入所を勧めるのは不適切**である。

○2　Jさんの思いを受け止めており，**適切な応答**である。

×3　子育て短期支援事業は，**保護者の疾病その他の理由により家庭において養育を受けることが一時的に困難となった児童**を，児童養護施設等の施設に入所させ，又は里親等に委託し，必要な保護を行う（児童福祉法第6条の3第3項）。家事を手伝ってくれる事業ではなく，**Hさんへの提案として不適切**である。

○4　ペアレント・トレーニングは，**知的障害や発達障害の子どもたちの親を対象に，理解を深め，その子に合った療育の方法等について，理論と実践を通して学ぶプログラム**である。Jさんには発達障害があり，Hさんはその対応について悩んでいるため，**情報提供を行うのは適切**である。

×5　Hさんが「子育てがちゃんとできない自分が嫌」という想いを打ち明けたことに対し，G指導員が「しっかりしましょう」と返すのは，**Hさんの想いに寄り添っておらず，突き放しているような印象を与えてしまいかねない**。よって，**不適切**である。

## 参照ページ　『合格教科書 2025』p.203, 350　　　　正解 2, 4

## 家族支援の実際（事例問題）

難 ●●●●○●● 易

**34回-101** 事例を読んで，Z障害者支援施設のF生活支援員（社会福祉士）が行ったこの段階におけるクライエントへの対応として，**最も適切なもの**を**1つ**選びなさい。

〔事　例〕

　Gさん（58歳）は半年前に脳梗塞を起こし左半身に障害がある。現在，社会復帰を目指しZ障害者支援施設に入所している。家族は夫だけだったがその夫は10日前に病死した。葬儀が終わり戻ってきたGさんは意気消沈し精神的に不安定な状態だった。さらに不眠も続き食事もとれなくなっていた。そこでF生活支援員はGさんの部屋を訪問した。するとGさんは，「退所後の夫との生活を楽しみに頑張ってきたのに，これから何を目標に生きていけばいいのか」と涙をこらえながら話してくれた。

1　不眠は健康に悪いので日中の活動量を増やすように指導する。
2　悲しみが溢れるときには，気持ちを抑えることはせず，泣いてもいいと伝える。
3　夫が亡くなった現実を直視し，落胆しすぎに頑張るように励ます。
4　もう少し我慢し耐えていれば，きっと時間が解決してくれると伝える。
5　今までのリハビリの努力を認め，退所後に描いていた生活の一端をかなえるためにも，リハビリに集中するように伝える。

**選択肢考察**

×1
×3  　夫を亡くして意気消沈し，精神的に不安定な状態にあるGさんに対し，指示的な対応をとることは
×5  　**適切ではない**。まずはGさんの話に耳を傾けることが重要である。

○2　Gさんの悲しみをそのまま受け止める姿勢を示しているので，**適切である**。

×4　悲しみの真っ只中にいるGさんに対して主観的な励ましの言葉をかけるのは，支援者の対応として**適切とはいえない**。

**参照ページ** 『合格教科書2025』p.274　　　　　　　　　　　　　　　　　　　　　　　正解 **2**

---

## 家族支援の実際（事例問題）

難 ●●●●○●● 易

**33回-102** 事例を読んで，N市の地域包括支援センターのJ社会福祉士の初回面接の対応に関する次の記述のうち，**適切なもの**を**2つ**選びなさい。

〔事　例〕

　J社会福祉士は，初めて地域包括支援センターに来所したKさん（66歳，女性）の相談を受けた。「娘が結婚して家を出て以来，夫と二人で暮らしてきました。1年前に夫が定年で退職した頃から，夫が塞ぎ込み不眠にも悩まされるようになりました。V病院を受診していますが，一向に良くなりません。私にささいなことで怒鳴ることがあり，どうしたらいいか分かりません」と不安そうに話した。

1　夫婦間の問題であるため，配偶者暴力相談支援センターに相談するよう伝える。
2　夫の不眠の症状を改善させる方法をアドバイスする。
3　Kさんが問題や不安を落ち着いて語れるように心掛ける。
4　V病院にKさんの夫の医療情報を照会する。
5　Kさんに対して地域包括支援センターの役割について説明する。

×1　「ささいなことで怒鳴る」という言葉だけで配偶者暴力相談支援センターに相談に行くよう伝えることは**不適切である**。

×2　夫の不眠の症状を改善させる方法をアドバイスすることは**不適切である**。クライエントは，夫の現状について「どうしたらいいか分かりません」と不安を抱えていることから，夫の状況や K さんの不安に関するアセスメントが必要である。

○3　**初回面接（受理面接：インテーク）**では，K さんの言葉を**傾聴**し，落ち着いて話ができる環境作りを心がける。

×4　夫の医療情報は個人情報であり，**本人の許可なく照会することはできない**。

○5　初回面接（受理面接：インテーク）では，**地域包括支援センターの機能やソーシャルワーカーがクライエントにできる援助について説明することは適切である**。

参照ページ　『合格教科書 2025』p.270, 272　　　　　　　　　　　　　　　　　正解 3, 5

 **地域支援の実際（事例問題）**

**34回-117**　事例を読んで，W 地域包括支援センターの C 社会福祉士のこの時点での対応に関する次の記述のうち，**適切なもの**を **2 つ**選びなさい。

〔事 例〕
　W 地域包括支援センターの C 社会福祉士は，日常生活圏域の「協議体」の終了後，一緒に参加していた D 民生委員から，1 年ほど前に妻を亡くして一人暮らしの E さん（85 歳）について相談を受けた。D 民生委員は E さんをふれあいサロンに誘うなど気に掛けているが，E さんは外出を嫌がっている。最近も D 民生委員が自宅を訪ねると，床一面ゴミだらけで悪臭がし，ねずみが動くのも見えた。E さんは顔色も悪く足を引きずりながら出てきて，「俺のことは放っておいてくれ」とつぶやいたという。
1　D 民生委員に，民生委員児童委員協議会の定例会で対応策を協議して決めるようアドバイスする。
2　D 民生委員が誘っているふれあいサロンに参加するよう，C 社会福祉士が E さんを説得する。
3　D 民生委員も含めて多機関で E さんへの対応について検討するため，地域ケア会議の開催準備をする。
4　D 民生委員に同行して E さん宅を訪ね，本人の健康に気遣いながら生活課題を把握する。
5　D 民生委員も参加する協議体で，E さんに対応できる新しいサービスを開発する。
(注)　ここでいう「協議体」とは，介護保険の生活支援・介護予防サービスの体制整備に向けて，市町村が資源開発を推進するために設置するものである。

選択肢考察

×1　民生委員法第 24 条第 1 項によると，**民生委員協議会（民生委員児童委員協議会）の任務**は，民生委員の担当区域を定める，職務に関する連絡調整，関係行政機関との連絡などであり，対応策を協議する場として適切ではない。

×2　E さんはふれあいサロンへの参加を嫌がっており，C 社会福祉士との信頼関係も築けていない。今の状態で C 社会福祉士が E さんを説得するというのは**不適切である**。

○3　介護保険法第 115 条の 48 第 2 項によると，**地域ケア会議**では，支援対象被保険者への，適切な支援を図るために必要な検討を行うとともに，支援対象被保険者が地域において自立した日常生活を営むために必要な支援体制に関する検討を行うとされている。E さんへの支援について検討する必要がある段階

ソーシャルワークの理論と方法（専門）

なので，**適切といえる。**

○4 **C** 社会福祉士は **E** さんの現状について，**さらに情報収集を行う必要がある。D** 民生委員とともに **E** さん宅を訪ね，生活課題を把握するのは**適切である。**

×5 既存のサービスでは対応が難しく，複数のケースで同様の需要があるなどといった場合は，新しいサービスの開発が必要という判断になる場合もある。しかし，事例の **E** さんの体調や家の状態等を考慮すると，できるだけ早く介入することが重要であると思われる。この段階でのサービス開発という判断は**適切ではない。**

参照ページ 『合格教科書 2025』p.348, 349 正解 3, 4

---

 地域支援の実際（事例問題）

**33回-118** 事例を読んで，Q 市社会福祉協議会の **A** ソーシャルワーカー（社会福祉士）の対応に関する次の記述のうち，**最も適切なもの**を 1 つ選びなさい。

〔事 例〕

Q 市社会福祉協議会で民生委員協議会の支援に従事する **A** ソーシャルワーカーは，市内の地区民生委員協議会の **B** 会長から相談を受けた。最近，民生委員協議会の定例会で，個別のケースで対応に困る事例が増えていることや，市からの地域活動への協力依頼が多く負担が重いという意見が出てきており，会長としてどのように対応すればよいか悩んでいるとのことだった。

1 困難な問題を抱える家庭の個別対応については，住民懇談会で広く協議することを提案する。
2 どうすれば負担が軽減できるか，上部団体である Q 市社会福祉協議会へ解決を委任する。
3 地域活動に対する民生委員協議会の関わり方については，自治会・町内会で計画を立てることを促す。
4 市の担当職員を定例会に呼び，市からの協力依頼についてどうすれば負担が軽減できるか協議する。
5 負担感を訴える民生委員の代わりに，新たに民生委員になれる人を探す。

---

選択肢考察

×1 困難を抱えている家庭の状況については**守秘義務**が求められる。「住民懇談会で広く協議」することは不適切である。「民生委員児童委員協議会」（略称：民児協）では，月に 1 回以上の「定例会」を開催し，会員である民生委員・児童委員同士の連携を図るとともに，困難な課題を抱える世帯への支援の方法等についての検討も行っている。

×2 民生委員は厚生労働大臣の委嘱を受けて活動を行っている。**社会福祉協議会とは，連携を図りながら活動を行う**ことになっている。社会福祉協議会との上下関係はないため，「上部団体である Q 市社会福祉協議会へ解決を委任する」は不適切である。

×3 すべての民生委員・児童委員は，市町村の一定区域ごとに設置される「民生委員児童委員協議会」（略称：民児協）に所属し活動をしている。**民児協は，地域福祉の推進に向け，それぞれが地域特性を踏まえつつ定める活動の重点方針，また毎年度の事業計画に基づいて活動を進める**ため，「自治会・町内会で計画を立てることを促す」は不適切である。

○4 市からの地域活動への協力依頼が多く負担が重たいという意見に対して，月に 1 回以上開催されている「定例会」で，**協議する場を設けること**は適切である。

×5 「困難事例が増えている」ことから，月に 1 回以上開催されている**「定例会」**で，**協議することが望ましい。**「新たに民生委員になれる人を探す」ことは，欠員の補充にはつながるが，負担感の軽減にはなら

ない。

参照ページ 正解 4

## 非常時や災害時支援の実際（事例問題） 難 ●●●○●● 易

**36回-114** 事例を読んで，N市社会福祉協議会のM職員（社会福祉士）の対応として，**適切なものを2つ**選びなさい。

〔事 例〕

　N市社会福祉協議会は，N市から避難行動要支援者への支援に関して委託事業を受けている。Mは，その事業のコーディネート役を担当しており，N市が海岸線の近くにあり，高台が少ないことから，大地震の際の津波などによる被害を心配している。Mは，日頃から「備えあれば憂いなし」と周りの職員たちに言い，避難行動要支援者を中心にした，平常時からのネットワーキングがN市には必要と考えて，支援活動をしている。

1　近隣の住民に声をかけ，避難行動要支援者と一緒に避難訓練を行う。
2　災害発生に備えて，避難行動要支援者名簿を地域の全戸に配布する。
3　自力で避難できるよう，避難行動要支援者を個別に訪問して指導する。
4　避難支援等関係者よりも，避難行動要支援者の安全確保を最優先するよう関係者に指示する。
5　避難支援等関係機関と一緒に福祉避難所を確認する機会をもつ。

### 選択肢考察

○1　ネットワーキングを目的とした平常時の取り組みとして，**一緒に避難訓練を行うことは適切**である。

×2　災害対策基本法第49条の11第2項に「市町村長は，災害の発生に備え，避難支援等の実施に必要な限度で，**消防機関，都道府県警察，民生委員，市町村社会福祉協議会，自主防災組織**その他の避難支援等の実施に携わる関係者（避難支援等関係者）に対し，名簿情報を提供するものとする。ただし，**当該市町村の条例に特別の定めがある場合を除き，名簿情報を提供することについて本人の同意が得られない場合は，この限りでない**」と規定されている。緊急時はこれと異なる規定が適用される場合もあるが，いずれにせよ，**避難行動要支援者名簿を全戸配布するのは不適切**である。

×3　避難行動に支援が必要な市民（避難行動要支援者）に**自力避難を指導するのは不適切**である。

×4　**最優先するよう関係者に指示するというのは不適切**である。どう連携すれば皆が混乱せず避難できるか，関係者等と相談し，訓練し，備えておくことがMや社会福祉協議会の役割である。

○5　**福祉避難所を事前に確認，把握しておくことは適切**である。

参照ページ　『合格教科書2025』p.194 正解 1,5

ソーシャルワークの理論と方法（専門）

# 福祉サービスの組織と経営

● 内容一覧 ●

| 出題項目 | 国試回数 | 内容一覧 | 事例 | 頁 |
|---|---|---|---|---|
| 福祉サービスを提供する組織 | 36 回-119 | 社会福祉法人制度 | | 131 |
| | 35 回-119 | 社会福祉法人制度 | | 131 |
| | 35 回-120 | 特定非営利活動法人制度 | | 132 |
| | 34 回-119 | 特定非営利活動法人 | | 133 |
| | 35 回-121 | その他の組織や団体 | | 134 |
| 組織運営に関する基礎理論 | 36 回-123 | アカウンタビリティとコンプライアンス | | 135 |
| | 35 回-122 | 組織に関する基礎理論 | | 135 |
| | 35 回-123 | 経営に関する基礎理論 | | 136 |
| | 34 回-120 | 組織，集団力学リーダーシップに関する基礎理論 | | 137 |
| チームに関する基礎理論 | 36 回-121 | 集団内コンフリクト | | 137 |
| リーダーシップに関する基礎理論 | 34 回-121 | リーダーシップに関する基礎理論 | | 138 |
| 経営体制 | 36 回-120 | 科学的管理法 | | 139 |
| 適切な福祉サービスの管理 | 34 回-124 | 苦情対応とリスクマネジメント | | 140 |
| | 35 回-125 | 福祉サービス提供組織のコンプライアンスとガバナンス | | 140 |
| 会計管理と財務管理 | 34 回-123 | 会計管理と財務管理 | | 141 |
| | 32 回-125 | 財務諸表の理解 | | 142 |
| | 36 回-122 | ファンドレイジング | | 143 |
| 福祉人材の育成 | 36 回-124 | 人材育成の手法 | ★ | 143 |
| | 35 回-124 | 働きやすい労働環境の整備 | | 144 |
| 福祉人材マネジメント | 34 回-122 | 人事・労務管理 | | 145 |
| 働きやすい労働環境の整備 | 36 回-125 | 「育児・介護休業法」 | | 146 |
| | 34 回-125 | サービス管理 | | 147 |

# 傾向と対策

過去問の傾向を知り，適切な対策を！

● 傾向分析表【福祉サービスの組織と経営】 ●

| 項 目 名 | 第36回 | 第35回 | 第34回 | 第32回 | 問題数 |
|---|---|---|---|---|---|
| 福祉サービスを提供する組織 | ● | ●●● | ● | | 5 |
| 組織運営に関する基礎理論 | ● | ●● | | | 4 |
| チームに関する基礎理論 | ● | | | | 1 |
| リーダーシップに関する基礎理論 | | | ● | | 1 |
| 経営体制 | ● | | | | 1 |
| 適切な福祉サービスの管理 | | ● | ● | | 2 |
| 会計管理と財務管理 | ● | | ● | ● | 3 |
| 福祉人材の育成 | ● | ● | | | 2 |
| 福祉人材マネジメント | | | ● | | 1 |
| 働きやすい労働環境の整備 | ● | | ● | | 2 |
| 問 題 数 | 7問 | 7問 | 7問 | 1問 | 22問 |

## ●傾向と対策

　出題頻度が高い社会福祉法人制度や特定非営利活動法人制度は，法的に規定される内容や近年の政策動向が出題されている。集団力学，組織，経営戦略，福祉人材の育成などの基礎理論のいずれかは出題される傾向にあり，幅広い組織の理論や経営の理論の基礎知識が求められる。さらに，働きやすい労働環境の整備や適切なサービス提供体制の確保の出題頻度も高い。

　出題範囲が広く細かな制度を問うような問題や，経営理論，会計管理と財務管理に関連する難しい問題も出題される傾向にある科目である。

　なお，現場ではコーチングやスーパービジョン，職員のメンタルヘルス対策，育児休業・介護休業の取得が重視される傾向にある。近年の働向として「福祉人材のマネジメント」にも注目したい。

## ●頻出項目
### ①福祉サービスに係る組織や団体の概要と役割
　社会福祉法及び特定非営利活動促進法

　社会福祉法人の出題が多く，特定非営利活動法人が続く。設立要件，所轄庁，役員や理事会，業務決定や事業内容等が問われる。
### ②福祉サービスの組織と運営に係る基礎理論
　組織，組織管理，経営戦略，集団，リーダーシップ等の諸理論が出題される。
### ③福祉サービス提供組織の経営と実際
　コンプライアンス，ガバナンスの方針や考え方とともに，働きやすい労働環境の整備に関連し，労働基準法，労働安全衛生法，男女雇用機会均等法，育児・介護休業法等の労務管理や労働者の権利に関連する制度について，細かな項目まで出題される。

## 福祉サービスを提供する組織

**36回-119** 社会福祉法人に関する次の記述のうち，**正しいもの**を **2つ**選びなさい。

1 主たる事務所の所在地において設立の登記をすることによって成立する。
2 収支計算書の公表は任意である。
3 他の社会福祉法人と合併することはできない。
4 評議員，評議員会，理事，理事会，監事を設置することが義務づけられている。
5 評議員は無報酬でなければならない。

### 選択肢考察

○1　社会福祉法人は，**その主たる事務所の所在地において設立の登記**をすることによって成立する（社会福祉法第34条）。

×2　計算書類は**公表しなければならない**。2016（平成28）年の社会福祉法人制度改革において，定款，貸借対照表，収支計算書，役員報酬基準を公表対象とすることとされた（「社会福祉法人制度改革について」厚生労働省）（同法第59条の2）。

×3　社会福祉法人は，**他の社会福祉法人と合併することができる**（同法第48条）。この場合においては，合併をする社会福祉法人は，合併契約を締結しなければならない。

○4　社会福祉法人は，**評議員，評議員会，理事，理事会及び監事を置かなければならない**（同法第36条）。

×5　社会福祉法人は，理事，監事及び評議員に対する報酬等について，厚生労働省令で定めるところにより，評議員会の承認を受けた報酬等の支給の基準に従って，その**理事，監事及び評議員に対する報酬等を支給しなければならない**（同法第45条）。

### 参照ページ　『合格教科書2025』p.412〜414, 417　　　　　　　　　　　　　　　正解 1, 4

福祉サービスの組織と経営

## 福祉サービスを提供する組織

**35回-119** 社会福祉法人の組織体制に関する次の記述のうち，**最も適切なもの**を **1つ**選びなさい。

1 社会福祉法人は，定款，貸借対照表，収支計算書，役員報酬基準等を公表しなければならない。
2 社会福祉施設を経営している社会福祉法人において，当該施設の管理者は法人の理事になることは禁止されている。
3 社会福祉法人は収益事業を行うことが禁止されている。
4 社会福祉法人における評議員の選任・解任は，定款に定めることにより，理事長や理事会が決定することが可能である。
5 社会福祉法人は，理事長以外に業務執行理事を評議員会で選定することができる。

### 選択肢考察

○1　2016（平成28）年社会福祉法人制度改革にて，**定款，貸借対照表，収支計算書，役員報酬基準等を公表対象とすること**とされた（「社会福祉法人制度改革について」厚生労働省　平成28年社会福祉法改正に関する説明　厚生労働省HP）（社会福祉法第59条の2）。

×2　社会福祉法第40条の2の規定には，評議員は，役員又は当該社会福祉法人の職員を兼ねることができないとあるが，社会福祉法第44条の4には，理事のうちには，当該社会福祉法人が施設を設置している場合にあっては，**当該施設の管理者が含まれなければならない**と定められている。

×3　社会福祉法第26条の規定により，社会福祉法人は，その経営する社会福祉事業に支障がない限り，公益事業又はその**収益を社会福祉事業若しくは公益事業の経営に充てることを目的とする事業**（収益事業）を行うことができる。

×4　社会福祉法第39条の規定に，評議員は，社会福祉法人の適正な運営に必要な識見を有する者のうちから，**定款の定めるところにより選任する**とあり，理事長や理事会が決定するのではない。

×5　社会福祉法第45条の16に，理事長以外の理事であって，**理事会の決議によって**社会福祉法人の業務を執行する理事として選定されたものとある。理事の選定は理事会の決議によると定められている。

 参照ページ　『合格教科書2025』p.412〜414，417　　　　　　　　　　　　　　　　　　　　正解 1

---

## 福祉サービスを提供する組織　　　　　　　　　　難●●○●●●易

**35回-120**　特定非営利活動法人の組織運営に関する次の記述のうち，**正しいもの**を1つ選びなさい。

1　特定非営利活動法人における最高意思決定機関は，評議員会である。
2　特定非営利活動法人において役員に報酬を支払うことができるのは，役員総数の半数までである。
3　特定非営利活動法人は，その主たる活動の目的を，政治上の主義を推進，支持，反対するための活動とすることができる。
4　特定非営利活動法人は，法律に定められた要件を満たし，必要な書類を添えて所轄庁に申請し，審査を経て認可された後，登記することによって成立する。
5　特定非営利活動法人は，その社員の資格の得喪に関して不当な条件を付してはならず，加入や脱退の自由を保障する必要がある。

---

選択肢考察

×1　特定非営利活動促進法第14条の5に，特定非営利活動法人の業務は，定款で理事その他の役員に委任したものを除き，**すべて社員総会の決議によって行う**とあり，最高意思決定機関は社員総会とされている。

×2　特定非営利活動促進法第2条に，**役員のうち報酬を受ける者の数が，役員総数の三分の一以下である**こととある。この法律においての「特定非営利活動」とは，別表に掲げる活動に該当する活動であって，不特定かつ多数のものの利益の増進に寄与することを目的とするものをいう。

×3　特定非営利活動促進法第2条に，**政治上の主義を推進し，支持し，又はこれに反対することを主たる目的とするものでないこと**とある。

×4　特定非営利活動促進法第10条に，特定非営利活動法人を設立しようとする者は，都道府県又は指定都市の条例で定めるところにより，申請書を所轄庁（都道府県知事又は指定都市の長）に提出して，**設立の認証を受けなければならない**，とあり，**認証を受けるものであり，認可ではない**。認可は法律による要件を満たし所轄庁の認可を得て設立する規制が厳しい方式で，社会福祉法人などの設立が当てはまる。認証は設立のための要件が緩く，所轄庁（都道府県知事又は指定都市の長）は法律に定める要件の確認と認証を行う方式で特定非営利活動法人がこれに当てはまる。

○5　特定非営利活動促進法第2条に，**社員の資格の得喪に関して，不当な条件を付さないこと**とあり，社

員の加入・脱退の自由を保障する必要がある。

参照ページ 『合格教科書 2025』p.415〜417  正解 5

◆特定非営利活動

1　保健，医療又は福祉の増進を図る活動
2　社会教育の推進を図る活動
3　まちづくりの推進を図る活動
4　観光の振興を図る活動
5　農山漁村又は中山間地域の振興を図る活動
6　学術，文化，芸術又はスポーツの振興を図る活動
7　環境の保全を図る活動
8　災害救援活動
9　地域安全活動
10　人権の擁護又は平和の推進を図る活動
11　国際協力の活動
12　男女共同参画社会の形成の促進を図る活動
13　子どもの健全育成を図る活動
14　情報化社会の発展を図る活動
15　科学技術の振興を図る活動
16　経済活動の活性化を図る活動
17　職業能力の開発又は雇用機会の拡充を支援する活動
18　消費者の保護を図る活動
19　前各号に掲げる活動を行う団体の運営又は活動に関する連絡，助言又は援助の活動
20　前各号に掲げる活動に準ずる活動として都道府県又は指定都市の条例で定める活動

 **福祉サービスを提供する組織**

**34回-119** 特定非営利活動法人に関する次の記述のうち，**最も適切なもの**を1つ選びなさい。

1　内閣府の2023年（令和5年）9月30日現在の統計によると，特定非営利活動法人が行う事業のうち，最も多いのは，「社会教育の推進を図る活動」である。 改変
2　特定非営利活動法人の設立認証等を行う所轄庁は，内閣府である。
3　特定非営利活動法人の設立に当たっては，社会福祉事業を実施するために必要な財産を保有していなければならない。
4　特定非営利活動法人は，地方公共団体の議会の議員候補者を推薦したり，支持したりする目的で設立することはできない。
5　特定非営利活動法人の監事は理事の中から選任される。

選択肢考察

×1　特定非営利活動法人の活動分野で最も多いのは「**保健，医療又は福祉の増進を図る活動**」である。 改変
　　2021年（令和3年）3月31日現在→2023年（令和5年）9月30日現在〕
×2　特定非営利活動法人の設立は，特定非営利活動促進法第10条に規定する書類を，第9条に規定する所轄庁へ提出することで認証される。そして，第9条で規定される所轄庁は，その主たる事務所が所在す

る**都道府県の知事**である（その事務所が1つの指定都市の区域内にのみ所在する場合は，当該指定都市の長となる）。

×3 特定非営利活動法人の認証の基準等は，特定非営利活動促進法第12条に規定されるが，そこに社会福祉事業を実施するために必要な**財産は求められていない**。

○4 特定非営利活動促進法第2条第2項第2号の規定により，「政治上の主義を推進し，支持し，又はこれに反対することを主たる目的」として設立することはできない。

×5 特定非営利活動促進法第19条の規定により，**監事は理事または職員を兼務することはできない**。

 **参照ページ** 『合格教科書2025』p.415〜417  **正解 4**

---

 ## 福祉サービスを提供する組織

**35回-121** 福祉や医療サービスを提供している組織・団体に関する次の記述のうち，**最も適切なもの**を1つ選びなさい。

1 社会医療法人は，収益業務を行うことが禁止されている。
2 株式会社は，都道府県知事への届出によって児童養護施設を設置することができる。
3 医療法人は，都道府県知事への届出によって特別養護老人ホームを設置することができる。
4 福祉活動を行う市民団体は，法人格を取得しなければならない。
5 医療法人は，剰余金の配当をすることが禁止されている。

---

**選択肢考察**

×1 医療法第42条に，社会医療法人はその開設する病院，診療所，介護老人保健施設又は介護医療院の業務に支障のない限り，定款又は寄附行為の定めるところにより，その収益を当該社会医療法人が開設する病院，診療所，介護老人保健施設又は介護医療院の**経営に充てることを目的として，厚生労働大臣が定める業務（収益業務）を行うことができる**とあり，収益業務は禁止されていない。なお，社会医療法人は公益性の高い医療法人であり，収益事業の法人税率も軽減される。

×2 児童養護施設を含む児童福祉施設は，親の死亡や行方不明，病気療養中，親による虐待などにより，**親による利用契約ができない，または不適当な場合に，子どもを公の責任の下に保護する仕組み，即ち措置制度**による。営利目的の株式会社には馴染まないものと考える。

×3 医療法第39条の規定により，医療法人は，病院，診療所，介護老人保健施設又は介護医療院を開設できる。また，医療関係者の養成または再教育，医学又は歯学の研究所の設置，**高齢者専用賃貸住宅，有料老人ホームの設置ができる**。特別養護老人ホームの設置は規定に含まれていない。

×4 福祉活動を行う市民団体とは，ボランタリーな（自発的な）福祉活動団体を指す。あくまで自発的な団体であり，**必ずしも法人格を取得している必要はない**。1998（平成10）年制定の特定非営利活動促進法によって，法人格の取得により，社会的な信用と安定的な活動を図れるようになった（明路咲子「地域福祉の推進組織・団体」，井岡勉他編著『地域福祉概説第8章』p.209，明石書店，2003年）。また，全国社会福祉協議会地域福祉部会HPには，NPO法人設立の相談もできるとあり，法人格を取得せずに活動している団体もあることが分かる。

○5 医療法第54条の規定により，**医療法人は，剰余金の配当をしてはならない**。

 **参照ページ** 『合格教科書2025』p.418, 419 **正解 5**

## 組織運営に関する基礎理論

 難●●○●●●易

**36回-123** 福祉サービス提供組織の運営に関する次の記述のうち，**適切なもの**を**2つ**選びなさい。

1 アカウンタビリティとは，ステークホルダーに対する説明責任を指す。
2 社会福祉法人における評議員会とは，法人の日常的な業務執行の決定などを行う機関である。
3 社会福祉法人の監事には，法人の評議員会の業務執行を監査し，その内容について監査報告書を作成する役割がある。
4 コンプライアンスとは，組織が法令や組織内外のルールを守ることにより，社会的責任を果たすことをいう。
5 社会福祉法人における理事会とは，定款の変更や役員の選任などの体制の決定を行う機関である。

### 選択肢考察

○1 **アカウンタビリティ**は，経済学では利害関係者（ステークホルダー）に対する**会計上の説明責任**を意味する。

×2 法人の業務執行の決定は，評議員会ではなく**理事会の役割**である（社会福祉法第45条13）。評議員会は法人運営の基本ルール・体制を決定するとともに**法人運営を監督する機関**として位置付けられている。

×3 監事は，評議員会ではなく，**理事の職務の執行を監査**する。監査報告書は作成する（同法第45条18）。

○4 **コンプライアンス**の説明として適切である。**法令順守**の他，**倫理的で公平公正な組織活動を行い，社会的責任を果たす**ことが意図される。

×5 定款の変更は，**評議員会の決議**によらなければならない（同法第45条36）。役員及び会計監査人は，評議員会の決議により選任する（同法第43条）。法人運営のルール・体制の決定は，理事会ではなく評議員会の役割である。

**参照ページ** 『合格教科書2025』p.427　　　　　　　　　　　　　　　　**正解 1, 4**

## 組織運営に関する基礎理論

 難●●●●○●易

**35回-122** 組織運営やその原則に関する次の記述のうち，**最も適切なもの**を**1つ**選びなさい。

1 コンフリクトは，集団に肯定的な影響を与えることはなく，組織運営に非生産的な結果をもたらすので回避する必要がある。
2 事業部制組織は，職能別管理をすることによって，組織の統制が向上するメリットがある。
3 各構成員に対する指示・命令は，複数の者によって多面的に行う必要がある。
4 従業員が意思決定を行うことができる権限の範囲と，それに対応した職務に対する責任の範囲は，等しくなるようにしなければならない。
5 管理者は，例外的で高度な業務のみならず，定型的で反復的な業務についても行わなければならない。

### 選択肢考察

×1 コンフリクトは，**組織の活性化や新しい価値の創造に役立つ**ことがあるため，正の影響を与えるコンフリクトを積極的に活用できる体制が望ましい。

×2 事業部制組織と職能性組織を混同した記述である。**事業部制組織は，障害福祉サービス事業など，事

福祉サービスの組織と経営

業ごとに分けた組織であり，1つの事業部が業務プロセスの最初から最後までを担当する。**職能性組織とは，人事，営業，製造，支援担当など遂行する職務ごとに部門編成する組織**のことである。事業部制組織は事業ごとに独立しており，責任が明確で，事業間の競争が期待できるが，他事業と協働しにくいデメリットがある。職能別組織は，従業員が担当業務の専門家になり得る。

×3　組織づくりの5つの原則のうち「命令統一性の原則」に反する。**命令統一性の原則とは，指示を出す人を一人に統一することで現場の混乱を防ぐ組織づくりの原則である。**

○4　組織作りの5つの原則における「権限責任一致の原則」である。**権限の大きさと責任の量は同じ量でなくてはいけない。**権限が不十分なまま重い責任を課されても，役割を果たせない。権限が過大となっても資源の無駄遣いや職権乱用が起こり得る。

×5　組織づくりの5つの原則のうち権限委譲の原則に反する。権限委譲の原則とは，**定型業務は部下に委譲し，管理者，上司は非定型業務に専念すべき**という原則である。業務の明確化を図ったうえで部下の自主性も尊重することで，部下の育成につながる。組織づくりの原則にはほかに，「専門化の原則」と「統制範囲の原則」がある。専門化の原則とは，従業員を似た業務に就かせて，技能向上により業務の効率化を図るというものである。統制範囲の原則とは，スパンオブコントロールとも呼び，管理者が管理する部下の人数をコントロールすることである。部下が多すぎると，業務を把握できなくなりトラブル発生の要因となるため，それを防ぐべきという原則である。

 参照ページ　『合格教科書2025』p.422　　　　　　　　　　　　　　　　　　　　　　　　正解 4

---

## 組織運営に関する基礎理論

35回-123　福祉サービスの経営に関する次の記述のうち，**最も適切なもの**を1つ選びなさい。

1　CSR（Corporate Social Responsibility）は，福祉サービス事業者には求められない。
2　ドメイン（事業領域）は，単一の制度や限定された利用者を対象として設定しなければならない。
3　バランス・スコアカード（Balanced Score Card）とは，財務だけでなく，顧客，業務プロセス，従業員の学習・育成といった各視点から企業実績を評価する仕組みである。
4　経営における戦略とは，短期的な観点による目標を設定し，日々の業務を遂行するための方策のことである。
5　CSV（Creating Shared Value）とは，社会的な課題を解決するところから生まれる社会価値を，事業者の経済価値に優先する考え方である。

選択肢考察

×1　CSRとは企業の社会的責任と訳される。**企業の労働環境の改善や地域貢献**を指す。福祉事業者にも求められる性質の取組である。

×2　事業ドメインとは，自社の持つ強みを生かし，**市場への新たな働きかけを行い成長の機会を発見，創造すること**を指す。限定された利用者を対象とするのではなく，新たな利用者を開拓するものである。

○3　バランス・スコアカードとは，**企業業績を，財務的視点，顧客の視点，業務プロセスの視点，従業員の学習と成長の視点から幅広く定義し，**バランスを保ちながら評価する仕組みのことである。

×4　「戦略」は**比較的長い時間軸で示す大局的な方針**のことである。「戦術」は短期的な観点による，戦略を実現するための方策のことを指す。

×5　CSVは，**社会的な課題を本業で解決することで事業機会を生み出し，自社の利益の最大化を図る考え方**のことである。事業者の経済価値に，社会価値を優先するわけではない。

参照ページ　『合格教科書2025』p.423　　　　　　　　　　　　　　　　　　　　　　　正解 3

## 組織運営に関する基礎理論

難 ○●●●● 易

**34回-120** 組織運営の特質と理論に関する次の記述のうち，**最も適切なもの**を1つ選びなさい。

1 科学的管理法とは，人間関係に着目し，それを科学的に解明しようとしたものである。
2 ホーソン実験では，物理的作業条件よりも人間関係の側面が生産性に影響を与えることが明らかにされた。
3 マトリックス型組織では，「命令統一性の原則」を貫くことが容易である。
4 コンティンジェンシー理論の特徴は，環境が変動したとしても唯一最善の不変的な組織タイプがあることを明らかにした点にある。
5 官僚制理論の特徴として，階層がないフラットな構造を有する点が挙げられる。

### 選択肢考察

×1 テイラー（Taylor, F.）の**科学的管理法**は，**時間研究・動作研究**による**課業管理**を行うことで組織的怠業を回避し生産性の向上を目指したものであり，人間関係に着目していない。

○2 作業者の生産性向上の規定要因を探るために行われた**ホーソン実験**では，作業環境や作業条件のみならず，作業者の集団への一体感や**人間関係**も大きく影響していることが明らかとなった。

×3 **マトリックス型組織**は複数の異なる基準で組織を設置する形態の組織であるため，複数の指揮系統が存在し**命令統一性の原則**を貫くことが困難である。

×4 唯一最善の不変的なタイプを求めたのは**行動理論**である。コンティンジェンシー理論（条件適合理論）の特徴は，組織が置かれている状況に注目し，組織やリーダーが置かれている状況に応じて，**リーダーシップの望ましいスタイルは異なる**というものである。なお，contingencyとは，偶然性という意味である。

×5 ヴェーバー（Weber, M.）による**官僚制**は合法的支配の合理的な純粋型とされ，制定された規則によって職位・職務権限・職務内容が定義され，職位の階層性が構成され，合理的な命令権限による権威による支配が行われる。

**参照ページ** 『合格教科書 2025』p.426

正解 2

NEW

## チームに関する基礎理論

難 ●●●●○ 易

**36回-121** 集団やチームに関する次の記述のうち，**最も適切なもの**を1つ選びなさい。

1 集団浅慮とは，集団を構成する個々のメンバーが，個人で考えるよりも多面的な検討を行うことができるようになる現象のことである。
2 集団の規範とは，メンバーが誰かの努力や成果にただ乗りして，自分自身は力を出し切らないことである。
3 集団の凝集性は，集団を構成するメンバーを離散させ，個々人に分離させる傾向をもつ。
4 チームの生産性は，チームメンバー間で信頼や尊敬の念が育まれていると低くなる。
5 集団内のコンフリクトには，集団に悪影響を及ぼす非生産的コンフリクトと，集団に好影響を及ぼす生産的コンフリクトの両方の側面がある。

×1 **集団浅慮（グループ・シンク）** は，社会心理学者の**ジャニス**（Janis, I. L.）によって提唱された。集団での意思決定の方が，個人で考えるよりも好ましくない結論を出してしまうことである。集団の和を乱したくない心理が働くこと等による。

×2 **集団の規範**とは，ある集団の中で共有されている価値，文化，ルールのことをいう。社会学者のシェリフ（Sherif, M.）が集団規範生成過程の検証実験を行った。

×3 **集団凝集性**とは，集団メンバーの結束力や一体感を意味する言葉である。

×4 **チームの生産性**は信頼関係等で向上する。向上にはチームワークの良さが求められ，チームワークは協調性，互いの信頼関係などで成り立つ。

○5 **集団内のコンフリクト（対立や葛藤）** には**生産的コンフリクト**と**非生産的コンフリクト**がある。目標達成に向けた集団での活動の過程で，異なる立場や意見の違いを建設的に捉え，問題解決につなげると生産的コンフリクトとなる。意見の対立が敵意などに向いてしまうと，その対立は目標達成を阻害する非生産的コンフリクトといえることになる。

参照ページ 『合格教科書 2025』p.425 正解 5

 **リーダーシップに関する基礎理論** 難●●○●●●易

**34回-121** リーダーシップに関する次の記述のうち，**最も適切なもの**を1つ選びなさい。

1 リーダーの個性に着目した特性理論は，「リーダーを務める人は，もともと他の人と資質・人格に差がない」という前提に立つ理論である。

2 ハーシー（Hersey, P.）とブランチャード（Blanchard, K.）は，部下の能力や成熟度の度合いが違っても，リーダーシップのスタイルを変えるべきではないと指摘している。

3 パス・ゴール理論では，リーダーはメンバーに明確な目標（ゴール）へのパス（経路）を明示せず，メンバー自身に考えさせることが必要としている。

4 サーバント・リーダーシップは，リーダーがカリスマとなってフォロワーに奉仕させるリーダーシップである。

5 シェアード・リーダーシップは，それぞれのメンバーが，必要に応じてリーダーのように振る舞って他のメンバーに影響を与えるリーダーシップである。

×1 ヴェーバー（Weber, M.）による**リーダーシップ特性理論**は，リーダーの他者と異なる生まれつきの資質に注目するものである。

×2 ハーシーとブランチャードの**SL理論**は，部下の成熟度に応じて指示的，説得的，参加的，委任的へとリーダーシップ・スタイルを変えるべきであるとする。SLとは Situational Leadership の略で，状況対応型リーダーシップのことであり，ここでいう状況は部下のレベルの成熟度を指す。

×3 ハウス（House, R.）の**パス・ゴール理論**は，メンバーの目標（ゴール）へのパス（経路）を明示する。指示型，支援型，参加型，達成志向型の4類型を提示し，そのうち指示型が有効であるとする。

×4 グリーンリーフ（Greenleaf, R. K.）が提唱した**サーバント・リーダーシップ**は，リーダーはまず相手（フォロワー）に奉仕し，その後に導くものであるとする。なお，servant とは使用人，召使いのことである。

○5 　リーダーシップを一人が担当し残りがフォロワーであるとする垂直的リーダーシップと異なり，**シェ アード・リーダーシップ**は，リーダーとフォロワーは流動的に入れ替わる。

参照ページ 　『合格教科書 2025』p.425, 426　　　　　　　　　　　　　　　　　　　　正解 5

## 経営体制　　　　　　　　　　　　　　　　　　　　　　　　難 ●●○●● 易

36 回-120 　経営の基礎理論に関する次の記述のうち，**最も適切なもの**を 1 つ選びなさい。

1 　バーナード（Barnard, C.）によれば非公式組織とは，意識的で，計画的で，目的をもつような人々相互間の協働である。
2 　テイラー（Taylor, F.）は科学的管理法を提唱し，作業現場の管理について，合理的な規則と手続きによる管理の重要性を強調した。
3 　ハインリッヒ（Heinrich, H.）は，軽微な事故への対策を実施しても，重大な事故を未然に防ぐことはできないことを明らかにした。
4 　アッシュ（Asch, S.）は，個人として正しい判断ができていれば，多数派の力には負けることはないという現象を明らかにした。
5 　メイヨー（Mayo, G.）とレスリスバーガー（Roethlisberger, F.）は，組織における経済的合理性を追求する，経済人モデルを提唱した。

### 選択肢考察

×1 　バーナードによる組織に関する理論では，組織の 3 要素として，**共通目的，貢献意欲，コミュニケーション**を挙げ，非公式組織の特徴は，**意識された共通目的がないままでも生じ，継続される**こととした。なお，「共通目的」は明確化され，理解・容認され共有されるべき個々人の諸活動・能力を結びつけるもの，「貢献意欲」は共通目的の実現のために協働体系に対して貢献を果たそうとする個々人の意思，「コミュニケーション」は従業員同士が情報伝達と意思疎通を円滑にすることを指す。

○2 　**テイラー**は**科学的管理法**を提唱した。テイラーは，課業管理，作業の標準化，作業管理のために最適な組織形態の 3 つの原理を示した。

×3 　**ハインリッヒの法則**は，軽微な事故を防ぐことが重大事故の予防につながるとする理論である。**1：29：300 の法則**ともいう。「同じ人間が起こした 330 件の災害のうち，1 件は重い災害があったとすると，29 回の軽傷，傷害のない事故を 300 回起こしている」というものである。

×4 　**アッシュの同調圧力実験**によれば，個人として正しいと思った解答よりも，多数の意見の方に説得力があると感じることや，自分一人が目立つことを恐れて多数派に流されることがあることを示した。

×5 　**メイヨー**らは公式組織より**非公式組織の人間関係が作業能率に影響を与える**とした。労働環境の整備に関する調査である「ホーソン実験」を通してテイラーの科学的管理法になかった人間関係に着目し，「人間関係論」を導き出した。非公式組織とは，リーダー格の労働者を中心とした集団などを指す。ホーソン実験において，組織上の上司とは異なるリーダー格の労働者を中心として集団的な作業量制限行為が確認されたことによる。なお，経済人モデルとはテイラーの科学的管理法のことを指す。

参照ページ 　『合格教科書 2025』p.426　　　　　　　　　　　　　　　　　　　　正解 2

福祉サービスの組織と経営

**34回-124**　リスクマネジメントに関する次の記述のうち，**最も適切なもの**を 1 つ選びなさい。

1　1 件の重大事故の背景には，重大事故に至らなかった 29 件の軽微な事故が隠れており，その背後には事故寸前だった 300 件の危険な状態が隠れているのを，リーズンの軌道モデルという。
2　リスクマネジメントは，厳しい管理体制を敷けば事故はなくせるものという前提に立つ。
3　職員要因のリスクコントロールをするためには，サービスの質の維持・向上を図るための業務や作業の標準化が必要である。
4　リスクマネジメントは，危機管理体制の確立よりも個別リスクへの対応を基本とする。
5　リスクコントロールとリスクファイナンスのうち，リスクコントロールの例として損害賠償保険の活用が挙げられる。

**選択肢考察**

×1　本肢は**ハインリッヒの法則**である。**リーズンの軌道モデル**とは，事故は多重防護壁の穴をすべて貫通したときに発生し，防御壁の穴は潜在的にも偶発的にも発生するとしている。

×2　リスクマネジメントは厳しい管理体制を敷けばよいものではなく，職場内にリスクマネジメントシステムを構築し，リスクマネジメントを確実に機能させるための組織づくりが重要であるとされる。

○3　より質の高いサービスを提供することによって多くの事故が未然に回避できるとする**クオリティインプルーブメント**が求められる。そして，品質管理，品質改善の基本として，業務作業の標準化を前提として，**標準の改訂**を行うことでサービスの質の向上が導かれる。quality improvment は「質の向上」と直訳できる。

×4　**リスクマネジメント**とは危機管理を指し，危機を組織的に管理して損失の回避や低減を目的とした取組を進める危機管理体制の確立が伴う考え方である。個別リスク対応や全体のリスクへの対応，そして危機管理体制の取組に優劣や順位づけはつけられない。

×5　**リスクコントロール**は「損害の予防や拡大防止等の技術的操作」である。リスクファイナンスは「損害発生の予防として資金を準備しておくこと」であり，内部で資金を積立てる「リスクの保有」と，損害賠償保険に加入する「リスク転嫁」がある。

**参照ページ**　『合格教科書 2025』p.427　　　　　　　　　　　　　　　　　　　　　　**正解 3**

**35回-125**　福祉サービス第三者評価事業に関する次の記述のうち，**最も適切なもの**を 1 つ選びなさい。

1　児童養護施設は，福祉サービス第三者評価を定期的に受審すること及び結果の公表が義務づけられている。
2　福祉サービス第三者評価は，市町村が認証した第三者評価機関が実施する。
3　福祉サービス第三者評価は，法令に定められた福祉サービスの運営基準が遵守されているかを監査するための仕組みである。
4　福祉サービス第三者評価の評価機関は，非営利組織であることが認証を受けるための要件となっている。
5　福祉サービス第三者評価の結果は，インターネット上に公開することができない。

○1　令和4年3月23日厚生労働省子ども家庭局長，社会・援護局長通知「社会的養護関係施設における第三者評価及び自己評価の実施について」によると社会的養護関係施設（児童養護施設，乳児院，情緒障害児短期治療施設，児童自立支援施設，母子生活支援施設，自立援助ホーム，児童家庭支援センター）は，第三者評価指針及び本通知に基づき，**第三者評価を3か年度毎に1回以上受審し，その結果の公表をしなければならない**。理由として同通知には，子どもが施設を選ぶ仕組みではない措置制度であること，施設長による親権代行があること，被虐待児が増加していることから，施設運営の質の向上が必要なため，とある。措置制度とは，親の死亡や虐待等で親による契約ができないか，適当ではない場合に，行政が専門的知見により，子どもにとってどのような施設で保護，支援を受けることが最善かを決定する仕組みのことである。

×2　都道府県は，都道府県推進組織を設置し，**第三者評価機関の認証**等の業務を行う。

×3　福祉サービス第三者評価事業は，個々の事業者が事業運営における問題点を把握し，**サービスの質の向上に結びつけることが目的**であり，中立的な評価機関が，事業者と契約を結び，サービスの内容，組織のマネジメント力等の評価を行い，その結果を公表する仕組みである。所轄庁による監査ではない。

×4　福祉サービス第三者評価機関認証ガイドラインには，第三者評価機関認証要件は，**法人格を有すること**とあるが，**非営利組織であること**との規定はない。

×5　第10回社会保障審議会福祉部会「福祉サービス第三者評価事業に関する指針」の概要に「福祉サービス第三者評価結果の公表ガイドライン」がある。事業所の同意を得て公表する内容は，全ての評価項目にかかる評価結果，特に評価の高い点，改善を求められる点，第三者評価結果に対する事業者のコメント等とある。また，第三者評価の結果は，「とうきょう福祉ナビゲーション」というHPや，独立行政法人福祉医療機構ワムネットのHPにも福祉サービス第三者評価情報として公表されている。**インターネット上の公表は禁止されていない。**

 **参照ページ**　『合格教科書2025』p.173　　　　　　　　　　　　　　　　　　　　　正解 1

福祉サービスの組織と経営

---

## 会計管理と財務管理　　　　　　　　　　　　　難 ●●●○●● 易

**34回-123**　社会福祉法人の財務管理・会計管理に関する次の記述のうち，**正しいもの**を1つ選びなさい。

1　クラウドファンディングとは，不特定多数から通常インターネット経由で資金調達することを指す。
2　社会福祉充実残額が生じた場合は地域福祉計画を策定する必要がある。
3　貸借対照表の借方（左側）は資金使途を示し，純資産が計上される。
4　土地や建物は貸借対照表の流動資産に計上される。
5　負債とは返済義務のない財源である。

○1　**クラウドファンディング**は，インターネットを介して不特定多数の人々から資金調達することであり，ITを活用した新しい資金調達の仕組みとして注目される。

×2　**社会福祉充実残額**が生じた場合は，**社会福祉充実計画**を策定し，所轄庁の承認を得たうえで，社会福祉充実事業（社会福祉事業または公益事業，地域公益事業，その他の公益事業）を行う必要がある。

×3　貸借対照表では，純資産は負債とともに右側（貸方）に記載される。この財源がどのように運用されて

いるか（資金使途）が左側（借方）に具体的に示される。

×4　土地や建物は貸借対照表の固定資産に計上される。

×5　負債とは，債権者に対する支払義務を表す。借入金や買掛金や引当金も負債の一部とみられるが，いずれにおいても支払義務（返済義務）がある。

 参照ページ 『合格教科書 2025』p.427, 428　　　　　　　　　　　　　　　　　　　　　　　　正解 1

 会計管理と財務管理　　　　　　　　　　　　　難 ●●○●●● 易

**32回-125** 社会福祉法人の会計財務等に関する次の記述のうち，正しいものを 1 つ選びなさい。

1　減価償却費は，法人の外部に資金が流出する費用である。
2　貸借対照表の負債の部は，資金を何に投下したかを表す。
3　管理会計は，組織外部者への情報開示を目的とする。
4　事業活動計算書とは，一時点のストックを表すものである。
5　貸借対照表は，バランスシートと呼ばれるように，負債及び純資産の部合計と資産の部合計の金額は一致する。

選択肢考察

×1　建物や設備などの**固定資産**によって事業運営がなされていることから，それらの固定資産の取得に要した費用をその資産が使用できる期間にわたって費用配分する会計上の手続きを**減価償却**という。なお，減価償却資産は，建物や備品などの経年で価値を減じていくものを対象としているため，経年により価値が変動しない**土地は減価償却の対象**とされていない。

×2　**貸借対照表**の「**負債の部**」（流動負債，固定負債）は，資金を負債により調達した内容を示している。この「負債の部」と「純資産の部」の合計が調達した原資の内訳を示しており，これらの原資をどのような形で投下したかを示すものは「**資産の部**」である。

×3　**管理会計**は事業の経営状態を把握し経営者が経営戦略立案や業績評価に用いるものである。それに対して，**財務会計**は，取引先やクライエントなどの外部の**利害関係者（ステークホルダー）**に経営実態を示し，今後の取引に関する判断材料を供することを目的とする。

×4　**ストック（Stock）**とは一時点における貯蔵量を示す言葉であり，会計においてストック（保有・貯蔵）を示す財務諸表は，保有する資産と負債の差額である純資産を明らかにする**貸借対照表**である。一定期間において流れた量である「**フロー（Flow）**」を示す財務諸表が**事業活動計算書**である。

○5　貸借対照表は，法人の有する資産，負債，純資産のすべてを当該会計年度末の額と前会計年度末の額に対比して記載するものである。バランスシートとも呼ばれるように，通常左側に記載される「資産の部」の合計と右側に記載される「負債及び純資産の部」の合計は同額になる。

 参照ページ 『合格教科書 2025』p.427, 428　　　　　　　　　　　　　　　　　　　　　　　　正解 5

## 会計管理と財務管理

**36回-122** 福祉サービス提供組織の財源に関する次の記述のうち，**最も適切なもの**を１つ選びなさい。

1 障害福祉サービスを行う事業者の収入の総額は，市町村からの補助金の総額に等しい。
2 介護保険事業を行う事業者の収入の総額は，利用者が自己負担する利用料の総額に等しい。
3 ファンドレイジングとは，事業や活動を行うために必要な資金を様々な方法を使って調達することを指す。
4 社会福祉法人が解散する場合，定款の定めにかかわらず，その法人に対して寄付を行ってきた個人は，寄付した割合に応じて残余財産の分配を受けることができる。
5 特定非営利活動法人は，特定非営利活動に係る事業に支障がない限り，事業によって得られた利益を自由に分配することができる。

選択肢考察

×1 　障害福祉サービスの事業者の収入は，**介護給付費・訓練等給付費**に加え，**利用者負担額**（報酬基準額の１割負担（利用者負担上限月額の設定あり）の他，**居室利用料や食材料費**等の負担もある），**収益事業**（就労継続支援Ｂ型の生産活動収益等）の総額となる。

×2 　**介護給付費**と**利用者負担額**（報酬基準額の１割〜３割負担の他，居室利用料や食材料費等の負担）の総額である。介護老人福祉施設等には補助金収入も含まれる。

○3 　**ファンドレイジング**とは，**資金調達**を意味する。「NPO のファンドレイジング」の場合は，NPO 活動への支援の意思による寄付や会費，助成金による資金の調達となる。

×4 　**定款の定め**による。解散した社会福祉法人の残余財産は，所轄庁に対する清算結了の届出の時において，定款の定めるところにより，その帰属すべき者に帰属する（社会福祉法第 47 条）。

×5 　特定非営利活動法人における非営利とは，団体の構成員に対し，**事業から得た収益を分配することを目的としない**ことをいう。収益を目的とする事業自体は認められている。

参照ページ 　　　　　　　　　　　　　　　　　　　　　　　正解 3

## 福祉人材の育成（事例問題）

**36回-124** 　事例を読んで，Ｈ施設管理者が実施した人材育成の手法について，**最も適切なもの**を１つ選びなさい。

〔事 例〕
　Ｚ高齢者介護施設は，定期的に職場内において勉強会を実施している。このほど，Ｚ施設が立地するＰ県主催の「高齢者虐待の防止について」という研修会の通知が届いた。Ｚ施設のＨ施設管理者は，職員数名をこの研修会に参加させ，新たな知見を得てもらうこととした。

1 コーチング
2 OFF-JT
3 ジョブ（職務）ローテーション
4 OJT
5 目標管理制度

×1 　**コーチング**は，相手が**自身の考えを整理し，自分で考え問題解決する力を引き出すこと**を**目的**とした人材育成の手法である。対してティーチングは，知識や解決法を教える手法である。

○2 　**OFF-JT** とは，**職場を離れて行う研修**のことである。職場外の外部の研修参加にて行う場合と，外部の講師を招き職場内にて行う場合がある。実践力を向上させる学びや新たな知識を習得するための職業指導方法である。

×3 　**ジョブローテーション**とは，人材育成や適材適所の配置を目指して行われる**戦略的な人事異動**のことである。

×4 　**OJT** は職務遂行を通じて**管理者が部下に対し指導・育成**を行うことである。

×5 　ドラッカー（Drucker, P. F.）が提唱した**目標管理**（MBO：Management by Objectives and Self Control）は，**目標達成と自己統制を組み合わせた概念**である。職員個人の能力に応じた目標と組織目標を関連づけ，組織の業績向上と職員の自己実現を目指すことである。

**参照ページ** 『合格教科書 2025』p.429　　　　　　　　　　　　　　　　　　　　　　**正解 2**

---

 ## 福祉人材の育成　　　　　　　　　　　　　　　　　　　難 ●●●●● 易

**35 回-124** 　人材の確保や育成に関する次の記述のうち，**最も適切なもの**を 1 つ選びなさい。

1　360 度評価（多面評価）とは，評価者である上司が，職員の能力や業績だけでなく，性格，志向，特技などを多面的に評価する手法を指す。
2　人事考課においては，ある対象を評価する際に，部分的で際立った特性が，全体の評価に及んでしまうハロー効果が起こることがある。
3　OJT（On the Job Training）とは，日常の職務を離れて行う教育訓練方法のことを指す。
4　職員のキャリアや能力の開発を目的に人事異動を実施することは，望ましくないとされている。
5　エルダー制度は，新入職員のセルフラーニングを通じた自己啓発の仕組みである。

---

×1 　360 度評価とは，一人の人に対して，上司や部下，同僚，仕事の取引先や利用者など，**各方面の関係者が被評価者を評価する**ことである。上司の一面的な価値観による評価では偏りがあり，評価を受ける側に納得感が得られない場合がある。部下や同僚などの評価も得ることで，評価の客観性を得て，納得感につながることが期待される。

○2 　ハロー効果とは，評価する際に，**目立ちやすい特徴に引きずられて他の特徴についての評価が歪められること**を指す。

×3 　OFF-JT（Off the Job Training）の説明である。OJT とは，**職務遂行を通して上司が部下に指導，育成を行うこと**をいう。

×4 　人事異動は，**多様な経験を積むことで知識や技能の幅を広げることができ**，キャリアアップにつながるとされる。

×5 　エルダーとは，年長や先輩という意味である。エルダー制度は，**年齢の近い先輩職員が新入社員の指導を 1 対 1 で行う OJT の一種**のことをいう。メンタル面のケアを重視するメンター制度よりも，実務的な教育，指導やサポートに重きを置くものである。

**福祉人材マネジメント** 難 ●●●○● 易

**34回-122** 福祉サービス提供組織における人材マネジメントに関する次の記述のうち，**最も適切なものを1つ選**びなさい。

1 ワークエンゲージメントとは，仕事に対して過度のエネルギーを費やして疲弊してしまう状態を指す。
2 バーンアウトとは，活力・熱意・没頭に特徴づけられる仕事に関連するポジティブな心理状態を指す。
3 目標管理制度とは，職員個人の能力に応じた目標と組織目標を関連づけ，組織の業績向上と職員の自己実現を目指すことである。
4 コンピテンシーとは，職務や役割において低い成果や業績につながるような行動特性を指す。
5 福祉サービスは多様なニーズを持った人々を支援する複雑な業務であることから，キャリアパスの構築は必要ない。

**選択肢考察**

×1 **ワークエンゲージメント**とは，「仕事から活力を得ていきいきとしている（活力）」「仕事に誇りとやりがいを感じている（熱意）」「仕事に熱心に取り組んでいる（没頭）」の3つが揃った状態と定義される。

×2 **バーンアウト（燃え尽き症候群）**とは，それまで活発に仕事をしていた人が，何らかのきっかけで，あたかも燃え尽きるように活力を失ったときに示す疲労症状である。

○3 ドラッカー(Drucker, P. F.)が提起した**目標管理制度**(Management by Objectives and Self-Control)は，組織全体，職場，所属する職員が各々目標を明確にし，組織と職員一人ひとりが目標を共有し組織の業績と職員個々の自己実現を目指す。

×4 **コンピテンシー**とは，ある状況または職務において高い業績をもたらす類型化された行動様式（性向，態度，知識・技能などを効果的に活用して実際に成果を達成する行動様式）とされる。なお，competencyとは能力のことである。

×5 **キャリアパス**とはキャリア（職歴）とパス（道筋）をつなげた造語であり，労働者の昇進昇格の道筋として位置づけられる。福祉サービスにあってもキャリアパスを労働者に示すことは重要であり，介護分野における**介護職員処遇改善加算**の算定要件にもなっている。

参照ページ 『合格教科書 2025』p.433 正解 3

福祉サービスの組織と経営

## 働きやすい労働環境の整備

 難 ●●●●● 易

**36回-125** 「育児・介護休業法」に関する次の記述のうち，**最も適切なもの**を1つ選びなさい。

1 子の養育及び家族の介護を容易にするため，所定労働時間等に関し事業主が講ずべき措置を定めている。
2 育児休業とは，産後8週までの女性に対し，使用者が休業を与えるものである。
3 対象家族に無職かつ健康な同居者がいる場合は，介護休業を取得することができない。
4 期間を定めて雇用される者は，雇用の期間にかかわらず介護休業を取得することができない。
5 対象家族一人について，介護休業を分割して取得することはできない。

(注) 「育児・介護休業法」とは，「育児休業，介護休業等育児又は家族介護を行う労働者の福祉に関する法律」のことである。

### 選択肢考察

○1　「育児・介護休業法」第1条で，「この法律は，育児休業及び介護休業に関する制度並びに子の看護休暇及び介護休暇に関する制度を設けるとともに，**子の養育及び家族の介護を容易にするため所定労働時間等に関し事業主が講ずべき措置を定める**」とされている。

×2　育児休業の対象は**労働者**であり，女性に限らない。原則，子が1歳（最長2歳）まで取得できる休業である。「育児・介護休業法」2020（令和4）年10月1日改正では育児休業とは別に取得できる**「産後パパ育休」（出生時育児休業制度）**の創設もある。産前6週，産後8週までの女性に認められる休業は，労働基準法に定められる産前産後休業である。

×3　介護休業の申し出の条件に**同居者の有無等の規定はない**。休業の定義は，「労働者が要介護状態（負傷，疾病又は身体上若しくは精神上の障害により，2週間以上の期間にわたり常時介護を必要とする状態）にある対象家族を介護するためにする休業」である。

×4　期間雇用者でも，**育児休業，介護休業は取得可能**である。

×5　「育児・介護休業法」第11条に「3回の介護休業をした場合」との規定があり，**介護休業は3回に分割して取得**できる。改正雇用保険法等の施行により，2019（平成29）年1月1日以降に新たに取得する介護休業については，93日を限度に3回までの分割取得が可能となったとする。なお，育児休業も「育児・介護休業法」2020（令和4）年10月改正により，**2回に分割しての取得が可能**となっている。

**参照ページ** 『合格教科書2025』p.432　　　　　　　　　　　　　　　　　　正解 1

**34回-125** 職場のメンタルヘルスに関する次の記述のうち，**正しいものを1つ**選びなさい。

1 パワーハラスメントの典型的な例には，優越的な関係を背景として行われた，身体的・精神的な攻撃，人間関係からの切り離し，過大・過小な要求などが含まれる。

2 時間外・休日労働について，月200時間を超えなければ，事業者には健康障害を予防するための医師による面接指導を行う義務はない。

3 全ての事業場には産業医を置かなければならない。

4 常時50人以上の労働者を使用する事業所を複数運営する組織であっても，衛生委員会は本部（本社）に設置すればよい。

5 「ストレスチェック」の結果は，事業者から労働者に対して通知することが義務づけられている。

（注） ここでいう「ストレスチェック」とは，労働安全衛生法で定める「労働者に対して行う心理的な負担の程度を把握するための検査」のことである。

---

**選択肢考察**

○1 職場における**パワーハラスメント**は，職場において行われる，①優越的な関係を背景とした言動であって，②業務上必要かつ相当な範囲を超えたものにより，③労働者の就業環境が害されるものとされる。

×2 長時間労働者への医師による**面接指導制度**については，月80時間超の時間外・休日労働を行い，疲労の蓄積が認められる労働者や，月100時間超の時間外・休日労働となる研究開発業務従事者などが対象となる。

×3 労働安全衛生法第13条に規定する**産業医**の選任は，労働者数50人以上3,000人以下の規模の事業場の場合1名以上，3,001人以上規模の事業場の場合2名以上である。

×4 労働安全衛生法第18条に規定する**衛生委員会**は，労働者数50人以上の全業種の事業場ごとに設置する義務がある。

×5 労働安全衛生法第66条の10に規定されている通り，事業者は検査を受けた労働者に対し，当該検査を行った医師等から当該検査の結果が通知されるようにしなければならない。事業者からではなく，**医師等から通知する**。また，医師等は労働者の同意を得ないで検査の結果を事業者に提供してはならない。

**参照ページ** 『合格教科書2025』p.434　　　　　　　　　　　　**正解 1**

# ● 収載問題一覧 ●

| 36回 | | | | 35回 | | | | 34回 | | | | 33回 | | 32回 | |
|---|---|---|---|---|---|---|---|---|---|---|---|---|---|---|---|
| 番号 | 頁 | 番号 | 頁 | 番号 | 頁 | 番号 | 頁 | 番号 | 頁 | 番号 | 頁 | 番号 | 頁 | 番号 | 頁 |
| 63 | 53 | 121 | 137 | 63 | 57 | 119 | 131 | 63 | 55 | 120 | 137 | 96 | 99 | 69 | 62 |
| 64 | 68 | 122 | 143 | 64 | 54 | 120 | 132 | 64 | 60 | 121 | 138 | 102 | 124 | 95 | 99 |
| 65 | 53 | 123 | 135 | 65 | 55 | 121 | 134 | 65 | 56 | 122 | 145 | 108 | 122 | 125 | 142 |
| 66 | 67 | 124 | 143 | 66 | 58 | 122 | 135 | 66 | 61 | 123 | 141 | 109 | 113 | | |
| 67 | 63 | 125 | 146 | 67 | 61 | 123 | 136 | 67 | 59 | 124 | 140 | 112 | 116 | | |
| 68 | 70 | 126 | 4 | 68 | 64 | 124 | 144 | 68 | 57 | 125 | 147 | 117 | 115 | | |
| 69 | 66 | 127 | 5 | 69 | 65 | 125 | 140 | 69 | 63 | 126 | 3 | 118 | 126 | | |
| 70 | 80 | 128 | 25 | 70 | 78 | 126 | 3 | 70 | 81 | 127 | 6 | 131 | 7 | | |
| 71 | 76 | 129 | 29 | 71 | 76 | 127 | 5 | 71 | 77 | 128 | 24 | 132 | 19 | | |
| 72 | 81 | 130 | 11 | 72 | 82 | 128 | 30 | 72 | 83 | 129 | 29 | 134 | 14 | | |
| 73 | 86 | 131 | 10 | 73 | 86 | 129 | 23 | 73 | 84 | 130 | 25 | 135 | 17 | | |
| 74 | 75 | 132 | 28 | 74 | 78 | 130 | 26 | 74 | 87 | 131 | 8 | | | | |
| 75 | 79 | 133 | 19 | 75 | 91 | 131 | 9 | 75 | 89 | 132 | 20 | | | | |
| 76 | 88 | 134 | 22 | 76 | 90 | 132 | 18 | 76 | 92 | 133 | 27 | | | | |
| 92 | 101 | 135 | 15 | 96 | 98 | 133 | 10 | 94 | 97 | 134 | 12 | | | | |
| 97 | 102 | 136 | 33 | 97 | 100 | 134 | 13 | 95 | 100 | 135 | 16 | | | | |
| 106 | 107 | 137 | 35 | 104 | 107 | 135 | 21 | 96 | 103 | 136 | 47 | | | | |
| 113 | 118 | 138 | 40 | 105 | 111 | 136 | 36 | 101 | 124 | 137 | 37 | | | | |
| 114 | 127 | 139 | 41 | 106 | 112 | 137 | 44 | 103 | 121 | 138 | 34 | | | | |
| 116 | 119 | 140 | 42 | 107 | 110 | 138 | 39 | 107 | 118 | 139 | 49 | | | | |
| 118 | 109 | 141 | 34 | 108 | 108 | 139 | 48 | 108 | 112 | 140 | 49 | | | | |
| 119 | 131 | 142 | 46 | 110 | 116 | 140 | 41 | 110 | 114 | 141 | 38 | | | | |
| 120 | 139 | | | 116 | 120 | 141 | 45 | 116 | 110 | 142 | 43 | | | | |
| | | | | 117 | 123 | 142 | 43 | 117 | 125 | 145 | 66 | | | | |
| | | | | 118 | 117 | 146 | 69 | 119 | 133 | 146 | 69 | | | | |

# 問　　　題

◎　指示があるまで開かないでください。

社 — 36

# 注 意 事 項

1　試験時間等

　　試験時間は，受験票のとおりです。

　　午後の試験問題数は 67 問です。

2　解答用紙への氏名の記入

　　解答用紙には，すでに「受験番号（ ● 塗りつぶし含む）」「カナ」氏名が印刷されています。「受験番号」と「カナ」氏名が正しいかどうか確認して，「氏名」欄に，受験票に印刷されている氏名を記入してください。

（例）受験番号　Ｓ０１１－２３４５６　の場合

## 社 会 福 祉 士 国 家 試 験
## （午後）解 答 用 紙

| 会　場 | 福祉大学 |
|---|---|
| 1 | 第 1 教室 |

| カ　ナ | フクシ　タロウ |
|---|---|
| 氏　名 | |

| | S | 0 | 1 | 1 | - | 2 | 3 | 4 | 5 | 6 |
|---|---|---|---|---|---|---|---|---|---|---|
| 受験番号 | ● | ● | ⓪ | ⓪ | ● | ⓪ | ⓪ | ⓪ | ⓪ | ⓪ |
| | Ⓓ | | ① | ● | ● | ① | ① | ① | ① | ① |
| | | ② | ② | ② | | ● | ② | ② | ② | ② |
| | | ③ | ③ | ③ | | ③ | ● | ③ | ③ | ③ |
| | | ④ | ④ | ④ | | ④ | ④ | ● | ④ | ④ |
| | | ⑤ | ⑤ | ⑤ | | ⑤ | ⑤ | ⑤ | ● | ⑤ |
| | | ⑥ | ⑥ | ⑥ | | ⑥ | ⑥ | ⑥ | ⑥ | ● |
| | | ⑦ | ⑦ | ⑦ | | ⑦ | ⑦ | ⑦ | ⑦ | ⑦ |
| | | ⑧ | ⑧ | ⑧ | | ⑧ | ⑧ | ⑧ | ⑧ | ⑧ |
| | | ⑨ | ⑨ | ⑨ | | ⑨ | ⑨ | ⑨ | ⑨ | ⑨ |

3　解答方法

　(1)　出題形式は五肢択一を基本とする多肢選択形式となっています。各問題には 1 から 5 まで 5 つの答えがありますので，そのうち，問題に対応した答えを〔例 1〕では 1 つ，〔例 2〕では 2 つを選び，解答用紙に解答してください。

　　〔例 1〕　問題 201　次のうち，県庁所在地として，**正しいもの**を 1 つ選びなさい。

　　　　　1　函館市

　　　　　2　郡山市

　　　　　3　横浜市

　　　　　4　米子市

　　　　　5　北九州市

　　　正答は「3」ですので，解答用紙の

　　　問題 201 ① ② ③ ④ ⑤ のうち，③ を塗りつぶして，

　　　問題 201 ① ② ● ④ ⑤ としてください。

〔例2〕 **問題202** 次のうち，首都として，**正しいものを2つ**選びなさい。

    1  シドニー

    2  ブエノスアイレス

    3  上海

    4  ニューヨーク

    5  パリ

正答は「2 と 5」ですので，解答用紙の

問題 202 ① ② ③ ④ ⑤ のうち，② ⑤ を塗りつぶして，

問題 202 ① ● ③ ④ ● としてください。


(2)　採点は，光学式読取装置によって行います。解答は，鉛筆又はシャープペンシルを使用し，〇 **の外にはみださないように濃く塗りつぶして**ください。ボールペンは使用できません。また，塗りつぶしが薄い場合は，正答であっても正しく読み取れないため，注意してください。

　　良い解答の例……… ●

　　悪い解答の例………  （解答したことになりません）
　　　　　　　　　　レ点　塗り残し　線　なぞる　中黒　はみ出し　薄い
　　　　　　　　　　　　　　　　　　　　　　　　　（ずれ）

(3)　一度解答したところを訂正する場合は，消しゴムで消し残りのないように完全に消してください。鉛筆の跡が残ったり，✖ のような消し方などをした場合は，訂正したことになりませんので注意してください。

(4)　〔**例1**〕の問題に**2つ以上**解答した場合は，誤りになります。〔**例2**〕の問題に**1つ又は3つ以上**解答した場合は，誤りになります。

(5)　解答用紙は，折り曲げたり，チェックやメモなどで汚したりしないように特に注意してください。

4　その他の注意事項

(1)　印刷不良や落丁があった場合は，手を挙げて試験監督員に連絡してください。

(2)　問題の内容についての質問には，一切お答えできません。

**問題 84** 次のうち，統計法における基幹統計調査として，**正しいもの**を 1 つ選びなさい。

1 社会福祉施設等調査
2 福祉行政報告例
3 介護サービス施設・事業所調査
4 労働安全衛生調査
5 国民生活基礎調査

**問題 85** 社会調査における倫理に関する次の記述のうち，**最も適切なもの**を 1 つ選びなさい。

1 社会調査の対象者の抽出では，住民基本台帳から制約なく個人情報を閲覧できる。
2 調査の協力は自由意志であるので，対象者への調査に関する説明は不要である。
3 社会調査では，対象者に調査協力の謝礼を渡すことが不可欠である。
4 調査前に対象者の協力同意書があっても，調査の途中又は調査後の対象者からのデータ削除要請に応じることが求められる。
5 仮説に反した調査結果が出た場合，調査結果の公表を差し控える必要がある。

**問題 86** 次の事例を読んで，S県が実施した標本調査の母集団として，**最も適切なもの**を 1 つ選びなさい。
〔事　例〕
　S県内の高校に在籍している全ての生徒のうち，日常的に家族の世話や介護等を担っている高校生が，どのくらい存在するかを調べるために，標本調査を実施した。

1 全国の高校に在籍する全生徒
2 全国の高校に在籍する全生徒のうち，日常的に家族の世話や介護等を担っている者
3 S県内の高校に在籍する全生徒
4 S県内の高校に在籍する全生徒のうち，日常的に家族の世話や介護等を担っている者
5 S県内の高校に在籍する全生徒のうち，標本となった者

**問題 87** 次のうち，質問への回答を他計式で記入する社会調査として，**適切なもの**を **2 つ**選びなさい。

1 郵送調査
2 留置調査
3 個別面接調査
4 集合調査
5 オペレーターによる電話調査

**問題 88** 尺度に関する次の記述のうち，**最も適切なもの**を 1 つ選びなさい。

1 比例尺度では，平均値を算出することができる。
2 順序尺度で測定した1と2の差と，3と4の差の等間隔性は担保されている。
3 名義尺度で測定した変数は，中央値を求めることができる。
4 間隔尺度では，測定値の間隔が数値として意味をもつことはない。
5 名義尺度，間隔尺度，順序尺度，比例尺度の順で，尺度としての水準が高い。

**問題 89** 調査手法としての面接法に関する次の記述のうち，**最も適切なもの**を**1**つ選びなさい。

1 構造化面接では，対象者に語りたいことを自由に話してもらうことが重要である。

2 非構造化面接では，調査者は事前に 10 項目以上の質問項目と質問の順番を設定し，その順番どおりに質問していく必要がある。

3 半構造化面接では，インタビューのおおむね半分程度の時間を，質問内容や質問の順番などが詳細に決められた質問紙によって面接が進められる。

4 面接調査では，表情や身振りといった非言語表現も重視する。

5 グループ・インタビューの調査者は，対象者同士の会話を促さないようにする。


**問題 90** 社会調査における記録の方法とデータ収集法に関する次の記述のうち，**適切なもの**を**2つ**選びなさい。

1 質的調査で対象者を選定するときには，無作為抽出法を行うことが不可欠である。

2 アクションリサーチでは，量的調査でデータを収集することがある。

3 ドキュメント分析の対象となるデータには，手紙や日記などの私的文章も含まれる。

4 質的調査のデータとしては，画像や映像の使用を避ける方が望ましい。

5 フィールドノーツは，調査者の解釈を含めずに作成する必要がある。


相談援助の基盤と専門職


**問題 91** 社会福祉士及び介護福祉士法における社会福祉士の義務等に関連する次の記述のうち，**正しいもの**を**1**つ選びなさい。

1 後継者の育成に努めなければならない。

2 秘密保持義務として，その業務に関して知り得た人の秘密は，いかなる理由があっても開示してはならない。

3 社会福祉士の信用を傷つけるような行為を禁じている。

4 社会福祉士ではなくとも，その名称を使用できる。

5 誠実義務の対象は，福祉サービスを提供する事業者とされている。

**問題 92** 次の事例を読んで，福祉事務所に勤務する K 職員（社会福祉士）が取り組む様々な対応のうち，メゾレベルの対応として，**適切なもの**を**2つ**選びなさい。

〔事 例〕

L 民生委員は，M さん（45 歳）の件で市の福祉事務所を訪れ，K に相談をした。M さんは勤め先を 3 年前に人員整理で解雇されてからは仕事をせず，親が残してくれた自宅で一人，昼夜逆転の生活をしているとのことであった。現時点では，M さんには緊急の要保護性は感じられないが，仕事をしておらず，生活費が底をつく心配がある。M さんは「今すぐに仕事をする自信はないが，今後に備えて相談をしたい」と望んでおり，M さんの了解のもとに相談に訪れたとのことであった。

1 中高年を対象とする就労支援制度の課題を，所属機関を通して国に提示する。
2 相談意欲のある M さんと相談援助の関係を樹立する。
3 M さんに対して，生活費を確保するために，不動産担保型生活資金を検討するよう勧める。
4 市内の事業所に対して，M さんのような中高年者が利用可能な自立相談支援に関する事業の実施状況の情報を収集する。
5 L 民生委員からの情報をもとに，同様の事例に関する今後の支援について，所内で検討する。

**問題 93** 「ソーシャルワーク専門職のグローバル定義」（2014 年）に関する次の記述のうち，**最も適切な**ものを**1つ**選びなさい。
1 人間尊重，人間の社会性，変化の可能性の 3 つの価値を前提とした活動である。
2 人，問題，場所，過程を構成要素とする。
3 価値の体系，知識の体系，調整活動のレパートリーを本質的な要素とする。
4 ソーシャルワーク実践は，価値，目的，サンクション，知識及び方法の集合体である。
5 社会変革と社会開発，社会的結束，および人々のエンパワメントと解放を促進する。

（注）「ソーシャルワーク専門職のグローバル定義」とは，2014 年 7 月の国際ソーシャルワーカー連盟（IFSW）と国際ソーシャルワーク学校連盟（IASSW）の総会・合同会議で採択されたものを指す。

**問題 94** 障害者の自立生活運動に関する次の記述のうち，**適切なもの**を**2つ**選びなさい。
1 当事者が人の手を借りずに，可能な限り自分のことは自分ですることを提起している。
2 ピアカウンセリングを重視している。
3 施設において，管理的な保護のもとでの生活ができることを支持している。
4 当事者の自己決定権の行使を提起している。
5 危険に挑む選択に対して，指導し，抑止することを重視している。

問題 95 ソーシャルワークを発展させた人物に関する次の記述のうち，**最も適切なもの**を1つ選びなさい。

1 レヴィ（Levy, C.）は，倫理とは，人間関係とその交互作用に対して価値が適用されたものであるとした。

2 トール（Towle, C.）は，ジェネラリストの観点からソーシャルワークの統合化を図り，ジェネラリスト・ソーシャルワークを提唱した。

3 アプテカー（Aptekar, H.）は，相互連結理論アプローチを提唱し，それぞれの理論は相互に影響を及ぼし合い，結びついていると論じた。

4 ジョンソン（Johnson, L.）は，社会的目標を達成するために不可欠な要素として，4つの基本的ニーズを提示した。

5 ターナー（Turner, F.）は，機能主義の立場に立ちつつ，診断主義の理論を積極的に取り入れ，ケースワークとカウンセリングを区別した。

問題 96 事例を読んで，X小学校に配置されているAスクールソーシャルワーカー（社会福祉士）が，Bさんの意思を尊重することに対する倫理的ジレンマとして，**適切なもの**を**2つ**選びなさい。

〔事 例〕

Aは，2学期に入ったある日，暗い顔をしているBさん（小学5年生）に声をかけた。Bさんは，初めは何も語らなかったが，一部の同級生からいじめを受けていることを少しずつ話し出した。そして，「今話していることが知られたら，ますますいじめられるようになり，学校にいづらくなる。いじめられていることは，自分が我慢すればよいので，他の人には言わないで欲しい」と思いつめたような表情で話した。

1 クライエントの保護に関する責任
2 別の小学校に配置されているスクールソーシャルワーカーに報告する責任
3 学校に報告する責任
4 保護者会に報告する責任
5 いじめている子の保護者に対する責任

問題 97 次の事例の場面において，複数のシステムの相互作用をもたらすシュワルツ（Schwartz, W.）の媒介機能を意図した支援として，**最も適切なもの**を1つ選びなさい。

〔事 例〕

自閉傾向のあるCさん（10歳）の母親が，市の子育て支援課の窓口に久しぶりに相談に来た。D相談員（社会福祉士）がCさんについて，この間の様子を聞いたところ，言語的なコミュニケーションは少ないが，最近は絵を描くことが好きになってきたとのことであった。

1 次回面接では親子で来所することと，Cさんの描いた絵を持ってくるよう依頼した。
2 親子で共通する話題や目的をつくるために，市主催のアートコンクールに出展する絵を描くよう勧めた。
3 絵によるコミュニケーションカードを親子で作成し，日常生活で使うよう勧めた。
4 市内にある大きな文房具店を紹介し，親子で一緒に絵を描く道具を見に行くことを勧めた。
5 障害児と親が活発に参加している絵画サークルに親子で参加し，児童や親達と交流することを勧めた。

**問題 98** ソーシャルワーク実践におけるシステム理論の考え方に関する次の記述のうち，**最も適切なもの**を1つ選びなさい。

1 ピンカス（Pincus, A.）とミナハン（Minahan, A.）の実践モデルにおけるターゲットシステムは，目標達成のために，ソーシャルワーカーと協力していく人々を指す。

2 開放システムの変容の最終状態は，初期条件によって一義的に決定される。

3 システムには，他の要素から正負のフィードバックを受けることで，自己を変化・維持させようとする仕組みがある。

4 クライエントの生活上の問題に関し，問題を生じさせている原因と結果の因果関係に着目する。

5 家族の問題に対して，課題を個々の家族員の次元で捉え，個々人に焦点を当てたサービスを提供する。

**問題 99** ソーシャルワークの実践モデルに関する次の記述のうち，**最も適切なもの**を1つ選びなさい。

1 生活モデルは，問題を抱えるクライエントの人格に焦点を絞り，問題の原因究明を重視する。

2 生活モデルは，人と環境の交互作用に焦点を当て，人の生活を全体的視点から捉える。

3 治療モデルは，人が疎外される背景にある社会の抑圧構造に注目する。

4 治療モデルは，問題を抱えるクライエントのもつ強さ，資源に焦点を当てる。

5 ストレングスモデルは，クライエントの病理を正確に捉えることを重視する。

**問題 100** ソーシャルワークのアプローチに関する次の記述のうち，**最も適切なもの**を1つ選びなさい。

1 機能的アプローチでは，4つのPを実践の構成要素として，クライエントのコンピテンス，動機づけとワーカビリティを高めることを目指す。

2 問題解決アプローチでは，女性にとっての差別や抑圧などの社会的現実を顕在化させ，個人のエンパワメントと社会的抑圧の根絶を目指す。

3 ユニタリーアプローチでは，ソーシャルワーカーが所属する機関の機能と専門職の役割機能の活用を重視し，クライエントのもつ意志の力を十分に発揮できるよう促すことを目指す。

4 実存主義アプローチでは，クライエントが自我に囚われた状態から抜け出すために，他者とのつながりを形成することで，自らの生きる意味を把握し，疎外からの解放を目指す。

5 フェミニストアプローチでは，システム理論に基づいて問題を定義し，ソーシャルワーカーのクライエントに対する教育的役割を重視し，段階的に目的を達成することを目指す。

**問題 101** 事例を読んで，就労継続支援 B 型事業所の E 職員（社会福祉士）が，クライエントに危険が及ぶような行動を減らすために，行動変容アプローチを応用して行う対応として，**最も適切なもの**を 1 つ選びなさい。

〔事 例〕

知的障害がある F さん（20 歳）は，作業中に興味があるものが目に入ると勢いよく外に飛び出してしまうことや，作業時間中でも床に寝転がること等の行動が度々あった。寝転がっているところに起き上がるよう声かけを行うと，引っ張り合いになっていた。F さんのこれらの行動は，職員や仲間からの注目・関心を集めていた。そこで，E は，F さんが席に座って作業を継続することを目標行動にして支援を開始した。

1 F さんが何かに気を取られて席を立つたびに，報酬を与える。
2 支援を始めて 1 か月後に，目標行動の変化を評価しベースラインをつける。
3 不適切行動のモデリングとして，職員が寝転がって見せる。
4 作業が継続できるたびにベルを鳴らし，ベルの音と作業を条件づける。
5 寝転がる前の先行条件，寝転がった後の結果といった行動の仕組みを分析する。

**問題 102** 事例を読んで，乳児院の G 家庭支援専門相談員（社会福祉士）が活用するアセスメントツールに関する次の記述のうち，**最も適切なもの**を 1 つ選びなさい。

〔事 例〕

一人暮らしの H さんは，慢性疾患による入退院を繰り返しながら出産したが，直後に長期の入院治療が必要となり，息子は乳児院に入所となった。H さんは 2 か月前に退院し，職場にも復帰したので，息子と一緒に暮らしたいと G に相談した。ただ，「職場の同僚ともうまくいかず，助けてくれる人もいないので，一人で不安だ」とも話した。そこで G は，引き取りに向けて支援するため，アセスメントツールを活用することにした。

1 同僚との関係を整理するために，ジェノグラムを作成する。
2 息子の発育状況を整理するために，エコマップを作成する。
3 周囲からのサポートを整理するために，エコマップを作成する。
4 自宅周辺の生活環境を整理するために，ソシオグラムを作成する。
5 H さんの病状を整理するために，ソシオグラムを作成する。

**問題 103** ソーシャルワークのプランニングにおける，目標の設定とクライエントの意欲に関する次の記述のうち，**最も適切なもの**を 1 つ選びなさい。

1 ソーシャルワーカーが，独自の判断で高い目標を設定すると，クライエントの意欲は高まる。
2 クライエントが自分でもできそうだと思う目標を段階的に設定すると，クライエントの意欲は低下する。
3 クライエントが具体的に何をすべきかがわかる目標を設定すると，クライエントの意欲が高まる。
4 クライエントにとって興味がある目標を設定すると，クライエントの意欲は低下する。
5 最終的に実現したい生活像とは切り離して目標を設定すると，クライエントの意欲が高まる。

**問題 104** 次の事例は，在宅療養支援におけるモニタリングの段階に関するものである。この段階における J 医療ソーシャルワーカー（社会福祉士）の対応として，**適切なもの**を **2 つ**選びなさい。

〔事 例〕

K さん（60歳）は，呼吸器機能に障害があり病院に入院していたが，退院後には自宅で在宅酸素療法を行うことになった。K さんとその夫は，在宅療養支援診療所の J と話し合いながら，訪問診療，訪問看護，訪問介護等を導入して自宅療養体制を整えた。療養開始後 1 か月が経ち，J はモニタリングを行うことにした。

1 K さんに「自宅での療養で困っていることはありますか」と聞き，新たな要望やニーズの有無を確認する。
2 K さんの夫に「病気になる前はどのように暮らしていましたか」と聞き，K さんの生活歴を確認する。
3 訪問介護員に「医療上，何かすべきことはありますか」と医療的ケアの課題を確認する。
4 主治医に「入院前の病状はいかがでしたか」と過去の治療状況を確認する。
5 訪問看護師に「サービス実施状況はどうですか」と経過や課題を確認する。

**問題 105** ソーシャルワークの過程におけるアフターケアに関する次の記述のうち，**最も適切なもの**を **1 つ**選びなさい。

1 ソーシャルワーカーや支援チームの状況変化に応じて行う。
2 クライエントとの間に信頼関係を形成することが目的となる。
3 アセスメントの精度を高めることが目的である。
4 問題の新たな発生や再発が起きていないか確認をする。
5 支援計画が十分に実施されたかを評価する。

**問題 106** ソーシャルワークの援助関係に関する次の記述のうち，**最も適切なもの**を **1 つ**選びなさい。

1 共感的理解とは，クライエントの世界を，あたかもソーシャルワーカーも体験したかのように理解することである。
2 目的志向性とは，クライエントを意図的に導くことにより，ソーシャルワーカーの自己覚知を促進することである。
3 パターナリズムとは，ソーシャルワーカーの権威と自由裁量を否定し，対等な立場を重視した援助関係のことである。
4 受容とは，クライエントの逸脱した態度や行動に対しても，同調した上で，それを許容することである。
5 ソーシャルワーカーの自己開示とは，クライエントの行動や感情における矛盾を指摘することである。

**問題 107** 次の記述のうち，ケアマネジメントの一連の過程における再アセスメントに関するものとして，**最も適切なもの**を **1 つ**選びなさい。

1 サービスを新たに開始するために，クライエントの望む生活に向けた目標を設定し，その実現に向けて支援内容を決定した。
2 クライエントの生活状況の変化によるサービス内容の見直しのために，新たに情報収集し，課題の分析を行った。
3 クライエントの課題が解決したため，ケアマネジメントを終了することを確認した。
4 クライエントになる可能性のある人の自宅やその地域を訪問し，ニーズを把握した。
5 サービスの終結をした者から，新たにサービス利用の申し出があったため，情報の収集を行った。

問題　108　ロスマン（Rothman, J.）が1960年代に提唱したコミュニティ・オーガニゼーション実践の
　　モデルに関する次の記述のうち，**最も適切なもの**を1つ選びなさい。
1　組織化モデルとは，住民の地域生活支援を目標として，当事者の個別支援と連動させて，地域の生活基
　盤の整備に向けた地域支援を展開する方法である。
2　小地域開発モデルとは，不利な立場に置かれた人々が直面する状況を自らの力では変革できない時に，
　同じ問題意識を共有する人々と連帯し，権力構造に対して政治的に働きかける方法である。
3　社会計画モデルとは，住民や当事者が求めるサービスや資源の提供を達成するために地域のニーズを調
　査して，サービス提供機関間の調整を図る方法である。
4　ソーシャルアクションモデルとは，地域が求める目標を達成するために，サービス提供機関が地域の資
　源を利用して活動を推進する方法である。
5　統合モデルとは，地方自治体による政策実践と，福祉施設等における運営管理実践を一体のものとして，
　地域を変革することを主たる目標とする方法である。

問題　109　グループワークに関する次の記述のうち，**最も適切なもの**を1つ選びなさい。
1　グループの発達過程は，メンバー間の関係の変化に影響を受ける。
2　波長合わせとは，メンバー間の親しい接触を通して，お互いに刺激し，影響し合うことである。
3　グループメンバー間の暗黙の葛藤に対しては，それが表面化しないように働きかける。
4　プログラム活動では，全員が同じ動きを行うことを優先するように求める。
5　終結期には，メンバー間の感情の表出や分かち合いを避ける。

問題　110　スーパービジョンに関する次の記述のうち，**最も適切なもの**を1つ選びなさい。
1　スーパーバイジーは，スーパーバイザーより知識も技量も高い。
2　スーパービジョンの契約は，スーパービジョンの展開過程の終結段階で行われる。
3　スーパービジョンにおける管理的機能では，スーパーバイジーの業務遂行の適切さを確認する。
4　パラレルプロセスは，スーパーバイジーが過去の特定の人間関係をスーパーバイザーとの関係の中に投
　影することである。
5　スーパーバイザーは，クライエントに最良のサービスを直接提供する。

問題　111　記録の方式の一つにSOAP方式がある。その内容に関して，**最も適切なもの**を1つ選びなさ
　い。
1　Sは，客観的情報であり，利用者の行動を観察した内容を記述する。
2　Oは，主観的情報であり，利用者の語った内容を記述する。
3　Aは，支援計画であり，他機関や他専門職からの情報を記述する。
4　Pは，プロセスであり，利用者の言葉や他機関からの情報に関する判断を記述する。
5　SOAP記録は，問題と援助者の思考が明確になる問題志向型記録の一つである。

問題 112 「個人情報保護法」に関する次の記述のうち，**正しいもの**を**1**つ選びなさい。

1 個人情報取扱事業者には，国の機関は除外されている。

2 本人の生命の保護に必要がある場合であっても，本人の同意を得ることが困難であるときは，個人情報を第三者に提供してはならない。

3 オンラインによる個人情報の提供は，ウイルスや不正アクセス等のリスクを伴うため禁止されている。

4 クレジットカード番号は，個人識別符号に含まれる。

5 事業者は，サービス利用者から本人のサービス記録の開示を求められた場合でも，これに応じる義務はない。

(注) 「個人情報保護法」とは，「個人情報の保護に関する法律」のことである。

問題 113 事例分析の対象を手段的事例と固有事例に分けたとき，手段的事例の例として，**最も適切なもの**を**1**つ選びなさい。

1 ソーシャルワーカーが担当しているクライエントの支援において，今後の方向性を考えるために，クライエントと共に事例分析をした。

2 新人のソーシャルワーカーが担当しているクライエントの支援過程について，指導的立場のソーシャルワーカーと一緒に，事例分析をした。

3 ソーシャルワーカーが担当している事例で，支援結果が良好なものがあったので，その要因を明らかにするため，事例分析をした。

4 ソーシャルワーカーが担当している事例で，複雑な問題を抱え支援が困難なクライエントがおり，事例分析をした。

5 ソーシャルワーカーが担当している地区で，高齢者から振り込め詐欺に関する相談が頻繁にあるため，研修を目的とした事例分析をした。

問題 114 事例を読んで，N市社会福祉協議会のM職員（社会福祉士）の対応として，**適切なもの**を**2**つ選びなさい。

〔事 例〕

N市社会福祉協議会は，N市から避難行動要支援者への支援に関して委託事業を受けている。Mは，その事業のコーディネート役を担当しており，N市が海岸線の近くにあり，高台が少ないことから，大地震の際の津波などによる被害を心配している。Mは，日頃から「備えあれば憂いなし」と周りの職員たちに言い，避難行動要支援者を中心にした，平常時からのネットワーキングがN市には必要と考えて，支援活動をしている。

1 近隣の住民に声をかけ，避難行動要支援者と一緒に避難訓練を行う。

2 災害発生に備えて，避難行動要支援者名簿を地域の全戸に配布する。

3 自力で避難できるよう，避難行動要支援者を個別に訪問して指導する。

4 避難支援等関係者よりも，避難行動要支援者の安全確保を最優先するよう関係者に指示する。

5 避難支援等関係機関と一緒に福祉避難所を確認する機会をもつ。

問題 115　事例を読んで，A スクールソーシャルワーカー（社会福祉士）の解決志向アプローチに基づく
　　　問いかけとして，**適切なもの**を **2 つ**選びなさい。
　　　〔事　例〕
　　　　B さん（高校 1 年生）は，父親，弟（小学 4 年生），妹（小学 1 年生）の 4 人家族である。父親は長距離
　　トラックの運転手で，B さんは長女として家事と弟妹の世話を引き受けている。ある日，A スクールソー
　　シャルワーカーに，「家族のためにやれることをやるのは当然だし，喜んでもらえるのもうれしい。でも毎
　　日勉強とバイトと家事で精一杯。これ以上はもう無理かも…」とつぶやいた。A はこれまでの B さんの頑
　　張りをねぎらいながら，以下の問いかけをした。

1　「もし奇跡が起こって何もかもうまくいくとしたら，どうなると思いますか？」
2　「最悪な状況を 0，何もかも解決したのが 10 なら，今は何点になりますか？」
3　「B さんが『もう無理かも』と思ったのは，どのようなときですか？」
4　「B さんが想像する，最悪の事態はどのようなものでしょうか？」
5　「今，B さんが抱える状況の根本の原因は何だと思いますか？」

問題 116　事例を読んで，Y 地域包括支援センターの C 社会福祉士が参加している認知症初期集中支援
　　　チームの対応として，**最も適切なもの**を **1 つ**選びなさい。
　　　〔事　例〕
　　　　Y 地域包括支援センターに「夫の物忘れがひどく，指摘するとすぐに怒りだすことと，時折暴力を振る
　　うことで困っている」と D さん（72 歳）から電話相談があった。その後，D さんが来所して夫の日常の
　　様子を詳しく話した。夫に病院で受診をしてもらおうとしたが，「俺はどこも悪くないから病院には行かな
　　い」と拒否され，困っているという。そこで C は，認知症初期集中支援チームにおける対応が必要と考
　　え，ケース会議の開催を要請した。

1　夫を刺激しないように，認知症サポーターと C が自宅を訪問する。
2　D さんが一人の時間を持てるように自宅を訪問し，夫の利用可能な認知症カフェの案内を手渡す。
3　夫の状態について，認知症サポート医から専門的知見による助言を求める。
4　夫の生活の様子を聞くために，介護福祉士と C が自宅を訪問する。
5　D さんへの暴力回避のために，保健所の職員と C が自宅を訪問する。

**問題 117** 事例を読んで，ひきこもり地域支援センターの F 職員（社会福祉士）による，グループワークのこの段階における関わりとして，**最も適切なもの**を 1 つ選びなさい。

〔事 例〕

F は，ひきこもり地域支援センターが 1 か月前に開設した，ひきこもり状態にある人たちのための居場所であるカフェで，グループへの支援を行っている。F は 2 年前から根気強く訪問していた G さん（38 歳，男性）にもこのグループへ参加しないかと声をかけたところ，「どんなメンバーで，どんなことをしているのか」と興味を示し，久しぶりに外出し，カフェに初めて姿を見せた。G さんは対人関係のつまずきからひきこもり状態となった経緯があり，人見知りがある。

1 人見知りが激しいことを知っているので，他のメンバーに対応を委ねる。
2 関係づくりができていることを活かしたいので，G さんと二人で会話を続ける。
3 以前から参加している他のメンバーと話せるように橋渡しをする。
4 メンバー同士の関係を活用し，G さんの長いひきこもり体験をメンバー間で分かち合うよう促す。
5 G さんの過去の対人関係をメンバー間で振り返り，気持ちの分かち合いを促す。

**問題 118** ソーシャルワークの面接技術に関する次の記述のうち，**最も適切なもの**を 1 つ選びなさい。
1 明確化によって，クライエントに特別な行動をするように伝えて，課題解決を促す。
2 言い換えによって，クライエントの話す内容や感情を別の言葉で表現し，気づきを促す。
3 閉じられた質問によって，クライエントが自由に話すのを促す。
4 要約によって，より多くの情報を収集するために，クライエントの自己開示を促す。
5 問題への直面化によって，クライエントとの信頼関係を構築する。

福祉サービスの組織と経営

**問題 119** 社会福祉法人に関する次の記述のうち，**正しいもの**を <u>2 つ</u>選びなさい。
1 主たる事務所の所在地において設立の登記をすることによって成立する。
2 収支計算書の公表は任意である。
3 他の社会福祉法人と合併することはできない。
4 評議員，評議員会，理事，理事会，監事を設置することが義務づけられている。
5 評議員は無報酬でなければならない。

**問題 120** 経営の基礎理論に関する次の記述のうち，**最も適切なもの**を 1 つ選びなさい。
1 バーナード（Barnard, C.）によれば非公式組織とは，意識的で，計画的で，目的をもつような人々相互間の協働である。
2 テイラー（Taylor, F.）は科学的管理法を提唱し，作業現場の管理について，合理的な規則と手続きによる管理の重要性を強調した。
3 ハインリッヒ（Heinrich, H.）は，軽微な事故への対策を実施しても，重大な事故を未然に防ぐことはできないことを明らかにした。
4 アッシュ（Asch, S.）は，個人として正しい判断ができていれば，多数派の力には負けることはないという現象を明らかにした。
5 メイヨー（Mayo, G.）とレスリスバーガー（Roethlisberger, F.）は，組織における経済的合理性を追求する，経済人モデルを提唱した。

問題　121　集団やチームに関する次の記述のうち，**最も適切なもの**を**1つ**選びなさい。

1　集団浅慮とは，集団を構成する個々のメンバーが，個人で考えるよりも多面的な検討を行うことができるようになる現象のことである。

2　集団の規範とは，メンバーが誰かの努力や成果にただ乗りして，自分自身は力を出し切らないことである。

3　集団の凝集性は，集団を構成するメンバーを離散させ，個々人に分離させる傾向をもつ。

4　チームの生産性は，チームメンバー間で信頼や尊敬の念が育まれていると低くなる。

5　集団内のコンフリクトには，集団に悪影響を及ぼす非生産的コンフリクトと，集団に好影響を及ぼす生産的コンフリクトの両方の側面がある。

問題　122　福祉サービス提供組織の財源に関する次の記述のうち，**最も適切なもの**を**1つ**選びなさい。

1　障害福祉サービスを行う事業者の収入の総額は，市町村からの補助金の総額に等しい。

2　介護保険事業を行う事業者の収入の総額は，利用者が自己負担する利用料の総額に等しい。

3　ファンドレイジングとは，事業や活動を行うために必要な資金を様々な方法を使って調達することを指す。

4　社会福祉法人が解散する場合，定款の定めにかかわらず，その法人に対して寄付を行ってきた個人は，寄付した割合に応じて残余財産の分配を受けることができる。

5　特定非営利活動法人は，特定非営利活動に係る事業に支障がない限り，事業によって得られた利益を自由に分配することができる。

問題　123　福祉サービス提供組織の運営に関する次の記述のうち，**適切なもの**を**2つ**選びなさい。

1　アカウンタビリティとは，ステークホルダーに対する説明責任を指す。

2　社会福祉法人における評議員会とは，法人の日常的な業務執行の決定などを行う機関である。

3　社会福祉法人の監事には，法人の評議員会の業務執行を監査し，その内容について監査報告書を作成する役割がある。

4　コンプライアンスとは，組織が法令や組織内外のルールを守ることにより，社会的責任を果たすことをいう。

5　社会福祉法人における理事会とは，定款の変更や役員の選任などの体制の決定を行う機関である。

問題　124　事例を読んで，H施設管理者が実施した人材育成の手法について，**最も適切なもの**を**1つ**選びなさい。

〔事　例〕

Z高齢者介護施設は，定期的に職場内において勉強会を実施している。このほど，Z施設が立地するP県主催の「高齢者虐待の防止について」という研修会の通知が届いた。Z施設のH施設管理者は，職員数名をこの研修会に参加させ，新たな知見を得てもらうこととした。

1　コーチング

2　OFF-JT

3　ジョブ（職務）ローテーション

4　OJT

5　目標管理制度

**問題 125** 「育児・介護休業法」に関する次の記述のうち，**最も適切なもの**を1つ選びなさい。

1 子の養育及び家族の介護を容易にするため，所定労働時間等に関し事業主が講ずべき措置を定めている。

2 育児休業とは，産後8週までの女性に対し，使用者が休業を与えるものである。

3 対象家族に無職かつ健康な同居者がいる場合は，介護休業を取得することができない。

4 期間を定めて雇用される者は，雇用の期間にかかわらず介護休業を取得することができない。

5 対象家族一人について，介護休業を分割して取得することはできない。

(注) 「育児・介護休業法」とは，「育児休業，介護休業等育児又は家族介護を行う労働者の福祉に関する法律」のことである。

---

高齢者に対する支援と介護保険制度

---

**問題 126** 「令和5年版高齢社会白書」（内閣府）に示された日本の高齢者を取り巻く社会情勢に関する次の記述のうち，**正しいもの**を1つ選びなさい。

1 人口の高齢化率は，2022年（令和4年）10月1日現在で，約16％となっている。

2 高齢化率の「倍加年数」をアジア諸国で比較すると，韓国は日本よりも短い年数となっている。

3 総人口に占める75歳以上の人口の割合は，2070年（令和52年）に約40％に達すると推計されている。

4 2022年（令和4年）の労働力人口総数に占める65歳以上の者の割合は，2013年（平成25年）以降の10年間でみると，漸減傾向にある。

5 2021年（令和3年）の65歳以上の者の死因別の死亡率をみると，悪性新生物よりも肺炎の方が高くなっている。

(注) 「倍加年数」とは，人口の高齢化率が7％から14％に達するまでに要した年数のことである。

**問題 127** 第二次世界大戦後の日本における高齢者保健福祉制度の展開過程に関する次の記述のうち，**最も適切なもの**を1つ選びなさい。

1 1950年（昭和25年）の生活保護法では，常時介護を必要とする老人の家庭を訪問する老人家庭奉仕員が規定された。

2 1963年（昭和38年）の老人福祉法では，養護老人ホーム，特別養護老人ホーム，軽費老人ホームを含む，老人福祉施設が規定された。

3 1982年（昭和57年）の老人保健法では，70歳以上の高齢者にかかる医療費のうち，その自己負担分を無料化する老人医療費支給制度が規定された。

4 1997年（平成9年）の介護保険法では，要介護認定を受け，要介護と判定された高齢者等は，原則3割の利用者負担で，介護サービスを利用できることが規定された。

5 2000年（平成12年）の社会福祉法の改正では，高齢者保健福祉推進十か年戦略（ゴールドプラン）が策定されたことを受け，地域包括ケアシステムが規定された。

**問題 128** 事例を読んで，地域包括支援センターの社会福祉士による J さんの長女への助言として，**適切なものを 2 つ**選びなさい。

〔事 例〕

　自宅で一人暮らしの J さん（82 歳，男性）は，脳梗塞の後遺症により軽い左片麻痺（ひだりかたまひ）があり，要支援 1 の認定を受けているが介護保険サービスは利用していない。2 か月前に買物に行こうとして玄関先で転倒し，軽傷ですんだものの，それ以来自宅から出ようとしなくなった。近隣に住んでいる長女は，週に 2，3 度自宅を訪れ，買物や掃除・洗濯を手伝ってきた。しかし，「父は一人で大丈夫というが，むせることもあり食事量が減ってきて心配です。父はどのようなサービスが利用できますか」と地域包括支援センターに相談に来た。

1　看護小規模多機能型居宅介護の利用
2　介護老人福祉施設への入所
3　介護予防通所リハビリテーションの利用
4　短期入所生活介護の利用
5　管理栄養士による介護予防居宅療養管理指導の利用

**問題 129** 移動の介護に関する次の記述のうち，**最も適切なもの**を 1 つ選びなさい。
1　片麻痺がある人が杖（つえ）歩行を行う場合，杖は麻痺側に持つ。
2　左片麻痺者が階段を上る時は，杖の次に左足を上げる。
3　視覚障害者の歩行介助を行う場合，介助者は視覚障害者の後方を歩く。
4　片麻痺がある人のベッドから車いすへの移乗では，車いすを要介護者の健側に置く。
5　車いすで大きな段差を下るときは，前向きで降りる。

**問題 130** 介護保険法に定める福祉用具貸与の種目として，**最も適切なもの**を 1 つ選びなさい。
1　腰掛便座
2　移動用リフトの吊（つ）り具の部分
3　認知症老人徘徊感知機器
4　簡易浴槽
5　入浴補助用具

**問題 131** 介護保険制度における厚生労働大臣の役割に関する次の記述のうち，**正しいもの**を 1 つ選びなさい。
1　要介護認定の審査及び判定に関する基準を定める。
2　要介護者等に対する介護給付費の支給決定を行う。
3　介護支援専門員実務研修を実施する。
4　介護給付等費用適正化事業を実施する。
5　財政安定化基金を設置する。

問題 132 事例を読んで，病院の K 医療ソーシャルワーカー（社会福祉士）が，この時点で L さんへの支援のために検討すべきこととして，**最も適切なもの**を 1 つ選びなさい。

〔事 例〕

K は，変形性膝関節症で外来通院中の L さん（82歳，女性，独居，要支援2）から相談を受けた。L さんは屋外の歩行が不自由で杖を使っているが，介護サービス等は利用していない。L さんは，数年ぶりに趣味の歌舞伎鑑賞に出かけようと思い，介護保険制度のサービス利用について市役所に問い合わせたところ「本市では趣味のための移動支援は実施していない」と説明されたと言う。L さんは転倒の心配もあり，歌舞伎鑑賞には見守り支援を利用したいと言っている。

1 L さんの支援を在宅医療・介護連携推進事業の担当者に依頼する。
2 市役所の対応に関して，都道府県国民健康保険団体連合会へ苦情の申し立てを行うよう，L さんに提案・助言を行う。
3 L さんの歩行機能の改善を図るため，地域介護予防活動支援事業の利用を勧める。
4 L さんの疑問や不安に対応してもらえるよう，介護サービス相談員と連携を図る。
5 L さんの居住地を担当する「生活支援コーディネーター（第 2 層）」に連絡を取り，L さんが利用できる，制度外の外出時の見守り支援策について相談・調整を図る。

（注）「生活支援コーディネーター（第 2 層）」は，中学校区域を基本とする日常生活圏域で業務に当たる職員である。

問題 133 介護福祉士に関する次の記述のうち，**正しいもの**を 1 つ選びなさい。
1 介護福祉士の法律上の定義には，介護者に対して介護に関する指導を行うことを業とすることが含まれている。
2 介護福祉士が介護保険制度における訪問介護員として従事する際には，その資格とは別に，政令で定める研修を修了していることがその要件となる。
3 介護福祉士は，医師の指示のもと，所定の条件下であれば，医療的ケアの一つとして脱水症状に対する点滴を実施することができる。
4 介護福祉士は業務独占資格の一つであり，法令で定める専門的な介護業務については，他の者が行うことは禁じられている。
5 認定介護福祉士を認定する仕組みは，2005 年（平成 17 年）に制定された介護保険法等の一部を改正する法律において法定化され，その翌年から施行された。

問題 134 事例を読んで，地域包括支援センターの M 職員（社会福祉士）が訪問・相談を行った時点での対応として，**適切なもの**を **2 つ**選びなさい。

〔事　例〕

Q 市に住む A さん（85 歳，女性，要介護 3）は長男（56 歳）と二人暮らしである。A さんは 5 年前から物忘れが進み，排せつには介助を要し，日常的に長男が介護をしている。また，短期入所生活介護を 2 か月に 1 回利用している。今朝，長男から「気分が落ち込んでしまいここ 3 日ほどは眠れない」「当分は母の介護ができそうにない」と沈んだ声で地域包括支援センターに電話相談があった。これまでにもこのような相談が度々あり，それを受け，M 職員がすぐに訪問・相談を行った。

1　A さんの要介護状態の改善を図る必要があるため，介護予防ケアマネジメントの実施を検討する。
2　総合相談支援業務として，長男の状態について同センターの保健師と相談し，気分の落ち込みや睡眠の問題に対応できる専門機関を探す。
3　権利擁護業務として，A さんへの虐待リスクがあることについて，市に通報する。
4　包括的・継続的ケアマネジメント支援業務として，A さんを担当する居宅介護支援事業所の介護支援専門員とともに，早急に今後の対応を検討する。
5　A さんと長男が住む地域の課題を検討するため，地域ケア会議で報告する。

問題 135 「高齢者虐待防止法」に関する次の記述のうち，**最も適切なもの**を **1 つ**選びなさい。
1　この法律における高齢者とは，65 歳以上で介護保険制度における要介護認定・要支援認定を受けた者と定義されている。
2　この法律では，セルフネグレクト（自己放任）の状態も高齢者虐待に該当することが定義されている。
3　この法律における高齢者虐待の定義には，保険医療機関における医療専門職による虐待が含まれている。
4　この法律では，市町村が養護者による虐待を受けた高齢者の居所等への立入調査を行う場合，所轄の警察署長に援助を求めることができると規定されている。
5　この法律は，市町村に対し，高齢者虐待の防止・高齢者とその養護者に対する支援のため，司法書士若しくは弁護士の確保に関する義務を課している。

（注）　「高齢者虐待防止法」とは，「高齢者虐待の防止，高齢者の養護者に対する支援等に関する法律」のことである。

**問題 136** 子ども・家庭の生活実態に関する次の記述のうち，**正しいもの**を 1 つ選びなさい。

1 「令和 4 年版男女共同参画白書」（内閣府）によると，子供がいる世帯の妻の就業状態は，パートタイム労働よりフルタイム労働の割合が高くなっている。

2 「令和 4 年版犯罪白書」（法務省）によると，少年の刑法犯等検挙人員は令和 3 年には戦後最大となった。

3 「令和 3 年度児童生徒の問題行動・不登校等生徒指導上の諸課題に関する調査結果について」（文部科学省）によると，いじめの認知（発生）件数は，令和 2 年度に比べ減少した。

4 「令和 3 年度全国ひとり親世帯等調査結果の概要」（厚生労働省）によると，母子家庭の世帯の平均年間収入は，同年の国民生活基礎調査による児童のいる世帯の平均所得の約 8 割である。

5 「令和 3 年度ヤングケアラーの実態に関する調査研究」の小学校調査によると，「ヤングケアラーと思われる子どもの状況」（複数回答）では，「家族の通訳をしている（日本語や手話など）」に比べて，「家族の代わりに，幼いきょうだいの世話をしている」が多い。

（注）「令和 3 年度ヤングケアラーの実態に関する調査研究」とは，株式会社日本総合研究所が，令和 3 年度子ども・子育て支援推進調査研究事業（厚生労働省）として実施したものである。

**問題 137** 児童福祉法の総則規定に関する次の記述のうち，**最も適切なもの**を 1 つ選びなさい。

1 全て国民は，児童の年齢及び発達の程度に応じて，その意見が尊重されるよう努めなければならない。

2 全て保護者は，その養育する児童の福祉を等しく保障される権利を有する。

3 国は，児童を育成する第一義的責任がある。

4 全て国民は，児童の最善の利益を実現しなければならない。

5 全て児童は，家庭で育てられなければならない。

**問題 138** 事例を読んで，R 市子育て支援課の B 相談員（社会福祉士）が R 市で利用可能なサービスの中から紹介するものとして，**最も適切なもの**を 1 つ選びなさい。

〔事 例〕

C さん（2 歳）の母親である D さんは，他の子どもと比べて C さんの言葉が遅れていると気に病むようになり，外に出かけにくくなった。心配した C さんの祖母が D さんと共に R 市子育て支援課に相談に来た。B は，2 人の話を聞き，どのようなサービスが利用可能かを一緒に検討することにした。

1 保育所への入所

2 母子健康包括支援センター（子育て世代包括支援センター）の利用

3 児童館の利用

4 子育て援助活動支援事業（ファミリー・サポート・センター事業）の利用

5 児童相談所の利用

問題　139　児童扶養手当に関する次の記述のうち，**最も適切なもの**を 1 つ選びなさい。
1　生活保護を受給していることが支給要件である。
2　児童扶養手当法における児童とは，障害がない子どもの場合，18 歳到達後の最初の 3 月 31 日までの間にある者をいう。
3　児童扶養手当は児童手当と併給できない。
4　支給額は，世帯の収入にかかわらず一定である。
5　父子世帯は，支給対象外となる。

問題　140　次の記述のうち，次世代育成支援対策推進法に関して，**最も適切なもの**を 1 つ選びなさい。
1　少子化に対処するための施策を総合的に推進するために，全ての児童が医療を無償で受けることができる社会の実現を目的としている。
2　都道府県及び市町村には，10 年を 1 期とする次世代育成支援のための地域における行動計画を策定することが義務づけられている。
3　政府には，少子化に対処するための施策を指針として，総合的かつ長期的な労働力確保のための施策の大綱を策定することが義務づけられている。
4　常時雇用する労働者の数が 100 名を超える事業主（国及び地方公共団体を除く）は，一般事業主行動計画を策定しなければならない。
5　都道府県を基盤とした一元的な保育の給付について規定されている。

問題　141　特別養子縁組の制度に関する次の記述のうち，**最も適切なもの**を 1 つ選びなさい。
1　配偶者のない者でも養親となることができる。
2　養子となることができる子の年齢上限は，6 歳である。
3　養親には離縁請求権はない。
4　特別養子縁組の成立には，実親の同意は原則として必要ではない。
5　特別養子縁組は，都道府県が養親となる者の請求により成立させることができる。

問題　142　事例を読んで，この時点での U 児童養護施設の E 家庭支援専門相談員（社会福祉士）の対応について，**最も適切なもの**を 1 つ選びなさい。
　〔事　例〕
　F さん（40 歳代，男性）は，息子 G さん（8 歳）と父子家庭で生活していた。G さんが 3 歳の時に，F さんによる妻への暴力が原因で離婚した。F さんは，行儀が悪いと言っては G さんを殴る，蹴る等の行為が日常的にみられた。額にひどいあざがあるような状態で G さんが登校したことから，学校が通告し，G さんは U 児童養護施設に措置された。入所後，家庭支援専門相談員である E が F さんに対応している。F さんは E と会う度に，「自分の子どもなのだから，息子を返して欲しい」と訴えていた。G さんとの面会交流が進んだ現在では，「返してもらうにはどうしたらよいのか」と発言している。

1　F さんに二度と叩かないことを約束すれば，家庭復帰できると伝える。
2　F さんが反省しているとわかったので，家庭復帰できると伝える。
3　F さんに「なぜ叩いたのですか」と問い反省を求める。
4　F さんが体罰によらない子育てができるよう一緒に考える。
5　F さんは暴力による方法しか知らないのだから，家庭復帰は諦めるようにと伝える。

**問題 143** 次の記述のうち，就労定着支援に関する説明として，**最も適切なもの**を１つ選びなさい。

1 特別支援学校を卒業したばかりの新卒者の職場定着を支援する。

2 支援は，障害者が通常の事業所に雇用される前から開始される。

3 支援は，最大６か月間提供される。

4 支援の内容には，生産活動の機会の提供を通じて，知識及び能力の向上のために必要な訓練を供与することが含まれる。

5 支援の内容には，障害者が雇用されたことに伴い生じる日常生活又は社会生活を営む上での問題に関する相談，助言が含まれる。

**問題 144** 「障害者雇用促進法」に定める常用雇用労働者数 100 人以下の一般事業主に関する次の記述のうち，**最も適切なもの**を１つ選びなさい。

1 障害者雇用納付金を徴収されない。

2 報奨金の支給対象とならない。

3 障害者に対する合理的配慮提供義務を負わない。

4 重度身体障害者及び重度知的障害者を雇用した場合，実雇用率の算定に際し１人をもって３人雇用したものとみなされる。

5 法定雇用率未達成の場合に，「対象障害者の雇入れに関する計画」の作成を命じられることはない。

(注) 「障害者雇用促進法」とは，「障害者の雇用の促進等に関する法律」のことである。

**問題 145** 次の記述のうち，公共職業安定所（ハローワーク）が実施する業務として，**最も適切なもの**を１つ選びなさい。

1 労災保険給付の支給

2 無料職業紹介事業の許可

3 有料の職業紹介

4 生活保護における生業扶助の支給

5 障害者雇用に関する技術的助言・指導

**問題 146** 事例を読んで，公共職業安定所（ハローワーク）の職員が行う対応として，**最も適切なもの**を1つ選びなさい。

〔事 例〕

民間企業で10年間働いてきたHさん（33歳）は，新たな職務に強いストレスを感じるようになり，出勤できなくなった。医師からうつ病との診断を受け，6か月間休職したが，症状が改善せず退職した。退職から1年が経ち，まだ，うつの症状は残っており，就業面，生活面での不安を感じるものの，金銭面の問題から，とにかく働かなければならないと焦りを感じ，公共職業安定所（ハローワーク）を訪問した。

1 一般就労の経験があるHさんは，問題なく一般就労が可能であると判断し，一般企業からの求人情報を提供する。

2 Hさんの希望は就職であることから，適応訓練についてはあっせんしない。

3 Hさんの確実な就職のため，一般企業ではなく特例子会社の求人を紹介する。

4 本人の了解を得て，障害者就業・生活支援センターを紹介するなど関係機関と連携する。

5 一般就労には週の所定労働時間が20時間以上であることが求められる旨を説明する。

---

更生保護制度

---

**問題 147** 事例を読んで，この場合の仮釈放の手続きに関する次の記述のうち，**最も適切なもの**を1つ選びなさい。

〔事 例〕

裁判所の判決で3年の懲役刑を言い渡されて，刑事施設に収容されていたJさんは，仮釈放の審理の対象となった。

1 仮釈放の要件として，刑の執行から最短でも2年を経過している必要がある。

2 仮釈放の要件として，改悛の状があることがある。

3 仮釈放を許す処分を決定するのは，地方裁判所の裁判官である。

4 仮釈放の対象となるのは，初めて刑事施設に入った者に限られる。

5 仮釈放の期間中，Jさんの希望により，保護観察が付される。

**問題 148** 保護司に関する次の記述のうち，**正しいもの**を1つ選びなさい。

1 法務大臣から委嘱される。

2 検察官の指揮監督を受ける。

3 保護観察における指導監督の権限はない。

4 担当する事件内容によっては給与が支給される。

5 刑事施設収容中の者との面会は禁じられている。

**問題 149** 事例を読んで，社会復帰調整官の対応として，**最も適切なもの**を 1 つ選びなさい。

〔事 例〕

　精神保健観察中の K さんは，地域生活を送っている中で家族関係が悪化し，仕事にも行けなくなってきた。保護観察所は，関係機関の担当者とともにケア会議を開催し，K さんの状態の情報共有と今後の処遇について話し合った。

1　K さんが継続的に医療を受けるよう，保護司に指導を指示する。
2　指定通院医療機関への通院状況を確認する。
3　精神保健観察の期間延長を決定する。
4　指定入院医療機関に入院させることを決定する。
5　今回作成する処遇の実施計画の内容を K さんに秘匿することを決定する。

**問題 150** 刑の一部の執行猶予制度に関する次の記述のうち，**正しいもの**を 1 つ選びなさい。

1　本制度の導入により，検察官による起訴猶予の処分は廃止された。
2　本制度の導入により，執行する刑の全てを猶予する制度は廃止された。
3　本制度の導入により，釈放後の生活環境の調整をする制度は廃止された。
4　本制度の刑の一部の執行猶予期間は，刑期とともに判決時に言い渡される。
5　本制度において，保護観察が付されることはない。

# 午後問題（専門科目）用マークシート

## 社会福祉士国家試験 （午後）解答用紙

| 会　場 | 福祉大学 |
|---|---|
| 1 | 第1教室 |

| カ　ナ | |
|---|---|
| 氏　名 | |

※実際の解答用紙には，すでに「受験番号（●塗りつぶし含む）」「カナ氏名」が印刷されています。「受験番号」と「カナ氏名」が正しいかどうか確認して，「カナ氏名」の下の欄に，漢字で氏名を記入してください。

| 問題 84 | ① ② ③ ④ ⑤ | 問題 121 | ① ② ③ ④ ⑤ |
|---|---|---|---|
| 問題 85 | ① ② ③ ④ ⑤ | 問題 122 | ① ② ③ ④ ⑤ |
| 問題 86 | ① ② ③ ④ ⑤ | 問題 123 | ① ② ③ ④ ⑤ |
| 問題 87 | ① ② ③ ④ ⑤ | 問題 124 | ① ② ③ ④ ⑤ |
| 問題 88 | ① ② ③ ④ ⑤ | 問題 125 | ① ② ③ ④ ⑤ |
| 問題 89 | ① ② ③ ④ ⑤ | 問題 126 | ① ② ③ ④ ⑤ |
| 問題 90 | ① ② ③ ④ ⑤ | 問題 127 | ① ② ③ ④ ⑤ |
| 問題 91 | ① ② ③ ④ ⑤ | 問題 128 | ① ② ③ ④ ⑤ |
| 問題 92 | ① ② ③ ④ ⑤ | 問題 129 | ① ② ③ ④ ⑤ |
| 問題 93 | ① ② ③ ④ ⑤ | 問題 130 | ① ② ③ ④ ⑤ |
| 問題 94 | ① ② ③ ④ ⑤ | 問題 131 | ① ② ③ ④ ⑤ |
| 問題 95 | ① ② ③ ④ ⑤ | 問題 132 | ① ② ③ ④ ⑤ |
| 問題 96 | ① ② ③ ④ ⑤ | 問題 133 | ① ② ③ ④ ⑤ |
| 問題 97 | ① ② ③ ④ ⑤ | 問題 134 | ① ② ③ ④ ⑤ |
| 問題 98 | ① ② ③ ④ ⑤ | 問題 135 | ① ② ③ ④ ⑤ |
| 問題 99 | ① ② ③ ④ ⑤ | 問題 136 | ① ② ③ ④ ⑤ |
| 問題 100 | ① ② ③ ④ ⑤ | 問題 137 | ① ② ③ ④ ⑤ |
| 問題 101 | ① ② ③ ④ ⑤ | 問題 138 | ① ② ③ ④ ⑤ |
| 問題 102 | ① ② ③ ④ ⑤ | 問題 139 | ① ② ③ ④ ⑤ |
| 問題 103 | ① ② ③ ④ ⑤ | 問題 140 | ① ② ③ ④ ⑤ |
| 問題 104 | ① ② ③ ④ ⑤ | 問題 141 | ① ② ③ ④ ⑤ |
| 問題 105 | ① ② ③ ④ ⑤ | 問題 142 | ① ② ③ ④ ⑤ |
| 問題 106 | ① ② ③ ④ ⑤ | 問題 143 | ① ② ③ ④ ⑤ |
| 問題 107 | ① ② ③ ④ ⑤ | 問題 144 | ① ② ③ ④ ⑤ |
| 問題 108 | ① ② ③ ④ ⑤ | 問題 145 | ① ② ③ ④ ⑤ |
| 問題 109 | ① ② ③ ④ ⑤ | 問題 146 | ① ② ③ ④ ⑤ |
| 問題 110 | ① ② ③ ④ ⑤ | 問題 147 | ① ② ③ ④ ⑤ |
| 問題 111 | ① ② ③ ④ ⑤ | 問題 148 | ① ② ③ ④ ⑤ |
| 問題 112 | ① ② ③ ④ ⑤ | 問題 149 | ① ② ③ ④ ⑤ |
| 問題 113 | ① ② ③ ④ ⑤ | 問題 150 | ① ② ③ ④ ⑤ |
| 問題 114 | ① ② ③ ④ ⑤ | | |
| 問題 115 | ① ② ③ ④ ⑤ | | |
| 問題 116 | ① ② ③ ④ ⑤ | | |
| 問題 117 | ① ② ③ ④ ⑤ | | |
| 問題 118 | ① ② ③ ④ ⑤ | | |
| 問題 119 | ① ② ③ ④ ⑤ | | |
| 問題 120 | ① ② ③ ④ ⑤ | | |

# 社会福祉士国家試験（午後）解答用紙

| 会　場 | 福祉大学 |
|---|---|
| 1 | 第1教室 |

| カナ | フクシ　　タロウ |
|---|---|
| 氏　名 | 福祉　太郎 |

受験番号：D012-34567

（例）受験番号　D012-34567　の場合

※実際の解答用紙には，すでに「受験番号（●塗りつぶし含む）」「カナ氏名」が印刷されています。「受験番号」と「カナ氏名」が正しいかどうか確認して，「カナ氏名」の下の欄に，漢字で氏名を記入してください。

| 問題 | 解答 | | 問題 | 解答 |
|---|---|---|---|---|
| 問題 84 | ⑤ | | 問題 121 | ⑤ |
| 問題 85 | ④ | | 問題 122 | ③ |
| 問題 86 | ③ | | 問題 123 | ①④ |
| 問題 87 | ③⑤ | | 問題 124 | ② |
| 問題 88 | ①⑤ | | 問題 125 | ③ |
| 問題 89 | ④ | | 問題 126 | ② |
| 問題 90 | ②③ | | 問題 127 | ② |
| 問題 91 | ④ | | 問題 128 | ③⑤ |
| 問題 92 | ④ | | 問題 129 | ③ |
| 問題 93 | ⑤ | | 問題 130 | ④ |
| 問題 94 | ②④ | | 問題 131 | ① |
| 問題 95 | ① | | 問題 132 | ⑤ |
| 問題 96 | ①③ | | 問題 133 | ① |
| 問題 97 | ⑤ | | 問題 134 | ② |
| 問題 98 | ③ | | 問題 135 | ④ |
| 問題 99 | ② | | 問題 136 | ⑤ |
| 問題 100 | ④ | | 問題 137 | ① |
| 問題 101 | ⑤ | | 問題 138 | ② |
| 問題 102 | ③ | | 問題 139 | ④ |
| 問題 103 | ③ | | 問題 140 | ④ |
| 問題 104 | ①⑤ | | 問題 141 | ③ |
| 問題 105 | ④ | | 問題 142 | ④ |
| 問題 106 | ① | | 問題 143 | ⑤ |
| 問題 107 | ② | | 問題 144 | ① |
| 問題 108 | ③ | | 問題 145 | ⑤ |
| 問題 109 | ① | | 問題 146 | ④ |
| 問題 110 | ③ | | 問題 147 | ② |
| 問題 111 | ⑤ | | 問題 148 | ① |
| 問題 112 | ① | | 問題 149 | ② |
| 問題 113 | ⑤ | | 問題 150 | ④ |
| 問題 114 | ①⑤ | | | |
| 問題 115 | ①② | | | |
| 問題 116 | ③ | | | |
| 問題 117 | ③ | | | |
| 問題 118 | ② | | | |
| 問題 119 | ①④ | | | |
| 問題 120 | ② | | | |

# 和文索引

## 数字

360 度評価　144
4 つの基本的なシステム　100

## あ

アカウンタビリティ　135
アクション・システム　100
アセスメント　59, 125
アセスメント面接　100
アッシュ　139
アドバンス・ケア・プランニング　25
愛着関係　38
愛着関係不全　38
悪性新生物　4
安否確認・生活相談サービス　27

## い

インターネット　140
インテーク　110, 125
インフォーマル　18, 114, 116
インフォームドアセント　87
インフォームドコンセント　87
インフォームドチョイス　87
いじめ　33
言い換え　109, 112
医学的管理　14
医学的判断　88
医科診療医療費　76
胃がん　81
育児・介護休業法　146
育児休業　48, 146
育成相談　40
医師　39, 75, 90, 99
医事課職員　90
意思決定　87, 135
医師による面接指導　147
移乗介助　30
委嘱　126
衣食住　55
一次医療圏　86
一時保護　39, 40, 43, 44, 47, 50
一時保護ガイドライン　43
一時保護所　43
一部負担金　80, 92
一般介護予防事業　28
一般事業主　42
一般事業主行動計画　42
移動介護　29
移動等円滑化基準　16
移動等円滑化基本構想　16
移動用リフト　11
移動用リフトの吊り具の部分　11
意図的な感情表出の原則　110

医療介護総合確保法　6
医療機関　44, 81
医療計画　85, 86, 87
医療圏　85, 86
医療従事者　87
医療専門職　15
医療ソーシャルワーカー　21, 28, 79,
　90, 91, 92, 100, 117, 121, 122
医療提供体制　86, 87
医療的ケア　20, 115
医療費　5
医療費一部負担制度　5
医療扶助　53, 57, 80
医療法　86
医療法改正（第六次）　85
医療法人　134
医療保険　9, 78
医療保険等給付分　76
医療保険料　9
医療保護施設　61
胃ろうチューブの交換　89

## う

運営適正化委員会　19
運転免許保有者　3
運動性失語症　23

## え

エゴグラム　107
エコマップ　108, 116
エツィオーニ　97
エルダー制度　144
エンゲル方式　58
衛生委員会　147
栄養士　75
栄養士法　21
栄養所要量　58
栄養審議会　58
援助関係　107, 110
援助計画　59
延命医療　87
延命治療　25

## お

オレンジプラン　5
往診医　90
応用的動作能力　21

## か

カ-ソンダース　97
カウンセラー　121
カウンセリング　117, 121
カンファレンス　115
がん　4

がん診療連携拠点病院　122
会計管理　141
会計財務　142
介護医療院　12, 87
介護休業　146
介護給付等費用適正化事業　10
介護給付費　10, 19
外国人世帯　64
介護サービス　5, 27, 100
介護サービス事業者　8, 19
介護サービス相談員　27, 28
介護サービス相談員派遣等事業　27
介護支援専門員　18, 22, 90, 99
介護支援専門員実務研修　10
介護システム　6
介護者　30
介護職員実務者研修　20
介護職員初任者研修　20
介護相談員派遣等事業　27
介護認定審査会　10, 19
介護福祉士　19, 20, 90, 119
介護扶助　9, 53, 55
介護報酬　7
介護保険　7, 13, 19, 92
介護保険サービス　27, 28, 108
介護保険事業　143
介護保険事業計画　8
介護保険施設　6, 7, 18
介護保険審査会　8, 19
介護保険制度　3, 6, 7, 8, 9, 10, 15, 17,
　19, 20
介護保険法　5, 6, 8, 10, 11, 14, 18, 19,
　22, 27, 99, 108, 126
介護保険保険料　53
介護保険料　9
介護予防　28
介護予防・日常生活支援総合事業　19
介護予防居宅療養管理指導　25
介護予防ケアマネジメント　22
介護予防サービス　22
介護予防通所リハビリテーション　25
介護老人福祉施設　12, 14, 23, 25, 99
介護老人保健施　13
介護老人保健施設　12, 25
解散　143
介助　23
概数調査　66
介入レベル　100
科学的管理法　137, 139
格差縮小方式　58
喀痰吸引　20
学童保育　37
確立専門職　97
家事援助　17

家事支援　37
貸付けのあっせん　61
貸付金償還　63
貸付金利率　64
貸付対象　64
貸付対象世帯　64
家族支援　119
学校　39
学校の教職員　39
活動代表者ネットワーク　116
家庭環境調整　49
家庭裁判所　34, 43, 44, 88
家庭支援専門相談員　46, 49
家庭児童相談室　98
家庭児童福祉　98
家庭相談員　98
家庭復帰　38, 46, 49
家庭訪問　47
可能的専門職　97
株式会社　134
借方　141
簡易浴槽　11
感覚障害　23
看護師　21, 39, 75, 89, 90, 99, 119
看護小規模多機能型居宅介護　25
監査報告書　135
監事　131, 133, 135
患者サポートセンター　100
感情の反射　112
肝臓がん　87
管理栄養士　21, 25, 90
管理会計　142
管理者　131
官僚制理論　137
緩和ケア　25, 122
緩和サービス　25

**き**

キャリアパス　145
危機管理体制　140
基準及び程度の原則　55
基礎年金　69
機能訓練　14
寄付　143
基本手当　63
基本的動作能力　21
義務教育　55
義務教育終了児童　48
虐待　38
虐待相談対応件数　34
虐待通告　34
虐待の防止　27
虐待リスク　22
救急体制　83
救護施設　14, 61, 65
救護法　53, 54
求職活動　59
求職者支援制度　66, 70
求職者支援法　66, 70

急性期病床　21
教育委員会　39
教育訓練　16
教育訓練講座　69
教育訓練方法　144
教育支援資金　64
教育扶助　55
協会けんぽ　79
共感的理解　107
協議体　125
共生型居宅サービス　20
業務執行理事　131
業務独占資格　19
居住支援　68, 70
居住支援法人　17
居住支援法人制度　17
居宅介護サービス　17
居宅介護サービス費等区分支給限度基準額　7
居宅介護支援　6, 18
居宅介護支援事業所　22
居宅サービス　18
居宅サービス計画　18, 20
居宅サービス計画策定業務　18
居宅面接　110
筋萎縮性側索硬化症　87, 88
緊急小口資金　63, 64, 65
金銭給付　55
近隣住民　116

**く**

クライエント・システム　100
クラウドファンディング　141
グリーフケア　25
グリーンウッド　97
グループワーク　102
苦情処理　19
繰り返し　112
車いす　11
車いす付属品　11
訓練受講手当　66

**け**

ケアカンファレンス　23
ケアプラン　18
ケアマネジメント　6
ケース会議　47, 50, 119
ケースカンファレンス　90
ケース診断会議　69
ケースワーカー　98
経管栄養　20
経済安定本部　58
経済価値　136
経済人モデル　139
経済的虐待　15
経済的合理性　139
経済的自立　54
警察官　39
警察署長　15

傾聴　112
軽費老人ホーム　5, 6, 12, 14
刑法犯等検挙人員　33
契約制度　5, 6
欠格条項　53, 54
減価償却費　142
現業員　59, 98
現業を行う所員　98
健康寿命　3
健康保険組合　78
言語訓練　21
言語聴覚士　21, 89
言語聴覚士法　21
言語的コミュニケーション　102
現在地保護　65
幻視　29
研修会　143
健診未受診　37
健側　29
現物給付　53, 55
権利擁護業務　22, 27
権利擁護事業　27

**こ**

コーチング　143
コーディネート　28, 116, 127
ゴールドプラン　5, 6
コミュニケーションカード　102
コミュニティソーシャルワーク　126
コンティンジェンシー理論　137
コントロール　107, 110
コンピテンシー　145
コンプライアンス　135
コンフリクト　135, 137
コンプレックス　108
こども家庭センター　49
公課禁止　56
高額療養費制度　79, 81
後期高齢者医療制度　78
後期高齢者支援金　78
公共交通事業者　16
公共職業安定所　59, 63, 69, 70, 117
公共職業訓練　69
公共用通路　16
高校生年代　41
更生援護　98
更生施設　61
公的医療保険　80, 81
公的年金　9
高等学校等就学費　55
行動計画　42
行動計画策定指針　42
行動変容　79
公費負担医療給付分　76
高齢化社会　6
高齢化率　4, 5
高齢者　15
高齢者医療　6, 87
高齢者医療確保法　5

| | | |
|---|---|---|
| 高齢者介護システム | 6 | |
| 高齢社会対策会議 | 5 | |
| 高齢社会対策基本法 | 5 | |
| 高齢社会対策推進法 | 6 | |
| 高齢社会白書 | 3, 4 | |
| 高齢者虐待 | 15 | |
| 高齢者虐待の防止 | 143 | |
| 高齢者虐待防止法 | 15 | |
| 高齢者就業率 | 3 | |
| 高齢者住まい法 | 17 | |
| 高齢者世帯 | 64 | |
| 高齢者保健福祉施策 | 5, 6 | |
| 高齢者保健福祉推進十か年戦略 | 5, 6 | |
| 高齢者保健福祉制度 | 5 | |
| 国民医療費 | 76, 77 | |
| 国民医療費の概況 | 76, 77 | |
| 国民医療費の財源 | 76, 77 | |
| 国民健康保険 | 78 | |
| 国民健康保険団体連合会 | 19 | |
| 国民健康保険連合会 | 28 | |
| 国民所得 | 77 | |
| 国民生活基礎調査 | 33 | |
| 腰掛便座 | 11 | |
| 個人単位 | 53 | |
| 子育て援助活動支援事業 | 40 | |
| 子育て支援課 | 40 | |
| 子育て世代包括支援センター | 40, 48, 49, 91 | |
| 子育て短期支援事業 | 37, 123 | |
| 子育てひろば | 37 | |
| 国家資格 | 45 | |
| 子ども・子育て支援法 | 42 | |
| 子ども家庭総合支援拠点 | 49 | |
| 子ども虐待対応の手引き | 43 | |
| 子どもの学習・生活支援事業 | 61 | |
| 個別化の原則 | 110 | |
| 固有事例 | 118 | |
| 雇用保険 | 63, 66 | |
| 雇用保険制度 | 79 | |

## さ

| | | |
|---|---|---|
| サーバント・リーダーシップ | 138 | |
| サービス付き高齢者向け住宅 | 17, 27 | |
| サービス提供機関 | 116 | |
| サービス提供責任者 | 20 | |
| サブカルチャー | 97 | |
| 災害拠点病院 | 83 | |
| 災害対策基本法 | 127 | |
| 災害派遣医療チーム | 83 | |
| 採血 | 89 | |
| 最高意思決定機関 | 132 | |
| 財政安定化基金 | 19 | |
| 在宅医療・介護推進事業 | 28 | |
| 在宅医療・介護連携推進事業 | 28 | |
| 在宅介護支援センター | 14 | |
| 在宅患者 | 89 | |
| 在宅高齢者 | 28 | |
| 在宅療養 | 121 | |
| 最低限度の生活 | 53, 54, 55 | |

| | | |
|---|---|---|
| 最低生活 | 55 | |
| 最低生活水準 | 54 | |
| 最低生活費 | 58 | |
| 財務管理 | 141 | |
| 差額ベッド代 | 81 | |
| 作業療法 | 21 | |
| 作業療法士 | 21, 89, 90 | |
| 査察指導員 | 98 | |
| 差押禁止 | 56 | |
| 里親 | 37, 38, 43, 44 | |
| 里親委託ガイドライン | 38 | |
| 里親ガイドライン | 38 | |
| 里親養育包括支援機関 | 36 | |
| 産業医 | 147 | |
| 産後ケア | 44 | |
| 産後ケア事業 | 48 | |
| 産後ケアセンター | 44 | |
| 算定基準 | 7 | |
| 残余財産 | 143 | |

## し

| | | |
|---|---|---|
| 死因別死亡率 | 4 | |
| シェアード・リーダーシップ | 138 | |
| ジェノグラム | 116 | |
| シュワルツ | 102 | |
| ジョブローテーション | 143 | |
| シルバーハウジング | 17 | |
| じょく婦 | 21 | |
| 支援過程 | 118 | |
| 支援サービス | 25 | |
| 支援対象被保険者 | 126 | |
| 支援団体 | 115 | |
| 支援プラン | 40 | |
| 歯科医師 | 39 | |
| 歯科診療医療費 | 76 | |
| 時間外・休日労働 | 147 | |
| 支給期間 | 41 | |
| 支給要件 | 41 | |
| 支給要件児童 | 41 | |
| 事業活動計算書 | 142 | |
| 事業部制組織 | 135 | |
| 事業領域 | 136 | |
| 資金調達 | 141 | |
| 自己開示 | 107, 109 | |
| 自己覚知 | 107 | |
| 自己啓発 | 144 | |
| 自己評価 | 108 | |
| 自己負担 | 18 | |
| 自己負担制度 | 6 | |
| 自己負担分 | 5 | |
| 自己負担割合 | 18 | |
| 自己放任 | 15 | |
| 資産基準 | 55 | |
| 支持 | 113 | |
| 次世代育成支援 | 42 | |
| 次世代育成支援対策 | 42 | |
| 次世代育成支援対策推進法 | 42 | |
| 施設設置管理者 | 16 | |
| 施設入所 | 43 | |

| | | |
|---|---|---|
| 自治会 | 126 | |
| 市町村介護保険事業計画 | 8, 14 | |
| 市町村地域福祉計画 | 13 | |
| 市町村賃貸住宅供給促進計画 | 17 | |
| 市町村老人福祉計画 | 13, 14 | |
| 実親 | 36 | |
| 失業対策 | 66 | |
| 質問方法 | 113 | |
| 指定居宅介護支援事業者 | 18 | |
| 指定居宅サービス | 19 | |
| 指定居宅サービス事業者 | 18, 19 | |
| 指定保育士養成施設 | 45 | |
| 指定訪問介護 | 20 | |
| 指定訪問介護事業所 | 20 | |
| 児童委員 | 39, 126 | |
| 児童家庭支援センター | 44 | |
| 児童館 | 40 | |
| 指導監督 | 98 | |
| 児童虐待 | 39, 43, 50 | |
| 児童虐待相談 | 34 | |
| 児童虐待防止法 | 39, 43, 46, 49 | |
| 児童厚生施設 | 40 | |
| 児童指導員 | 112, 123 | |
| 児童自立支援施設 | 44 | |
| 児童自立生活援助事業 | 37, 48 | |
| 児童心理治療施設 | 44 | |
| 児童相談所 | 34, 38, 39, 40, 43, 47, 49, 98 | |
| 児童相談所運営指針 | 40 | |
| 児童相談所長 | 39, 43, 50 | |
| 児童手当 | 41 | |
| 児童手当法 | 41 | |
| 指導的立場 | 118 | |
| 児童の権利条約 | 35 | |
| 自動排泄処理装置 | 11 | |
| 自動排泄処理装置の交換可能部品 | 11 | |
| 児童発達支援 | 37 | |
| 児童発達支援事業 | 48 | |
| 児童発達支援センター | 37, 48 | |
| 児童福祉司 | 38, 99 | |
| 児童福祉施設 | 39, 44, 49 | |
| 児童福祉施設の職員 | 39 | |
| 児童福祉審議会 | 43 | |
| 児童福祉法 | 35, 37, 38, 40, 43, 44, 45, 47, 48, 49, 99 | |
| 児童扶養手当 | 41 | |
| 児童扶養手当法 | 41 | |
| 児童養育 | 98 | |
| 児童養護施設 | 37, 38, 44, 46, 49, 112, 134, 140 | |
| 児童養護施設運営指針 | 49 | |
| 児童養護施設運営指 | 50 | |
| 児童養護施設入所児童 | 49 | |
| 死への準備教育 | 25 | |
| 市民アドボカシー型 | 115 | |
| 市民団体 | 134 | |
| 社会医療法人 | 134 | |
| 社会価値 | 136 | |
| 社会環境 | 116 | |
| 社会関係図 | 108 | |

社会教育の推進を図る活動　133
社会資源　100, 114
社会福祉士　119
社会情勢　4
社会生活自立　54
社会的ケア　25
社会的承認　97
社会的信望　98
社会的責任　135
社会的適応能力　21
社会的排除　120
社会的養護施設　44
社会福祉協議会　13, 19, 59, 63, 70, 115, 126, 127
社会福祉士　103
社会福祉士及び介護福祉士法　20
社会福祉事業　133
社会福祉施設　99
社会福祉充実残額　141
社会福祉主事　57, 62, 98, 99
社会福祉法　5, 14, 27, 45, 57, 62, 65, 98, 99
社会福祉法人　114, 131, 135, 142, 143
社会復帰　124
社会保障審議会　7
若年性認知症　108
若年性認知症支援コーディネーター　108
若年妊婦等支援事業　49
借家契約　17
収益業務　134
収益事業　131
自由回答　23
就業支援　37, 48
住居確保給付金　65
自由裁量　107
収支計算書　131
終身建物賃貸借制度　17
住宅確保要配慮者　17
住宅型有料老人ホーム　27
住宅セーフティネット法　17
住宅扶助　53, 60
集団浅慮　137
集団の規範　137
集団の凝集性　137
終末期　87
終末期ケア　25
住民懇談会　126
就労支援　49, 68, 69, 70
就労支援制度　101
就労自立給付金　56, 60
就労阻害要因　69
受給資格　108
宿所提供施設　61
授産施設　61, 70
手段的事例　118
恤救規則　53, 54
出産手当金　91
出産費用　80

出産扶助　53
守秘義務　45, 126
受容　107
受容の原則　110
受理面接　110, 125
純資産　141, 142
準専門職　97
障害基礎年金　108
障害厚生年金　108
障害児　37
障害者支援施設　124
障害者世帯　64
障害者総合支援法　99
障害年金　92, 108
障害福祉サービス　143
小学校修了前　41
状況把握（安否確認）サービス　17
少子化　42
常時介護　5
常時雇用　42
情緒的混乱　110
情緒的反応　107
焦点化　112
譲渡禁止　56
小児がん　87
傷病者　21
傷病手当金　92
傷病手当金制度　79
情報開示　142
情報支援　116
情報収集　59
剰余金の配当　134
初回面接　124
初期支援　119
職員配置基準　99
職業訓練　66
食事提供サービス　27
食事提供の費用　80
嘱託医　24
職能別管理　135
職務ローテーション　143
助産師　39
職権　43, 53, 57, 67
職権の委任　57
所定労働時間　146
所得制限　41
自立援助ホーム　37
自立活動確認書　69
自立支援　59, 68, 70
自立支援計画　70
自立支援プログラム　54, 69
自立生活サポート　119
自立相談支援　101
自立相談支援機関　65
資力調査　53
事例検討会　118
事例提供者　118
事例分析　118
進学準備給付金　56

親権者　43
親権喪失　43
親権停止　43
人工透析　79
人材育成　143
人材マネジメント　145
人事異動　144
人事考課　144
心疾患　4
人生の最終段階における医療・ケアの決定プロセスに関するガイドライン　25, 88
申請保護の原則　55
新専門職　97
親族扶養照会　59
身体拘束　24
身体障害者福祉司　99
身体障害者福祉法　99
身体的虐待　15, 35, 39
身体的ケア　25
人的資源　116
心肺蘇生措置　87
心肺停止　87
信頼関係　109
心理状態　118
心理的カウンセリング　117
心理的虐待　15, 34, 39
診療種類別　76, 77
診療所　87
診療の補助　75
診療報酬　81
診療報酬制度　82
診療報酬点数表　81, 82

### す

スクールソーシャルワーカー　47
ステークホルダー　135
ストレスチェック　147
ストレングス　120
スピリチュアルケア　25
スロープ　11
水準均衡方式　58
図式化　107

### せ

セルフネグレクト　15
セルフラーニング　144
生活援助員　17
生活課題　125
生活環境　110
生活環境の確保　38
生活困窮　53
生活困窮者　61, 62, 65
生活困窮者一時生活支援事業　61, 62
生活困窮者家計改善支援事業　61
生活困窮者住居確保給付金　60
生活困窮者就労訓練　70
生活困窮者就労準備支援事業　61, 70
生活困窮者自立支援制度　70

生活困窮者自立支援法　　61, 65
生活困窮者自立相談支援機関　　70
生活困窮者自立相談支援事業　　61, 62
生活支援員　　124
生活支援コーディネーター　　17, 28
生活支援コーディネーター（第2層）
　　28
生活支援体制整備事業　　28
生活実態　　3
生活実態調査　　66
生活指導　　17, 37, 48, 98
生活習慣病　　79
生活上の義務　　56
生活設計　　117
生活相談員　　23, 24
生活相談サービス　　17, 27
生活の質　　24, 25
生活場面面接　　110
生活福祉資金貸付制度　　63, 64, 65
生活扶助　　9, 53, 55, 68
生活扶助基準　　58
生活保護　　41, 55, 57, 58, 59, 60, 62,
　　63, 65, 69, 80
生活保護業務　　98
生活保護現業員　　59, 60, 69
生活保護施設　　68
生活保護受給者　　9
生活保護受給者等就労自立促進事　　69
生活保護制度　　54, 67, 68, 69, 79
生活保護の動向　　57
生活保護の被保護者調査　　57
生活保護費　　59
生活保護法　　5, 14, 53, 54, 55, 56, 57,
　　58, 59, 61, 67, 68, 70, 99
生活保護法の原理原則　　53
生業扶助　　55, 61, 68, 69
生産性　　137
生産的コンフリクト　　137
正常な分娩　　80
精神障害者　　59
精神的ケア　　25
精神保健福祉士　　119
生存権　　54
生態地図　　108
性的虐待　　15, 35, 39
性的マイノリティ　　115
制度区分別　　76
制度的社会資源　　114
整備環境　　26
生命維持管理装置　　89
世界保健機関　　25
脊髄小脳変性症　　100
世帯人員別　　58
世帯単位　　53, 78
世帯単位の原則　　56
世帯分離　　69
説明責任　　135
設立認証　　133
全額免除　　92

全国健康保険協会管掌健康保険　　79
選定療養　　82
先天性肺疾患　　121
全米ホスピス協会　　25
専門職化　　97
専門職的権威　　97
専門職的副次文化　　97
専門的知見　　119
戦略　　136

### そ
ソーシャルアクション　　115
ソーシャルサポート　　116
ソーシャルサポートネットワーク　116
ソーシャルメディア　　116
ソーシャルワーカー　　107, 115, 118
ソーシャルワーク　　97, 107, 109
ソーシャルワーク実践　　100
ソーシャルワーク専門職　　97
早期家庭復帰援助　　50
早期発見　　39
総合支援資金　　63, 64
総合相談支援業務　　22
相互作用モデル　　102
葬祭扶助　　55
総人口　　4
総則規定　　35
相談援助　　37, 99, 101, 110, 112
相談支援員　　62, 65, 70
素行不良者　　54
組織化　　115
措置　　39
措置制度　　6
損害賠償保険　　140

### た
ターゲット・システム　　100
タイムキーパー　　119
第1類　　53
第2類　　53
第3期医療費適正化計画　　5
第一義的責任　　35
第一号被保険者　　3, 9, 10
第一号保険料　　9
第一種社会福祉事業　　61
体位変換　　30
体位変換器　　11
退院支援　　115
退院時カンファレンス　　21
退院準備　　100
体系的理論　　97
対策検討委員会　　100
第三者評価機関　　140
貸借対照表　　131, 141, 142
退所後相談　　48
第二種社会福祉事業　　61, 65
多職種チーム　　103
多職種ネットワーク　　116
多職種連携　　117

多職種連携による入院患者の支援　21
立入調査　　43
多面評価　　144
団塊の世代　　6
短期入所生活介護　　12, 25
短期入所療養介護　　7
短時間労働者　　78
男女共同参画白書　　33

### ち
チームアプローチ　　116
チームケア　　25
チーム体制　　47
チェンジ・エージェント・システム
　　100
地域医療構想　　85, 87
地域医療支援病院　　87
地域医療支援病院制度　　85
地域介護予防活動支援事業　　28
地域ケア会議　　22, 125
地域支えあい推進員　　28
地域支援事業　　8, 27
地域住民　　120
地域生活　　115, 120
地域福祉計画　　141
地域包括ケアシステム　　5, 6
地域包括ケア病棟入院料　　82
地域包括支援センター　　8, 22, 25, 27,
　　29, 87, 91, 99, 119, 124, 125
地域密着型介護老人福祉施設　　14, 18
地域密着型サービス　　17
地域若者サポートステーション　　70
知的障害者　　59, 98
知的障害者更生相談所　　98
知的障害者相談員　　98
知的障害者相談員制度　　98
知的障害者福祉司　　98
知的障害者福祉法　　98
中央社会保険医療協議会　　81
長寿社会対策関係閣僚会議　　6
町内会　　126
貯蓄現在高　　3
治療体操　　21
治療方針　　87
賃貸借契約　　17

### つ
通所型サービス　　91
通信制限　　39

### て
テイラー　　139
デーケン　　25
デス・エデュケーション　　25
てこの原理　　30
定款　　131, 135, 143
低所得者　　62
低所得者世帯　　64
定率負担　　7

| | | |
|---|---|---|
| 適応訓練 | 37 | |
| 出来高払い方式 | 82 | |
| 手すり | 11 | |
| 転移 | 107 | |
| 点滴 | 89 | |
| 電話相談 | 110 | |

## と

| | |
|---|---|
| ドメイン | 136 |
| トランスディシプリナリモデル | 90 |
| トリアージ | 90 |
| 同一化 | 107 |
| 同行支援 | 49 |
| 統制された情緒的関与 | 107 |
| 統制された情緒的関与の原則 | 110 |
| 同性パートナーシップ証明 | 115 |
| 透析治療 | 79 |
| 糖尿病性腎症 | 79 |
| 特殊寝台 | 11, 91 |
| 特殊寝台付属品 | 11 |
| 特性理論 | 138 |
| 特定機能病院制度 | 85 |
| 特定入所者介護サービス費 | 7 |
| 特定妊婦 | 91 |
| 特定非営利活動法人 | 132, 133, 143 |
| 特定非営利活動法人は | 61 |
| 特定福祉用具販売 | 11 |
| 特別児童扶養手当 | 92 |
| 特別徴収 | 9 |
| 特別養護老人ホーム | 5, 12, 14, 24, 134 |
| 特別養子縁組 | 34 |
| 床ずれ防止用具 | 11 |
| 閉じられた質問 | 23, 109, 112, 113 |
| 都道府県介護保険事業支援計画 | 8 |
| 都道府県警察 | 39 |
| 都道府県国民健康保険団体連合会 | 28 |
| 都道府県賃貸住宅供給促進計画 | 17 |
| 努力義務 | 16 |

## な

| | |
|---|---|
| 難病法 | 78 |

## に

| | |
|---|---|
| 二次医療圏 | 86 |
| 日常介護 | 23 |
| 日常生活圏域 | 9, 28, 125 |
| 日常生活支援サービス | 17 |
| 日常生活上の援助 | 37, 48 |
| 日常生活自立 | 54 |
| 日常生活自立支援事業 | 59, 100 |
| 日本国憲法 | 54, 59 |
| 日本国民 | 54 |
| 入院医療費 | 76, 81 |
| 入院外医療費 | 76 |
| 入院患者日用品費 | 53 |
| 入院後休職中 | 100 |
| 乳児 | 38 |
| 乳児院 | 37, 38, 44, 99 |
| 乳児家庭全戸訪問事業 | 47, 48 |

| | |
|---|---|
| 入所措置 | 14, 46 |
| 入浴補助用具 | 11 |
| 任意事業 | 27 |
| 妊産婦 | 40 |
| 認知症 | 91 |
| 認知症が疑われる人 | 119 |
| 認知症カフェ | 119 |
| 認知症ケア | 27 |
| 認知症高齢者 | 5, 27, 59, 91 |
| 認知症サポーター | 119 |
| 認知症サポーター養成講座 | 119 |
| 認知症サポート医 | 119 |
| 認知症施策推進5か年計画 | 5 |
| 認知症施策推進大綱 | 6 |
| 認知症疾患医療センター | 108 |
| 認知症初期集中治療チーム | 119 |
| 認知症対応型通所介護事業 | 108 |
| 認知症対応型通所介護事業所 | 108 |
| 認知症地域支援・ケア向上事業 | 27 |
| 認知症地域支援推進員 | 27 |
| 認知症の人 | 119 |
| 認知症老人徘徊感知機器 | 11 |
| 認定介護福祉士 | 19 |
| 認定介護福祉士認証・認定機構 | 20 |
| 認定事業者 | 70 |
| 認定調査員 | 10 |
| 認定調査員研修 | 11 |
| 妊婦 | 91 |

## ね

| | |
|---|---|
| ネグレクト | 15, 34, 38, 39, 112 |
| ネットワーキング | 115, 127 |
| ネットワーク | 47, 116 |
| 寝たきり老人ゼロ作戦 | 5 |
| 年次有給休暇 | 81 |
| 年齢階級別 | 3 |
| 年齢上限 | 34 |

## の

| | |
|---|---|
| 脳梗塞 | 92, 124 |
| 脳梗塞後遺症 | 89 |
| 能力証明 | 97 |

## は

| | |
|---|---|
| パーキンソン症状 | 29 |
| ハーシー | 138 |
| パートタイム労働 | 33 |
| バーナード | 139 |
| バーンアウト | 145 |
| バイステック | 46, 49, 110 |
| バイステックの7原則 | 108, 110 |
| ハインリッヒ | 139 |
| パス・ゴール理論 | 138 |
| パターナリズム | 107 |
| パターナリズムモデル | 87 |
| バランス・スコアカード | 136 |
| バランスシート | 142 |
| バリアフリー法 | 16 |
| ハロー効果 | 144 |

| | |
|---|---|
| ハローワーク | 59, 63, 69, 70, 117 |
| パワーハラスメント | 147 |
| 肺炎 | 4 |
| 媒介機能 | 102 |
| 倍加年数 | 4 |
| 配偶者 | 34 |
| 配偶者暴力相談支援センター | 39, 124 |
| 発達障害 | 123 |
| 犯罪白書 | 33 |

## ひ

| | |
|---|---|
| ピンカス | 100 |
| ひとり親家庭 | 41 |
| ひとり親世帯 | 33, 64 |
| 非営利組織 | 140 |
| 非公式組織 | 139 |
| 非審判的態度の原則 | 46, 110 |
| 非審判的な態度の原則 | 49 |
| 非生産的コンフリクト | 137 |
| 必須事業 | 61 |
| 避難訓練 | 127 |
| 避難行動要支援者 | 127 |
| 避難行動要支援者名簿 | 127 |
| 避難支援等関係機関 | 127 |
| 避難支援等関係者 | 127 |
| 被扶養者 | 78, 91 |
| 被保険者 | 27, 66, 78 |
| 被保護実人員数 | 57 |
| 被保護者 | 9, 53, 56, 62 |
| 被保護者就労支援事業 | 70 |
| 病院 | 39 |
| 評価者 | 144 |
| 評議員 | 131 |
| 評議員会 | 131, 132, 135 |
| 被用者保険 | 9, 80 |
| 標準生計費 | 58 |
| 標準生計費方式 | 58 |
| 標準報酬月額 | 81 |
| 費用返還義務 | 56 |
| 開かれた質問 | 23, 109, 112, 113 |

## ふ

| | |
|---|---|
| ファシリテーター | 117 |
| ファミリー・サポート・センター事業 | 40 |
| ファンドレイジング | 143 |
| フォーマル | 114, 116 |
| フォスタリング機関 | 36 |
| プライバシー | 120 |
| ブランチャード | 138 |
| フルタイム労働 | 33 |
| フレックスナー | 97 |
| ふれあいサロン | 125 |
| 腹圧性尿失禁 | 23 |
| 複雑骨折 | 117 |
| 複雑困難な課題 | 120 |
| 福祉型障害児入所施設 | 38 |
| 福祉行政報告例 | 34 |
| 福祉サービス | 20, 121 |

福祉サービス事業者　136
福祉サービス第三者評価　43
福祉サービス第三者評価事業　27, 140
福祉サービスの運営基準　140
福祉サービス利用援助事業　27
福祉資金　64
福祉事務所　39, 59, 60, 62, 66, 67, 69, 98, 100, 101
福祉事務所長　57
福祉事務所未設置町村　62
福祉に関する事務所　98
福祉避難所　127
福祉用具貸与　7, 11
復職　100
服薬管理　90
父権主義　107
負債　141, 142
父子家庭　46
父子世帯　41
不就労　69
扶助人員　57
婦人相談員　39, 44
婦人相談所　39
婦人保護施設　99
負担限度額　7
負担限度額認定　7
普通徴収　9
物的支援　116
物理的な作業条件　137
不動産担保型生活資金　64, 101
不眠　124
扶養義務者　54, 55, 59

**へ**

ペアレント・トレーニング　123
ベビーブーム世代　6
変形性膝関節症　28
弁護士　39

**ほ**

ホーソン実験　137
ポータブルトイレ　30
ホームレス　66
ホスピス　25
ボディメカニクス　30
ボランティアグループ　116
保育士　45
保育士資格　45
保育士試験　45
保育士登録証　45
保育所　37, 40
保育所等訪問支援　37
保育所等訪問支援事業　48
防衛機制　108
放課後等デイサービス　37, 123
包括的・継続的ケアマネジメント支援業務　22
包括的支援事業　27, 28
包括払い方式　82

法人格　134
訪問介護　12
訪問介護員　19, 20, 90
訪問介護計画　20
訪問看護　75
訪問看護サービス　75
訪問看護師　90
訪問看護ステーション　75
保険医療機関　15
保健医療サービス　20
保険外併用療養費制度　80
保険給付　7, 18
保健師　39, 99
保健師助産師看護師法　21
保健指導　79
保険者　78
保健福祉事業　8
保険料　78
保険料徴収方法　9
保険料率　9
歩行器　11
歩行訓練　89
歩行補助杖　11
保護開始世帯　57
保護基準　67
保護金品　56
保護施設　61, 67
保護実施機関　53, 56, 57
保護者　35
保護廃止世帯　57
保護費　67
保護率　57
母子・父子休養ホーム　44
母子・父子自立支援員　98
母子及び父子並びに寡婦福祉法　45
母子家庭　33, 44
母子健康包括支援センター　40, 48, 49, 91
母子生活支援施設　44, 99
母子保健法　40, 44
補助機関　57
補助金　143
補足性の原理　54

**ま**

マーケット・バスケット方式　58
マクロレベル　101
マトリックス型組織　137
末期がん　122

**み**

ミーンズテスト　53
ミクロレベル　100, 101
ミクロレベルソーシャルワーク　100
ミナハン　100
ミラーソン　97
看取り　25
見守り支援策　28
見守りネットワーク　116

民間シェルター　117
民生委員　57, 62, 99, 101, 125, 126
民生委員協議会　126
民生委員児童委員協議会　100, 125, 126
民生委員法　57, 99, 126
民法　34

**む**

無告の窮民　54
無差別平等の原則　53
無利子　64
無料低額宿泊所　62, 65
無料低額診療事業　59

**め**

メイヨー　139
メゾレベル　100, 101
メゾレベルソーシャルワーク　100
メンタルヘルス　147
明確化　109, 113
名称独占資格　20
命令統一性の原則　137
面会交流　46
面会制限　39
面接　110
面接技術　109
面接技法　112, 113
面接室面接　110

**も**

目的志向性　107
目標管理制度　143, 145
問題解決能力　114
問題への直面化　109

**や**

ヤングケアラー　33
役員報酬基準　131
薬剤師　90, 99
養介護施設従事者　15
家賃債務保証　17
薬局調剤医療費　76, 77

**ゆ**

ユニット型個室　24

**よ**

養育環境　38
養育里親　36
養育里親委託　36
養育指導　50
要援護老人　13
要介護　25
要介護者　8
要介護状態　7, 10, 22
要介護認定　3, 5, 10, 15, 22, 92
要介護被保険者　9
養護者　15
養護老人ホーム　5, 12, 14

| | | | | | | | |
|---|---|---|---|---|---|---|---|
| 養子 | 34 | 離縁請求権 | 34 | **ろ** | | | |
| 要支援及び要介護認定 | 28 | 理学療法 | 21 | 老人医療費 | 5 | | |
| 要支援者 | 8 | 理学療法士 | 21, 89, 90, 99 | 老人医療費支給制度 | 5 | | |
| 要支援状態 | 7 | 理学療法士及び作業療法士法 | 21 | 老人介護支援センター | 14 | | |
| 要支援認定 | 3, 10, 15 | 理事 | 131, 133 | 老人家庭奉仕員 | 5 | | |
| 養親 | 34 | 理事会 | 131, 135 | 老人福祉圏域 | 8 | | |
| 要保護者 | 53, 55, 57, 61 | 留学生 | 111 | 老人福祉事業 | 14 | | |
| 要約 | 109, 112, 113 | 留学生支援室 | 111 | 老人福祉施設 | 5, 13 | | |
| 養老施設 | 5 | 流動資産 | 141 | 老人福祉センター | 14 | | |
| 浴室 | 26 | 理由別構成割合 | 57 | 老人福祉法 | 5, 6, 12, 13, 14, 99 | | |
| | | 利用者負担 | 5 | 老人保健法 | 5, 6 | | |
| **ら** | | 療養型病床群 | 85 | 老衰 | 4 | | |
| ライフサポートアドバイザー | 17 | 療養上の世話 | 75 | 労働者災害補償保険 | 81 | | |
| ラウンドテーブル | 116 | 療養の給付 | 80, 92 | 労働者災害補償保険制度 | 79 | | |
| | | 療養病棟入院基本料 | 82 | 労働審議会 | 58 | | |
| **り** | | 利用料 | 143 | 労働力人口 | 4 | | |
| リーズンの軌道モデル | 140 | 旅客施設 | 16 | 老齢基礎年金 | 70 | | |
| リーダーシップ | 138 | 倫理綱領 | 97 | 路上生活期間 | 66 | | |
| リスクコントロール | 140 | | | | | | |
| リスクファイナンス | 140 | **れ** | | **わ** | | | |
| リスクマネジメント | 140 | レクリエーション | 44 | ワークエンゲージメント | 145 | | |
| リハビリテーション | 25, 89 | レスリスバーガー | 139 | 童虐待相談対応件数 | 34 | | |
| リハビリテーション病院 | 92 | レビー小体型認知症 | 29 | | | | |
| リビングウィル | 87 | 連帯保証人 | 63, 64 | | | | |
| 離縁 | 34 | | | | | | |

# 欧文索引

## A

| | |
|---|---|
| ACP | 25 |
| ALS | 87, 88 |
| Asch, S. | 139 |

## B

| | |
|---|---|
| Balanced Score Card | 136 |
| Barnard, C. | 139 |
| Biestek, F. | 110 |
| Biestek, F. P. | 49 |
| Blanchard, K. | 138 |

## C

| | |
|---|---|
| Carr-Saunders, A. | 97 |
| Corporate Social Responsibility | 136 |
| Creating Shared Value | 136 |
| CSR | 136 |
| CSV | 136 |
| CSW | 126 |

## D

| | |
|---|---|
| Deeken, A. | 25 |
| DMAT | 83 |

## E

| | |
|---|---|
| Etzioni, A. | 97 |

## F

| | |
|---|---|
| Flexner, A. | 97 |

## G

| | |
|---|---|
| Greenwood, E. | 97 |

## H

| | |
|---|---|
| Heinrich, H. | 139 |
| Hersey, P. | 138 |

## L

| | |
|---|---|
| LGBT | 115 |

## M

| | |
|---|---|
| Mayo, G. | 139 |
| Millerson, G. | 97 |
| Minahan, A. | 100 |

## O

| | |
|---|---|
| OFF-JT | 143 |
| OJT | 143, 144 |
| On the Job Training | 144 |

## P

| | |
|---|---|
| Pincus, A. | 100 |

## Q

| | |
|---|---|
| QOL | 24, 25 |

## R

| | |
|---|---|
| Roethlisberger, F. | 139 |

## S

| | |
|---|---|
| Schwartz, W. | 102 |

## T

| | |
|---|---|
| Taylor, F. | 139 |

## W

| | |
|---|---|
| WHO | 25 |

編　集
　福祉教育カレッジ

執　筆（科目別）
●高齢者福祉
　小畑　彩（適材適所研究所 社会福祉士）

●児童・家庭福祉
　海老澤　浩史（株式会社ふくし合格ネット 代表取締役/海老澤社労士・社会福祉士事務所 代表）

●貧困に対する支援
　高柳　瑞穂（愛知県立大学 教育福祉学部 社会福祉学科 講師）

●保健医療と福祉
　山内　忍（獨協医科大学 法医学講座 助教）
　一杉　正仁（滋賀医科大学 社会医学講座 法医学部門 教授）

●ソーシャルワークの基盤と専門職（専門）
　長谷川　万希子（高千穂大学 人間科学部 教授）

●ソーシャルワークの理論と方法（専門）
　小畑　彩（適材適所研究所 社会福祉士）

●福祉サービスの組織と経営
　末永　慎介（社会福祉法人ワーナーホーム 施設長）

## 社会福祉士国試対策過去問題集 2025 専門科目編

2002 年 10 月 23 日　第 1 版第 1 刷発行
2024 年 4 月 25 日　2025 年版第 1 刷発行
編　集　福祉教育カレッジ
発　行　エムスリーエデュケーション株式会社
　　　　〒 103-0015 東京都中央区日本橋箱崎町 24-1 日本橋箱崎ビル 6 階
　　　　（出版）TEL　03（6879）3002　FAX　050（3153）1427
　　　　URL　https://www.m3e.jp/books/
印刷所　三報社印刷株式会社

ISBN978-4-86399-582-6　C3036